构建以企业为主体的技术创新体系研究

RESEARCH ON CONSTRUCTION OF TECHNOLOGICAL INNOVATION
SYSTEM WITH ENTERPRISES AS THE MAIN BODY

李新男 刘 东 邱晓燕 ◎ 著

经济管理出版社
ECONOMY & MANAGEMENT PUBLISHING HOUSE

U0668338

图书在版编目（CIP）数据

构建以企业为主体的技术创新体系研究/李新男，刘东，邸晓燕著．—北京：经济管理出版社，2020.7

ISBN 978 - 7 - 5096 - 7321 - 8

Ⅰ.①构…　Ⅱ.①李…②刘…③邸…　Ⅲ.①企业创新—研究—中国　Ⅳ.①F279.23

中国版本图书馆 CIP 数据核字（2020）第 139212 号

组稿编辑：杜　菲
责任编辑：杜　菲
责任印制：黄章平
责任校对：陈晓霞

出版发行：经济管理出版社
　　　　　（北京市海淀区北蜂窝 8 号中雅大厦 A 座 11 层　100038）
网　　　址：www. E - mp. com. cn
电　　　话：（010）51915602
印　　　刷：唐山昊达印刷有限公司
经　　　销：新华书店
开　　　本：787mm × 1092mm/16
印　　　张：14.75
字　　　数：328 千字
版　　　次：2020 年 9 月第 1 版　　2020 年 9 月第 1 次印刷
书　　　号：ISBN 978 - 7 - 5096 - 7321 - 8
定　　　价：88.00 元

·版权所有　翻印必究·

凡购本社图书，如有印装错误，由本社读者服务部负责调换。
联系地址：北京阜外月坛北小街 2 号
电话：（010）68022974　　邮编：100836

项目研究组

顾问：干　勇　　钟志华

组长：李新男　　刘　东

成员：康荣平　　张永伟　　孟建伟　　肖广岭

　　　何海燕　　刘　立　　孟　艳　　杨渝玲

　　　李振良　　邸晓燕　　延建林　　郭　佳

　　　郑文江　　刘佳男　　高宏伟　　蔡静静

　　　朱舜楠　　梁丽华　　张晓慧　　张　哲

前　言

"以企业为主体的技术创新体系"是我国在计划经济体制向市场经济体制转轨的特定历史时期、具有特定历史意义的政策性概念。这一概念的提出和形成，体现了我国对企业技术创新认识的逐步深化，体现了运用政策手段激励企业技术创新活动的政府意志。对这一概念的提出和演进过程进行梳理和研究，对于新时期进一步推动我国技术创新体系建设，促进企业技术创新能力提升，无疑具有重要的理论价值和政策意义。

2016 年，中国科学学与科技政策研究会技术创新专业委员会组织相关领域专家，承担了中国工程院高端智库重点项目"构建以企业为主体的技术创新体系研究"。项目主要包括五个研究专题：

专题一：以企业为主体的技术创新体系的理论探讨，通过系统地梳理"以企业为主体的技术创新体系"概念的提出和演进，结合技术创新体系理论的国内外最新发展，对"以企业为主体的技术创新体系"的概念内涵和理论进行分析。本专题的主要研究人员包括李新男、邸晓燕、刘东、刘立、郭佳等。

专题二：典型国家技术创新体系分析，选择美国、德国、日本、韩国四个典型国家，对其技术创新体系的历史沿革和主要特点，尤其是企业在技术创新体系中的地位和作用进行比较研究。本专题的主要人员包括刘东、孟建伟、杨渝玲、李振良、刘佳男等。

专题三：我国企业在技术创新体系中的现状和问题分析，主要分析了我国技术创新体系的现状及我国企业在技术创新体系中的地位和作用，重点分析了中央企业在技术创新体系中的状况，进而探讨了构建以企业为主体的技术创新体系面临的深层次问题。本专题的主要研究人员包括肖广岭、孟艳、张永伟、高宏伟、朱舜楠、梁丽华、张晓慧、张哲等。

专题四：信息技术发展对技术创新体系的影响，重点探讨了快产业、共享经济、平台式创新等新的概念和模式对技术创新体系的影响和机遇。本专题的主要研究人员包括康荣平、何海燕、蔡静静、朱舜楠等。

专题五：加快建设以企业为主体的技术创新体系的建议。本专题的主要研究人员包括李新男、刘东、邸晓燕等。

在项目研究过程中，为了解日本产学研合作的法律，研究组还组织翻译了《日本技术研究组合法》，并由李新男、邸晓燕执笔撰写了该法出台和修订说明。

中国工程院周济、干勇、钟志华等院士指导了项目研究。李新男统筹负责项目的策划和组织，项目研究还得到中国工程院、中国科学学与科技政策研究会等许多院士和专家的指教和支持，在此一并表示衷心的感谢。

本书就是在该项目研究报告的基础上，进一步研究、修改、补充而完成的。本书包括前言、正文八章和附录。第一章，以企业为主体的技术创新体系的理论探讨；第二章，美国技术创新体系的演变、现状和特点；第三章，德国技术创新体系的演变、现状和特点；第四章，日本技术创新体系的演变、现状和特点；第五章，韩国技术创新体系的演变、现状和特点；第六章，我国企业在技术创新体系中的现状和问题分析；第七章，构建以企业为主体的技术创新体系面临的深层次问题；第八章，信息技术发展对企业技术创新的影响。附录，《日本技术研究组合法》出台及修订说明。李新男、刘东、邸晓燕负责各章内容扩充、修改及全书统稿。

本书是关于"以企业为主体的技术创新体系"的初步理论探索，由于能力和水平局限，本书的观点和论述一定有许多不妥之处，敬请读者提出宝贵意见。

目　录

第一章
以企业为主体的技术创新体系的理论探讨

第一节 理论发展背景

20世纪80年代，伴随中国的改革开放以及新技术革命"第三次浪潮"的冲击，以发展经济学家熊彼特、管理学家德鲁克、制度经济学家诺斯为代表的"创新学说"被引入中国，引起科技政策界的关注和重视，并作为探究中国如何迎接新技术革命挑战、促进国民经济走上依靠科技进步发展之路的理论支撑。贾蔚文、傅家骥、许庆瑞、马驰、汤世国等一批专家学者从不同角度结合国情开展了政策研究、学术研究、培养人才。还针对国内对"创新"语词的广泛应用状况，提出了"技术创新"的概念来对应国外的"创新"概念。

概括而言，技术创新理论的研究范围主要包括：一是企业技术创新理论研究。从熊彼特的创新模型Ⅰ到创新模型Ⅱ，主要从微观层面注重研究企业技术创新动力、过程、机制以及创新管理、创新测度和指标。二是产业技术创新理论研究。产业技术创新是企业技术创新在产业空间层面的延展，是基于中观层面的研究，主要研究产业技术创新发生、发展的过程以及所需的支撑体系等；国外学者多从产业或部门创新系统展开研究。三是技术创新体系理论的研究。与前两部分不同，技术创新体系的研究从宏观层面关注创新活动主体之间的协调互动、创新要素之间的相互影响；从技术创新全过程，着眼于提高创新活动的效率，研究参与技术创新活动的各类行为主体、创新要素，在一定的政策环境、社会环境影响下，如何相互联系、相互作用、有效互动，形成社会网络系统。在中国，以上三个方面结合国情有一些新的表述和研究需要，如提出了"以企业为主体的技术创新体系"研究。此外，还将技术创新体系看作是国家创新体系的一个组成部分，所以技术创新体系研究与国家创新体系研究往往相互交叉，但侧重点不同。相比国家创新体系其他子系统的研究，技术创新体系研究更聚焦技术创新成果转化为现实生产力的过程及其规律。

20 世纪 80 年代后期，英国经济学家克里斯托弗·弗里曼在《技术和经济运行：来自日本的经验》一文中提出了"国家创新体系（系统）"的概念，指出一个国家创新体系的效率高低决定了一个国家技术进步的快慢。此时正恰逢中国经济体制改革、科技体制改革兴起阶段，需要从国家层面系统考虑创新问题，因此，国家创新体系一时成为中国创新研究和政界关注的热门问题。

为了更好地促进各方面的研究，聚焦"科教兴国战略"，服务于完善和发展国家创新系统，提高国家整体创新发展水平，中国科学学与科技政策研究会冯之浚、罗伟、方新、柳卸林、薛澜、王春法等组织编写了《国家创新系统研究纲要》（山东教育出版社 2000 年版）。这本著作的出版不仅汇聚了当时国内有关国家创新系统研究的已有成果，更重要的是为结合国情深入研究国家创新系统提供了指导框架，促进了各方面研究共识的形成，为尽快制定和完善国家创新系统建设的政策提供了研究基础。

2004～2005 年，《国家中长期科学和技术发展规划纲要》研究制定工作启动，其中一项重要内容就是加快建设国家创新体系。在反复研究、讨论、争论的基础上，终于学术界、政界等各方面达成基本共识，在纲要中把国家创新体系表述为：以政府为主导、充分发挥市场配置资源的基础性作用、各类科技创新主体紧密联系和有效互动的社会系统。中国特色国家创新体系现阶段的建设重点：一是建设以企业为主体、产学研结合的技术创新体系，并将其作为全面推进国家创新体系建设的突破口；二是建设科学研究与高等教育有机结合的知识创新体系；三是建设军民结合、寓军于民的国防科技创新体系；四是建设各具特色和优势的区域创新体系；五是建设社会化、网络化的科技中介服务体系。至此，虽然国内部分专家学者对此表述仍有不同意见，但创新研究领域的分工比较明确，技术创新研究聚焦于企业技术创新、产业技术创新、技术创新体系等方面。其中，企业如何成为技术创新的主体，成为研究的重点。

近年来，笔者在企业创新能力提升问题、企业创新管理、企业创新依存度评价、创新政策和环境、创新体制机制以及企业创新案例的实证研究和分析方面做了大量研究工作。尤其在技术创新理论层面，关于"以企业为主体的技术创新体系"研究取得了较为突出的进展。该研究从技术创新体系的理论分析和梳理入手，选取世界典型市场经济国家（美、德、日、韩）的技术创新体系历史和现状进行国际比较，结合我国改革开放后建设技术创新体系的实践、政策导向，提出了"以企业为主体的技术创新体系"的理论框架；进而以统计数据分析和实证研究为基础，着重从动力、能力和政策环境角度分析了我国企业在技术创新体系中的现状和面临问题的深层次原因；同时还分析了在互联网、大数据等新技术背景下企业技术创新方式的重大变化，以及不同产业类型（如快产业）技术创新的新特点。形成了比较系统的研究，补充和完善了"以企业为主体的技术创新体系"的理论。

第二节　以企业为主体的技术创新体系的概念内涵

一、政策演进与概念提出

伴随对市场经济认识的不断加深，对技术创新、技术创新体系、企业在技术创新体系中的作用等问题认识的不断深化，以企业为主体的技术创新体系研究，是一个政策逐渐演进和认识不断发展的过程，体现在政策方面，表现为三个阶段。

1. 促进企业成为技术开发的主体

改革开放之前，我国实行计划经济体制，企业基本上没有独立的决策权力，实际上不是独立的财权法人，企业的生产、人员、分配都由国家统一安排，企业需要的原材料、能源由国家统一划拨，产品由国家包销，国家对企业统收统支。新技术、新产品、技术开发由政府所属的行业研究机构负责，企业只是按照国家规定的产品生产方向，将专业研究单位的成果拿来转化为实物产品。

改革开放以来，围绕增强企业活力这一核心环境，国家对企业体制进行了变革。1984 年 10 月 20 日中国共产党十二届三中全会通过了《中共中央关于经济体制改革的决定》，提出企业应有的多项自主权，应使企业真正成为相对独立的经济实体，能够自主经营、自负盈亏，成为具有一定权利和义务的法人。

经济体制改革与科技体制改革相互影响，1985 年，《中共中央关于科学技术体制改革的决定》颁布，科技体制改革正式开启，提出改变过多的研究机构与企业相分离，研究、设计、教育、生产脱节，军民分割、部门分割、地区分割的状况；大力加强企业的技术吸收与开发能力和技术成果转化为生产力的中间环节，促进研究机构、设计机构、高等学校、企业之间的协作和联合，并使各方面的科学技术力量形成合理的纵深配置。这时候主要针对解决研究和生产的脱节问题，虽然对企业技术进步问题的认识有所深入，但研究的主体仍然是科研机构。

1987 年《民法通则》第一次确立了法人制度。对法人的一般定义、具备的条件、企业法人等问题做了明确规定。

1988 年《全民所有制企业法》确立了商品生产者的市场主体地位，企业成为独立核算单位。1991 年出台的《中华人民共和国城镇集体所有制企业条例》，规定城镇集团所有制企业对其全部财产享有占有、使用、收益和处分的权利，自主安排生产、经营、服务活动。1993 年通过《公司法》，规定公司是企业法人，有独立的法人财产，享有法人财产权。2006 年通过《破产法》，使企业能依法退出市场。

同一时期，熊彼特的创新理论进入中国，国内科技政策制定者、学者对创新、技术创新等问题开展了研究。国家科委委员、中国科技促进中心顾问贾蔚文组织了一批学者进行了专门的研究。这些研究深化了企业在技术创新体系中的作用的认识。

中共中央在 1992 年 6 月提出了"社会主义市场经济"的改革目标，同年 10 月召开的党的十四大正式确定这一目标。国务院发布《国家中长期科学技术发展纲领》，提出使企业成为技术开发的主体。"随着经济体制改革的深入，逐步使行业和企业成为技术开发的主体。要增强企业的技术吸收与自主开发能力，建立并完善企业的技术开发与技术管理体系。通过多种方式推进企业之间、企业与研究开发机构、高等院校之间的横向联合。"

1993 年党的十四届三中全会通过的《中共中央关于建立社会主义市场经济体制若干问题的决定》提出"在企业内部建立起市场、科研、生产一体化的技术进步机制，使企业成为技术开发的主体"。

1995 年 5 月《中共中央国务院关于加速科学技术进步的决定》（中发〔1995〕8号）确定"科教兴国战略"，提出"大力推进企业科技进步，促进企业逐步成为技术开发的主体"。

改革之初，技术开发活动主要由政府所属的公立科研院所承担；1978～1985 年，随着经营权下放，企业初步参与技术创新，但仍以政府—公立科研院所为主；1985～1995 年，企业技术开发活动不断增强，成为技术开发的重要参与者。从改革开放到 1995 年可以称为第一个阶段，这一时期企业从生产单元变成独立运营的单位，政策文件表述为使企业成为技术开发活动的主体，明确了企业成为技术开发主体的认识。这一阶段，关于企业有没有技术创新的功能的认识在逐步增强，政策也在逐步发生着转变。

2. 促进企业成为技术创新的主体

1995 年，各界逐渐接受技术创新的概念。1998 年，中国科学院开展知识创新工程试点。目标是在战略高技术、重大公益性创新和重要基础前沿研究领域取得一批重大创新成果，带动国家创新体系建设。

企业是技术创新主体，在政策表述上最早出现在 1999 年，《中共中央　国务院关于加强技术创新发展高科技实现产业化的决定》（中发〔1999〕14 号）文件中明确提出，"企业是技术创新的主体。技术创新是发展高科技、实现产业化的重要前提"。在深化体制改革中，促使国有企业成为技术创新主体。"促进企业成为技术创新的主体，全面提高企业技术创新能力。国有企业要把建立健全技术创新机制作为建立现代企业制度的重要内容，要把提高技术创新能力和经营管理水平作为企业走出困境、发展壮大的关键措施，使企业真正成为技术创新的主体。"

1995～2005 年可称为第二阶段，在技术开发和技术创新活动中企业的主体地位得到进一步明确，企业在技术创新体系中发挥主体作用。

3. 建设以企业为主体的技术创新体系

在政策文件和学术研究中，以企业为主体的技术创新体系是我国特有的概念。2006 年召开的全国科技大会及随后颁布的《国家中长期科学和技术发展规划纲要

（2006—2020 年）》提出国家创新体系建设的阶段性任务：创建以企业为主体，产学研结合的技术创新体系，知识创新体系，国防科技创新体系，区域创新体系，科技中介服务体系。在纲要中首次明确提出，"以建立企业为主体、产学研结合的技术创新体系为突破口，全面推进中国特色国家创新体系建设，大幅度提高国家自主创新能力"。这从体系建设角度来带动国家技术创新体系建设。该纲要发布后，在相关文件中又将上述提法完善为"以企业为主体、市场为导向，产学研相结合的技术创新体系"。

2009 年，国务院发布《关于发挥科技支撑作用促进经济平稳较快发展的意见》（国发〔2009〕9 号），提出要"坚持企业为主体、市场为导向、产学研用相结合，发挥市场配置资源的基础性作用。综合运用政策、投入、金融、服务等多元化的支持方式，引导各类创新要素向企业集聚，使企业真正成为研究开发投入的主体、技术创新活动的主体和创新成果应用的主体"。

2009 年，在《国家技术创新工程总体方案》（国科发政〔2009〕269 号）中，实施技术创新工程的总体目标是：形成和完善以企业为主体、市场为导向、产学研相结合的技术创新体系，大幅度提升企业自主创新能力，大幅度降低关键领域和重点行业的技术对外依存度，推动企业成为技术创新主体，实现科技与经济更加紧密结合。

2013 年 1 月，国务院办公厅发布的《关于强化企业技术创新主体地位全面提升企业创新能力的意见》（国办发〔2013〕8 号）中，提出"到 2015 年，基本形成以企业为主体、市场为导向、产学研相结合的技术创新体系"。文件更加明确地强调了要发挥市场对创新资源配置的主导作用。

2016 年 7 月，《国务院关于印发"十三五"国家科技创新规划的通知》（国发〔2016〕43 号），"十三五"时期科技创新的发展目标之一就是"强化企业创新主体地位和主导作用"，"以企业为主体、市场为导向的技术创新体系更加健全"，"深入实施国家技术创新工程，加快建设以企业为主体的技术创新体系"。

2006 年的全国科技创新大会以后，提出全面推进国家创新体系建设，并把技术创新体系作为重要突破口。与前两个阶段相比，具体提法上增加了以市场为导向，强化企业的主体地位，第一次出现了体系的概念，关注企业和其他主体之间的关系。2016 年的"十三五科技创新规划纲要"提出，要强化企业的主体地位和主导作用。从技术开发主体到技术创新主体，再到技术创新体系，是对创新认识的深化过程，并逐渐落实到政策，并固定下来。

4. 以企业为主体的技术创新体系是具有中国特色的阶段性政策概念

结合上述分析以及借鉴对国外的研究，以企业为主体的技术创新体系在我国是一个具有中国特色的阶段性政策概念，而不仅仅是纯理论概念，体现了我国在从计划经济向市场经济转轨过程中，推动创新的国家意志和政策导向。这既符合客观规律，又体现了我国近中期的战略选择。

从现阶段来看，基于计划经济向市场经济转变的过程，逐渐深入掌握创新规律，重点激发企业的创新动力和活力，适合现阶段的形势需求。从国家层面来看，当传统发展动力不断减弱，粗放型增长方式难以为继，只有依靠创新驱动打造发展新引擎，才能开辟发展的新空间。发展方式从以规模扩张为主导的粗放式增长向以质量效益为主导的可持续发展转变；发展要素从传统要素主导发展向创新要素主导发展转变。

从未来发展来看，技术创新需要协同合作，对体系的重要性认识加深，更需要构建技术创新体系来支撑技术创新活动。当前世界科技经济在发生显著变化，我们面临国际社会的挑战。科技创新深刻影响着产业方式的变革。全球新一轮科技革命方兴未艾，科学技术呈现出学科交叉融合发展的多点、群发突破的态势，它将既依赖现代化进程强大需求的拉动，又源于知识与技术体系内在逻辑的突破和创新。信息网络、生物科技、新材料与先进制造等领域的颠覆性技术层出不穷，不断创造新产品、新需求、新业态，已展现出重大产业变革的前景。新一代信息技术发展和无线传输、无线充电等技术的实用化，为实现人与物、人与人、物与物、人与服务的互联向"互联网＋"提供了丰富高效的工具与平台。科技革命塑造人类的思想观念、生活方式与生产方式，改变科学技术的结构体系，牵动全球科技中心转移，推动世界现代化发展进程。而且直接影响国家的兴衰以及国家地位在全球竞争格局中的升降。随着科学和技术不断突破性创新，带来新一轮产业革命，新产品、新服务、新工艺等不断涌现，直接影响了产业的发展，并深刻地影响人类社会生活和生产方式，产业形态、商业模式、价值观念。

科学技术的突破推动着产业变革，新产业驱动技术创新体系发生变化。信息化与工业化的深度融合孕育新的产业变革，以制造业数字化、网络化、智能化为核心，建立在分散式物联网基础上，即由通信互联网、能源互联网、物流互联网构成的分布式、协同和点对点的智能基础设施，同时叠加新能源、新材料、生物信息学等方面的突破，在全球范围对工业发展带来了深刻影响。开发和制造的工业过程越来越复杂，机械、电子、信息和计算机技术等多学科结合越来越突出，跨行业、跨学科领域的交叉集成创新不断产生新产业。在全球范围内，跨行业、跨学科的创新周期缩短，创新频率加快。前沿基础研究向宏观、微观和极端条件方向交叉融合发展，不同领域的交叉融合催生新的重大科学理论。这些趋势改变着人类创新活动的组织模式，激发着前所未有的创新活力，催生崭新的产业。

在新形势下，创新的广度、深度都在加强和加大；创新系统要更加开放，与其他国家创新体系融合、互动，因此，技术创新体系的内涵、外延也不断发展变化。经济全球化对创新资源配置日益产生重大影响，人才、资本、技术、信息等创新要素全球流动，速度、范围和规模都将达到空前水平。面对科技创新发展的新趋势和新机遇，世界各国纷纷把科技创新作为战略核心，希望通过加强科技创新来优化就业结构、驱动可持续发展和提升国家竞争力，为此出台了一系列战略规划和举措，布局未来发展，培育新的竞争优势和经济基础，体现制定国家战略和运用政策手段促进产业创新发展、推动新工业革命的鲜明态度。对企业创新的认识，从体系角度来看，其功能、角色也将发生重要变化。

二、以企业为主体的技术创新体系的定义

根据前文的分析，体系是一个不断演变的过程，以企业为主体的技术创新体系的内

涵应包括以下几个方面。

1. 技术创新是各类行为主体通过技术的应用实现市场价值的过程，企业在整个创新过程中起着主导作用

企业的主体地位体现在四个方面：第一，企业是技术创新决策主体，选择确定技术创新的方向，决策的过程有大学、科研机构、中介机构、金融机构等其他主体的共同参与，提供各类信息咨询、竞争情报、市场技术发展趋势等，但最终的决策由企业作出。第二，企业是技术创新的投入主体，在技术创新活动中，资金、人员、设备设施、无形资产等创新生产要素，主要由企业投入并负责，企业对投入承担相应的责任。第三，企业是技术创新的组织主体，企业按照技术创新目的，通过产学研合作、组建战略联盟、共建实体组织等各种形式来集聚各种资源，并使之成为系统性的安排，以服务于创新活动，这些资源可以是企业自身的，也可以来自大学科研机构等其他主体；通过自主研发、合作开发、委托开发等形式推动研发过程。第四，企业是技术创新成果的商品化主体，技术创新的成果从研究开发变成商品，进入到生产过程中，只有企业才具备规模化生产的条件，是组织产业化的当然主体。同时，企业是技术创新的主要获益者，也承担着选择、决策的风险。

2. 技术创新体系是一个围绕创新目标，协同互动、相互联系的网络系统

企业、科研机构、高等院校、金融和中介服务机构等在技术创新系统中扮演不同的角色，相互配合并互动，活动的共同目的是推动技术创新，共同推动着创新体系的演进。企业的主导作用体现在宏观、总体层面，把握创新的方向、配置创新资源，组织技术创新活动，但在微观层面，并不是每项具体活动都由企业主导，不同行业、不同领域、不同项目中，高校和科研机构甚至创新创业的个人，有时也起着主导作用。高校、科研机构作为重要的技术供给源，在产业共性技术和关键技术研发中扮演着不可忽视的角色，功能主要有三方面：一是从事知识创新活动，通过各种科学研究，产生并传播新知识，这些新知识往往是技术创新的思想源泉。二是培养创新型人才，通过教育培训和塑造产业创新体系所需要的技术和管理人才，为创新提供高质量的人力资源。三是参与产学研合作创新，通过与企业的联合开发，将知识创新和技术创新衔接起来，实现科技成果的产业化、商业化。中介服务机构为技术创新提供检验检测、技术转移、技术交易、投融资服务、咨询服务、信息服务、知识产权服务等。系统中各主体存在密切联系，相互影响和作用。

3. 技术创新体系是社会系统的组成部分，其效率与外部环境密切相关

外部环境主要是制度环境和政策环境。制度环境是指一系列与政治、经济和文化有关的法律和产权规则、规范、习俗和社会传统等。包括正式的制度和非正式的制度。政策环境则更加具体，主要指政府为技术创新体系提供的政策支持环境和条件，包括提供创新所需的基础设施、创新促进政策、营造文化氛围等方面。具体包括科技政策、产业政策、经济政策、金融政策、知识产权政策、社会文化政策等方方面面的政策和文化环境。外部环境作用于技术创新体系，在技术创新体系中最重要的是企业，因此，外部环境作用的核心是能否使体系正常、高效地运转，能否提升企业开展创新活动的

积极性，并使企业与其他主体的关系不被扭曲，能够很好地保证创新活动的实现。在外部环境中，最关键的问题是处理好政府和企业之间的关系。政府需减少干预，充分发挥企业等创新主体的作用，建立和营造创新资源集聚的环境和空间。

综上，我们提出以企业为主体的技术创新体系的定义，以企业为主体的技术创新体系（以下简称技术创新体系）是国家创新体系的重要组成部分，是指企业为实现创新目标、获得市场利益，在技术创新活动中的决策、组织、投入、商品化、风险承担等方面发挥主导作用，与其他创新活动主体相互联系、有效互动，构成的一个网络系统。这个网络系统效率的高低、在国家创新体系中作用的大小与所处的外部政策、社会环境紧密相关。体系中的各主体以实现技术创新结果为目标，相互作用，实现技术创新资源的有效配置；互动效率的高低取决于不同发展阶段的政府和市场的关系。

三、以企业为主体的技术创新体系的理论模型

技术创新体系是国家创新体系的重要组成部分，是以实现技术创新全过程为目标，参与技术创新活动的各类行为主体在一定的政策环境、社会环境影响下，相互联系、有效互动构成的一个社会网络系统。

各类创新活动行为主体在体系中的作用取决于所处的政策环境、社会环境和历史文化。

通过对典型国家技术创新体系的比较，可以看出技术创新体系状态与建设过程，因不同国家文化背景、体制演变、国际环境、资源禀赋以及经济不同发展阶段而异，但以"企业为主体"是各国技术创新体系建设过程中的共性规律。

我国在从计划经济向市场经济转轨过程中开始反省企业在技术创新体系中的地位和作用，逐步认识到技术创新体系建设的客观规律，于2006年明确提出建立以企业为主体，以市场为导向，产学研结合的技术创新体系，并以此带动国家创新体系建设，这个提法中特别强调了"以企业为主体"，同时也明确提出要以市场为导向，要产学研结合共同发挥作用。之所以如此表述是基于计划经济体制向市场经济体制转轨的国情，以及促进企业技术创新的政策导向需要。

以企业为主体是指企业在技术创新体系中和创新全过程中发挥主导作用。这种主导性作用主要体现在四个方面：首先是决策和研发投入的主体，决定选题立项时的取舍；其次是组织和推动创新活动的主体；再次是创新成果商业化的主体，选择成果运用时机，提供产业化保障；最后是技术创新风险承担的主体，同时也是利益的最大享用者。

技术创新活动需要有各种技术创新要素互相影响配合。企业作为技术创新体系的主体并不意味着排斥其他社会组织作为行为主体参与技术创新活动，而恰恰是企业要与各类参与技术创新活动的主体形成有效互动的体系，以企业需求为中心，组合各种技术创新要素，聚焦到社会财富的创造过程。因此，推进企业成为技术创新主体也要注重建立有利于产学研结合的社会机制，促进企业和大学、科研机构以及其他社会技术创新要素形成有效的合作关系。

依据技术创新体系的定义，结合中国国情和政策导向，本书首次描绘出了以企业为

主体的技术创新体系理论模型（见图1.1）。

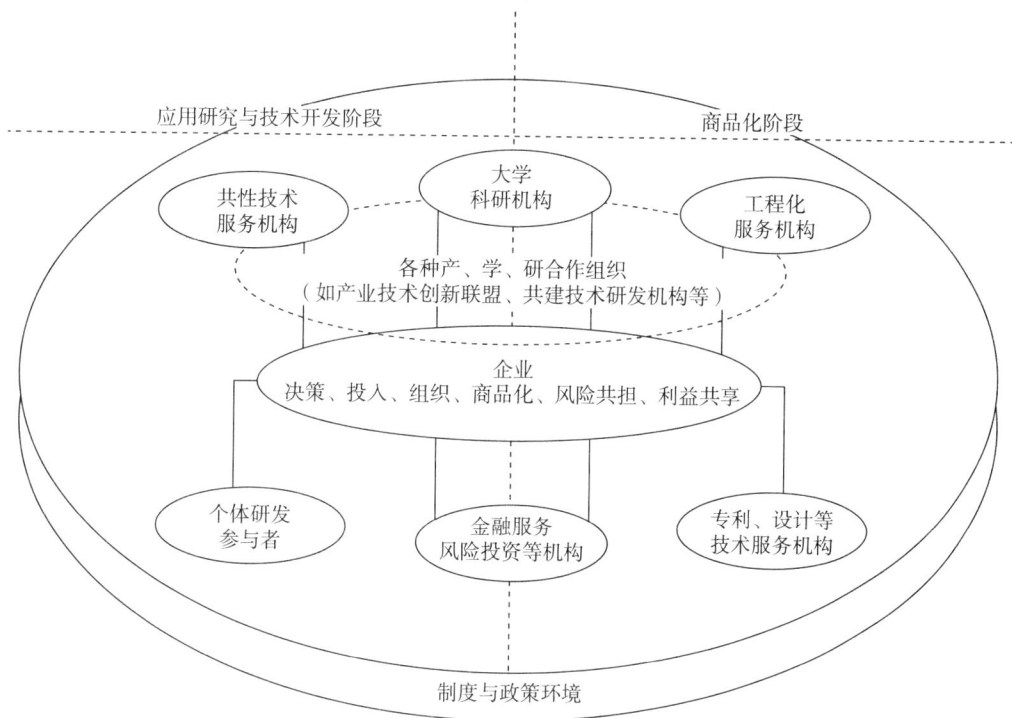

图1.1 以企业为主体的技术创新体系理论模型

在该理论模型中，从功能角度把技术创新过程大致划分为：应用研究与技术开发阶段和商品化阶段两个阶段。这两个阶段的划分既是对体系中各主体行为观察、研究、分析的需要，也是制定创新政策把握着力点的需要。实际上，技术创新过程的这两个阶段是紧密衔接在一起的，许多主体的行为是连贯的、接续的。

在上述模型中，企业的作用贯穿了技术创新两个阶段的全过程，在技术创新方向和立项决策、组织创新活动、创新投入、成果产业化和商品化等方面发挥着主导作用，同时也是创新收益的获得者和投入风险的主要承担者。在不同阶段，企业与技术创新体系中的各个行为主体发生着不同的互动行为，需要其他行为主体为其开展的技术创新活动提供各种有效支撑。

共性技术服务机构主要在应用研究与技术开发阶段发挥作用，可为企业技术创新活动提供各类共性技术性质的支撑。这类共性技术服务机构在我国有多种形式，如政府依托大学建立研究实验机构、大型科研仪器设施，隶属于政府部门的各种技术测试中心、专业性的研究所，行业协会建立的行业技术研究机构，等等。

大学和科研机构在技术创新的两个阶段都发挥着不可或缺的作用。在应用研究与技术开发阶段，除提供共性技术源外，还可培养创新人才，根据企业技术创新活动需求，为企业提供应用技术支撑，或独立研究后输出给企业，或与企业合作研究开发。在商品化阶段，主要为企业提供技术成果工程化、产业化相关方面的技术开发，支撑企业技术创新成果商品化。

个体研发参与者主要在应用研究与技术开发阶段发挥作用。他们以自己的智慧和创意开发出具有市场前景的技术成果，或创立公司，或多种形式向大公司转让成果，从而融汇到企业技术创新活动中去。这是新的经济、技术发展背景下的创客新业态。

金融服务与风险投资机构在两个阶段都需要发挥作用。在应用研究与技术开发阶段，需要其为企业研究开发活动提供信贷支持，弥补企业创新投入资金的短缺，需要为各主体新技术、新产品开发提供风险投资，为创客提供天使投资。在商品化阶段，需要其为技术创新的成果实现工程化、产业化、开拓市场，提供各种融资服务和风险投资，加速技术创新成果的商品化。

工程化服务机构主要在商品化阶段发挥作用。这类机构要为企业的新产品、新技术的工程化、产业化提供各种专业化的中试、工程试验、技术性能验证，开发、完善工业化工艺和装备等方面的服务，从而弥补企业工程化试验能力的不足，降低单个企业在这方面的投入，提高创新活动的效率与质量。这类机构对于中小型企业技术创新活动尤为重要。

专利、设计等技术服务机构也主要在商品化阶段发挥作用。企业在应用研究与技术开发阶段选择创新方向时，也会考虑该方向的已有专利布局情况，制定专利战略。在商品化阶段更需要专业化专利组织为保护技术创新成果的知识产权、实施自己的专利战略提供服务。此外，专业化的工业设计、技术转移、市场策划、品牌塑造等机构也是企业最终完成技术创新活动的重要支撑。

各种产学研结合的组织，是体系中相关行为主体有效互动形成的各类新组织形态，有以关键技术研发为目标的产学研合作创办的实验室、研究院，有以技术成果产业化为目标的产学研合作创办的工程技术中心，还有以围绕产业链构建技术创新链为目标的产学研组建的产业技术创新战略联盟，等等。

根据前述技术创新体系的定义，该体系是一个社会网络系统，是以现实制度和政策环境为基础的。因此，体系中各行为主体互动的动能、主动性、效率与体制机制和政策导向密切相关。体系内各行为主体的相互关系、交往机制取决于相关的制度环境、社会环境；体系的效率、功能实现的质量取决于政策设计的科学性。

第三节　国内外相关研究及趋势

当前，新一轮科技革命和产业变革形成了历史性交汇。以云计算、大数据、物联网和移动互联网等为代表的新一代信息技术迅速渗透各个领域，能源技术、材料技术、生物技术、人工智能技术孕育着突破性发展与应用，经济技术全球化、多领域技术交叉、融合为创新加速提供了基础，创新驱动已成为经济社会发展的首选战略。在此背景下，技术创新理论研究将进一步与创新驱动的各种实践活动相结合。

在企业技术创新研究方面，将结合变化着的经济、技术、社会发展背景，进一步补充、完善、修正以熊彼特理论模型为基础的技术创新理论；研究新技术应用和国际化新趋势对企业创新行为、创新管理、创新模式的影响；研究企业对创新政策环境和社会环境的诉求，以及企业依赖创新发展规律的演变等。

在产业技术创新研究方面，将会更多地关注产业链与创新链的关系、衔接、融合；深入研究政府在产业技术创新过程中的功能定位、政策措施的作用；研究技术交叉、融合创新和突破式创新形成新业态、新产业的规律；研究各种产学研结合开展产业技术创新的机理和有效模式；研究新形势、新背景下，产业技术创新支撑体系的建设与完善等。

在技术创新体系研究方面，将会更多地关注创新要素整合、协同的新机制、新模式；研究创新生态环境营造与技术创新体系建设、完善的关系；研究融入开放式创新、双创机制，借助平台经济、共享经济理念，技术创新体系的发展与演化趋势；研究创新驱动社会发展的新形势下，更多社会主体融入技术创新体系的趋势等。

总之，技术创新理论研究将密切与创新驱动发展实践相结合，不断从创新驱动发展的实践中提炼理论问题，不断在创新驱动发展实践中应用验证理论、完善理论；创新驱动发展的实践也将为技术创新理论研究提供丰富的题材，推动技术创新理论研究不断与时俱进。

一、关于国家创新体系的研究进展

1. 国外相关研究

关于国家创新体系，相关的研究非常丰富。研究始自20世纪70年代早期，当时发达工业国家经济增长减速，而日本经济地位相对提升，后来的欧洲、韩国、中国台湾地区以及新兴工业化国家（地区）的发展，引起人们对国家创新体系的相似性和差异性、国家创新体系对经济绩效影响的强烈关注。1987年弗里曼提出国家创新体系（National System of Innovation，NSI）的概念，国家创新体系"是由公共部门和私营部门中各种机构组成的网络，这些机构的活动和相互影响促进了新技术的开发、引进、改进和扩散"。伦德瓦尔（Lundvall，1993）、纳尔逊（Nelson，1993）、埃德奎斯特（Edquist，1997，2004）等人相继发表了国家创新体系研究的重要成果。国家创新体系的概念有了进一步发展和完善。

国家创新体系研究的核心是分析各种主体之间的联系和相关性，如何在一个国家（地区）制度体系中得以发展和演变，从而影响一个国家（地区）的创新绩效。

国内外很多关于国家创新体系的研究，分析框架未取得广泛共识，把国家间的体制结构差异误以为是与技术创新绩效的因果关系，从而显得杂乱无章；有些比较研究则集中于一两个国家，或者部分少数国家。尼尔森等人在《国家（地区）创新体系比较分析》一书中界定了概念和分析框架。其国家创新体系中的创新，是公认的创新概念，是熊彼特意义上的创新，关注点拓宽到那些影响国家技术能力的因素。各国体系有相似之处，也有明显差异，这种差异在很大程度上与该国历史文化、进入工业化过程的时间差异等有关。这些因素影响着国家制度、法律和政策的形成。国家创新体系范式的核心在于制度关系，最重要的两个维度是生产的结构与制度的建设。

一些学者提出了不同模式的国家创新体系，如以日德为代表的国家创新体系和以美国为代表的国家创新体系。尽管国家创新体系对一个国家具有重要意义，但是，一个国家的技术创新体系的独特特征，对该国的整体经济绩效，如生产力、收入及其增长、进出口业绩等的影响程度，在当前的研究中还远远不能确定，虽然这也是国家创新体系的重要核心问题之一。

在这些学者看来，国家创新体系概念具有如下特征：第一，传统经济学理念看待国家发展，主要是从经济角度来研究，核心是强调市场交换过程，而国家创新体系则不同，它强调创新，将创新中各个主体间的交互式学习置于经济行为的核心位置，这是一个重要补充。第二，创新系统方法采用的是整体观和跨学科的分析方法。第三，创新系统强调历史和演化的观点，而经济学理念的核心则是最优化方法，在创新系统里就失去了意义，几乎找不到最优化或者理想的创新系统。第四，创新过程受到系统要素及要素间关系的影响，表现出创新过程的非线性特征。第五，创新系统方法强调了制度的作用，而不是把制度排除在创新的决定因素之外。

国家创新系统方法也存在明显的缺陷，如创新系统中究竟应该包含哪些内容，缺乏清晰的学术语言和研究框架，因而难以成为一个学科体系，另外，国家创新系统很难从定量角度开展研究。

后来，国家创新体系的研究又延伸出区域创新体系和行业创新体系的研究，区域创新体系研究是国家创新体系研究的进一步发展和具体化。

2. 国内相关研究

我国政府和学术界自20世纪90年代起越来越关注国家创新体系的研究。国家自然科学基金也资助了相关研究，如由中国科学技术发展研究中心牵头组织，国务院发展研究中心、清华大学、浙江大学等共同参与的国家创新体系的研究。1995年，国家科委委托加拿大国际发展研究中心对中国科技体制改革问题进行评估，在评估报告中运用了国家创新体系的理论。1996年，国家科委在北京召开了一次高层研讨会，确立了继续研究"技术创新作为科技政策基础"的框架和内涵，推动我国国家技术创新体系建设。1998年，中国科学院提交中央一份题为《迎接知识经济时代，建设国家创新体系》的报告，提出了关于中国国家创新体系的概念："国家创新体系是由与知识创新和技术创新相关的机构和组织构成的网络系统，其主要组成部分是企业（大型企业集团和高技术企业为主）、科研机构（包括国立科研机构、地方科研机构和非营利科研机构）和高等院校等；广义的国家创新体系还包括政府部门、其他教育培训机构、中介机构和起支撑作用的基础设施等。"加强知识创新体系建设，在中国科学院启动了知识创新工程。这一时期，政府和学术界掀起了研究国家创新体系的热潮。早期的学术研究大多集中于对概念、组织结构及其理论方法的探讨以及国家间的案例比较。2006年的全国科学技术大会和"国家中长期科技发展规划",使国家创新体系的构建进入了新阶段,明确了现阶段国家创新体系建设的任务由五大体系构成:以企业为主体的技术创新体系、知识创新体系、国防科技创新体系、区域创新体系、科技中介服务体系,以技术创新体系为突破口,带动国家创新体系建设,文件肯定、明确了关于国家创新体系的研究。

3. 近年来的进展

近年来,国家创新体系的研究在以下几方面有所发展。

(1) 不同的创新系统之间的整合是研究的焦点之一。Chung 将创新系统描述为区域和部门创新系统的矩阵,认为区域创新系统是形成高效的部门创新系统的良好途径,通过不同区域的区域创新系统产生不同的、有竞争力的部门创新系统,进而建立高效的国家创新系统。Meuer 等通过对瑞士 354 家企业的定量研究,提出有 5 个共存的创新系统,并将其分为两个层次:一般创新系统构成的核心层和区域创新系统与部门创新系统构成的表层。

(2) 创新体系的网络化研究。创新体系的网络化通过产学研合作、企业间合作和科研机构间合作三方面加以描述。这方面比较流行的分析主要有三螺旋理论的方法。

(3) 对国家创新体系的演化研究。创新研究长期以来集中于创新系统的构成要素(组织和制度)上,而较少关注创新系统中发生了什么以及系统是如何变化的。为了探究系统中发生了什么,学者们发展了关注创新系统功能的分析方法。系统功能分析方法主要应用于技术创新系统的研究中,不过,其识别的系统功能对理解不同尺度下的创新系统包括部门创新系统、区域创新系统和国家创新系统都有一定的帮助。

(4) 国家创新体系的国际化全球化。尝试将国际化活动整合进国家创新系统方法中,Olbrich 等提出了一种新的分析方法,尝试将全球化的外部性影响与国家边界结合起来,国家创新系统由不同的行动者、组织以及相互之间的关系组成,他们受地域边界的限制,同时能够跨越这一边界与其他国家创新系统中的行动者产生联系。还有少数学者开始将全球价值链 (Global Value Chains, GVC) 和国家创新系统联系在一起进行研究。

二、关于产业技术创新支撑体系研究的新进展

中华人民共和国建立特别是改革开放 40 多年以来,我国工业取得巨大发展,建立了完整的工业体系,许多产业已经具备了国际竞争力,支撑着我国综合国力的提升。但总体而言,我国仍处于工业化中后期,呈现出产业发展不平衡、工业化基础不扎实等突出问题,尤其是产业技术创新支撑体系尚未健全,产业核心技术供给不足,严重制约了我国产业核心竞争力的提升。与此同时,已经开始进入后工业化时代的发达国家,凭借强大和高度融合的国际资本、雄厚的技术积累、完善的支撑体系以及与现代工业化相适应的创新文化氛围、国民教育体系和创新人才培养方式等,对我国工业进一步发展形成了严峻挑战和冲击。

21 世纪以来,随着新一轮科技革命和产业变革的孕育兴起,工业领域产业技术创

新呈现出交叉、融合、跨界的新趋势，国家战略和政策的关注点日益转向产业技术创新，国际竞争日益聚焦于产业层面。对于进入创新驱动发展新阶段的我国来说，要确立建设创新型国家和世界制造强国的战略目标，就必须充分考虑大国地位对产业独立和均衡发展的要求，立足全球化背景，顺应新技术革命的趋势，借鉴世界产业技术创新的历史经验，发挥大国市场优势，针对我国产业发展不平衡和差异化特点，有针对性地加快产业技术创新支撑体系建设的步伐。

然而什么是产业技术创新支撑体系？其定义、内涵、构成要素、如何建设等问题都尚未有成熟的理论支撑。

在现有研究中，国内比较多地关注国家/区域层面、企业微观层面的技术创新，有关工业领域产业技术创新的研究相对较少。对市场经济占主导地位的发达国家来说，创新研究主要集中于企业层面，对产业技术创新理论的系统研究也相对较少。一般把相同类企业研究归结为产业或部门创新系统（Sectoral System of Innovation），该理论是在20世纪80年代形成的网络合作化技术创新理论以及国家创新系统理论的基础上发展而来。虽然波特（Michael Porter）、马勒巴（Malerba）等人做了开创性研究，马勒巴对产业创新体系的概念内涵进行了研究，但尚属一个比较新的研究领域。

需要指出的是，由于发达国家和经济体的工业竞争力在全球范围处于领先位置，不存在产业发展不平衡或落后赶超等问题，因而也就没有在产业层面开展技术创新研究的迫切需求。对发展中国家来说，普遍面临经济结构调整和发展方式转变的问题，与发展中国家产业发展问题相关的研究，主要有后发优势理论、赶超理论等。这些研究大多利用发展经济学理论从经济学视角进行的分析，而聚焦于产业层面，从技术创新角度开展的研究，无论是理论建构还是实证研究都非常薄弱。总体来看，对产业技术创新及其实现的支撑要素与系统，国内外学者尚未开展有针对性、深入的讨论，理论界也没有形成公认一致的概念。尤其是关于后发国家和转轨国家，对其产业技术创新的研究严重不足。

为此，以干勇、钟志华、李新男、刘东为首的研究团队于2011年开展了关于产业技术创新支撑体系的理论研究。2012年12月，正式启动了中国工程院重大咨询研究项目"我国工业领域产业技术创新支撑体系研究"，选取了国家14个重点产业作为理论研究的分析与验证基础，吸收有关产业领域的院士、专家学者、相关产业技术创新战略联盟的企业家和行业专家共200余人共同开展研究。

此项研究历时3年，以创新经济学、产业经济学、系统科学等理论为基础，采用了多元视角，坚持历史与逻辑统一，通过历史分析、比较分析、建模分析、实践调研，总结和凝练出典型工业化国家产业技术创新的发展历程和特点；探索针对产业技术创新的新的理论分析方法；基于产业技术创新功能实现的维度，系统地研究、阐述、提出"产业技术创新支撑体系"的概念、理论框架及其发展的政策环境。这一研究成果丰富了产业技术创新的理论研究，为产业技术创新的实践提供理论依据。主要成果如下：

1. 明确提出了产业技术创新支撑体系的概念内涵

将产业技术创新支撑体系定义为，是国家范围技术创新体系的重要组成部分，以系统提升国家产业核心竞争力为目标，旨在为产业发展和新兴产业培育提供技术创新支撑的社会系统，表现为促进、支持、保障产业技术创新活动的组织结构与运行机制。

其基本内涵包括：

（1）产业技术创新是产业发展的重要内容，贯穿从产业技术获取到产业技术产品化、商业化的全过程。

（2）产业技术创新支撑体系是产业技术创新的支持系统，为产业技术创新提供软件和硬件的支撑。

（3）产业技术创新支撑体系由支撑产业技术创新的人才、资金、技术、政策等一系列要素构成，涉及官产学研等各方主体，发挥着创新技术供给、创新技术产业化、技术创新服务及政策和社会环境营造的功能。

2. 设计了产业技术创新支撑体系的理论模型

根据上述分析，我们从功能角度提出产业技术创新支撑体系的基本框架模型（见图1.2），即由创新技术供给、创新技术产业化、技术创新服务三方面的基本功能及相应的政策和社会环境（简称"3＋1"）构成立体系统。其间的箭头则表示其中的网络关系。

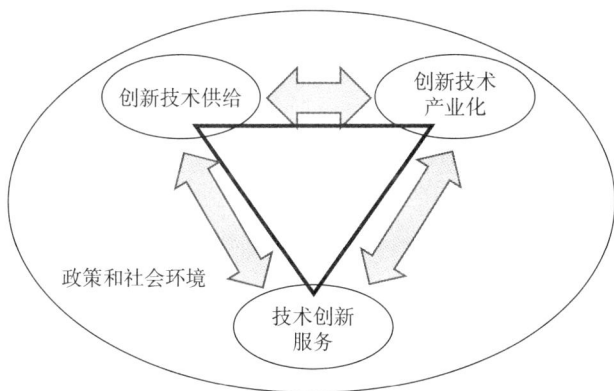

图1.2 产业技术创新支撑体系的基本框架模型

（1）产业创新技术供给。从技术的来源分析，产业创新技术供给包含：①具有产业技术创新潜在价值的基础研究与应用研究成果的获取与开发；②沿产业技术周期不同阶段展开的技术资源的开发与集成；③沿产业链关键环节相关技术的开发与集成。

根据产业生命周期不同阶段可以划分出以下两大类六个形态的产业创新技术：

1）产业形成期技术，具体包括：

①前瞻型技术。属于超前发展的技术资源类型，尚未形成任何可预测的市场前景。这些技术的存在主要出于技术发明者基于技术发展趋势的前瞻性开发，或常规研发过

程的附产品。这类技术是萌芽型产业技术的重要来源和发展基础。

②萌芽型产业技术。属于潜在的技术资源类型，多以发明专利形式存在，其市场发展具有高度不确定性，但是为新兴产业技术的发展提供了储备性资源，是市场性技术资源的重要补充，也是政策性激励导致的技术创新成果向产业化发展的一个路径。

③新兴产业技术。初见于市场并已经初步形成小规模产业的产品及其工艺支撑技术类型。从经济学角度观测，之所以称为新兴产业技术主要在于其较为突出的市场增长率水平。

2）产业成长及成熟期技术，具体包括：

①关键产业技术。某一类产业发展特别是战略性产业发展的核心技术，或主流（主导）技术，这类技术往往相对成熟，但研发成本和初期应用成本极高，对于发展中国家的企业来说，攻克关键产业技术，是重要的学习和赶超目标。

②平台型产业技术。此类技术具有两种所谓平台含义：一是沿产业链条纵向发展的贯穿型平台技术；二是跨产业可以横向扩展的平台型技术。此类平台型技术多处于某一类产业技术发展的转型期阶段，也可能存在于另外一些产业的前产业期阶段，新兴产业的发展可利用已有的产业技术。

③规模型产业技术。常见于大规模生产、集中度较高的产业中，从政策角度看，应主要集中于具有影响国民经济发展、影响产业附加价值定位的重要产业，这类产业的特征是资本密集型，具有较高的进入门槛，代表着一个国家或地区的核心生产能力，因此除具有产业技术发展的自身特点外，资本的控制和开发对这类产业技术具有重要作用。

同时，从政策环境建设的角度考察，还应注意两类技术：一是市场失灵型技术，多见于第二大类产业技术；二是市场竞争型技术。第一大类和第二大类都可能存在；前者属于产业技术创新的重要基础和立足点，关系国家安全和产业安全，需要政府政策的必要干预；后者属于市场竞争范畴，表现为市场细分、产品差别化、企业个性化等特征。总体来看，这类技术是大量和长期存在的，对此类技术的支持应十分注意市场发展的规律和作用，并兼顾国家和区域产业技术发展的可能促进作用。政府提供环境即可，不适于政府政策过度干预。

不同类型的产业技术发展，提供创新技术供给的主体不同。第一类产业创新技术（产业形成期技术）资源供给主体主要以相对独立的科研机构群与企业结合产生，而第二类产业创新技术（产业成长与成熟期技术）资源供给主体则主要依靠企业群，特别是大型企业群来高质量地实现。

（2）创新技术产业化。包含两个方面：一是实现潜在产业技术成果工程化和产业化；二是实现现有产业技术创新成果商业化，并创造创新产品市场价值。创新技术产业化可以用三类产业技术形态来分析创新技术的产业化实现。

1）产业内收敛型技术的产业化。产业内收敛型技术创新主要体现为原有产业路径下的技术创新，体现为关键产业技术、平台型产业技术、规模型产业技术三类产业技术创新及其市场开拓活动。此类产业内收敛型技术创新往往是原有产业技术路径依赖型创新，其产业化过程必然在企业内或企业间完成，特别是在具有强大研发力量的大企业层面完成。因此，大型企业、跨国公司往往既是此类产业技术创新活动的技术供给主体，也是创新成果产业化的主体。但客观情况是，大型企业并不一定倾向于走产业技术创新的道路来强化自己的竞争实力，因此对这些企业成为产业技术创新主体的前提条件是市场的技术竞争压力和创新政策约束驱使。这对该类技术创新的产业化活动所处的市场环境和政策环境需要提出一定的要求。值得指出的是，大型企业走国际化发展道路，面临技术竞争压力更大的国际市场环境，会有更强的产业技术创新倾向。

2）产业间（跨产业）收敛型技术的产业化。产业间或跨产业技术收敛的创新活动具有偶然性和多样性，仅仅靠技术目标明确来开展研发活动的大型企业往往不够。而高技术中小型企业甚至创业型企业群体积极性较高，因为它们参与市场竞争仅有的优势在于技术创新本身。作为企业群体来说，其对应的产业部门和类型也相对较宽，实现的技术创新供给资源可能蕴含萌芽型产业技术、新兴产业技术、关键产业技术三类，因此这类企业群体应当是技术创新产业化的天然主体。同时，某些大型企业也能在跨产业的平台类技术创新活动中积极参与，取得兼有资本和技术力量的竞争优势。相对而言，由于高技术中小型企业群存在市场技术竞争的强大压力和市场环境的约束，往往需要更多的政府政策支持和更强的市场需求拉动，因此加速培育一个高新技术产品的消费市场，同时为中小型高新技术企业营造一个更便利的创新环境，是这类企业开展产业技术创新成果市场化和产业化的重要条件。

3）多主体联盟框架下的创新技术产业化。随着产业技术创新的发展与基础研究、应用研究的关系越来越密切，随着产业技术的跨产业发展和产业技术创新国际化的发展趋势，单一企业实现技术供给或实现产业化本身都越来越艰难，因而多主体联盟框架特别是产学研联盟框架就成为创新技术产业化的最佳机制（或称主体）选择。典型的形态包括依托高校的创业活动、校企联合研发成果的产业化实现、企业间的纵向和横向技术创新联盟等。

（3）产业技术创新服务。综合以上有关创新技术产业化过程的网络关系的描述，产业化过程除技术资源的供给、产业化载体本身外，还有一类设施及其相关服务不可忽视。综合发达国家产业技术创新的成功经验，它们往往成为良好创新环境的重要标志和不可或缺的组成要素。为强调这一设施性资源的重要性，本书特别将这一类设施资源单独提出，构成产业技术创新支撑体系三极中的一个极点。从其功能表现可以分为以下三类：一是为产业技术创新过程提供经济资源的支撑，如风险投资等；二是为产业技术创新提供有形技术设施服务，如为产业共性技术开发过程提供试验、测试和检测设施；三是为产业技术创新过程提供无形技术设施服务，如为产业技术创新活动提供信息、文献、专利、技术评估、技术转移、技术交易等服务。

产业技术创新离不开这三类设施或服务的支撑，这些产业技术创新支撑设施和相关机构为产业技术创新提供社会资源，而不仅仅是市场资源。具体分析，可以分为以下几个类型：

1）技术开发的金融支持与服务：用于产业技术创新过程的资金支持，尤其是高新技术中小型企业和高校参与的产学研联盟的技术开发过程的资金支持。具体表现形式多为民营和政府政策支持的高新技术投资机制，如天使投资、风险投资等机构及其支持功能，在高新技术和新兴产业的发展过程中扮演重要角色。

2）技术信息和情报分析与服务：用于不同机构产业技术资源开发过程的技术导航、技术预测、技术扫描等环节的服务。

3）知识产权服务：用于不同机构在所有类型产业技术资源开发过程的知识产权的检索、导航、保护、价值开发、战略布局等服务。

4）工程技术开发服务：为技术创新活动提供所需的工程技术综合配套试验条件和专业化服务。

5）技术开发过程的人力资源平台与管理服务：在产业技术开发过程中，需要灵活的人力资源流动平台。通过现有的各类技术创新基地，也可以通过更具有组织创新类型的人力资源流动平台，为产业技术的研发和成果转化提供最为关键的创新资源。

值得指出的是，上述五个类型的设施及其服务，既可以由政策支持实现，也可以由市场化方式来实现。通过民营与国有机构甚至外资机构共同发展的产业技术创新服务设施建设，本身也是创新型国家或区域建设的重要组成部分。

（4）政策和社会环境。产业技术创新得以顺利实现需要适宜的制度和社会文化环境，包括经济、科技、金融、法律、工程技术培训和教育等各项事业的繁荣和相适应的社会氛围，不同时期有针对性、适度的政府政策尤为重要。有关政策和社会环境的建设主要反映在产业技术创新支撑体系中，针对不同功能构成所制定的或能够施加相当影响力的相关法律法规、政策规范和具体措施等，良好的政策环境可以不断完善推动这一支撑体系各基本功能构成及其作用的有效发挥。当然，政府政策的过度使用也可能导致产业技术创新活动的低效和创新环境的倒退。

总之，产业技术创新支撑体系的三个基本功能构成（创新技术供给、创新技术产业化、技术创新服务）的发展，都不能脱离特定国家或地区的政策和社会环境的影响。事实上，这些基本构成的内涵和外延发展都是在特定的制度和社会环境下，在或强或弱的政府政策环境下发生发展的。因此，本书的理论分析框架将这一重要的影响因素作为三个基本构成的活动基础表现出来，所阐述的政策和社会环境面向产业技术创新支撑体系的三个基本构成，强调其间明确而有效的政策效应，由此形成政策和社会环境与三个基本构成之间的支持与互动关系。

3. 基本观点

通过对产业技术创新支撑体系的理论研究和对重点产业的实证研究，深化了我们对产业技术创新及其支撑体系的认识，归纳形成如下基本观点：

（1）产业技术创新支撑体系是客观存在的。如同国家创新体系的概念一样，在国家创新体系概念提出之前，支撑一个国家创新发展的经济和科技机构所形成的组织网络及其运行的制度环境就是客观存在的。建立国家创新体系概念是提供了一个理论视角和分析框架，对这一客观存在进行描述，以便于人们认识和理解创新作用于国家发展的内在机理。

同样，无论是哪个产业，无论在任何国家或地区，只要开展产业技术创新活动，就会需要对各种要素进行配置组合，各类参与活动主体形成互动关系，就会产生相应的组织结构和制度安排，来开展相应的研究与开发、技术应用和商业化。因此，围绕产业技术创新的这些组织结构和制度安排是客观存在的，产业技术创新支撑体系概念提出为分析产业技术创新提供一个新的理论视角和分析框架。为研究产业技术创新问题和制定政策提供了基本工具。

（2）产业技术创新支撑体系影响着产业技术创新的能力和效率。产业技术创新支撑体系是由各种要素组合、各主体相互作用而形成的具有特定功能的有机整体。产业技术创新支撑体系中各组成部分不是分散无章的，而是具有层次结构性的。各种要素按照特定的配置和组合方式形成不同的主体，各类主体之间通过相互作用形成相应的组织结构而构成体系，不同的结构安排体现出不同的功能。因此，各要素的配置和组合方式、主体之间的互动机制、体系的组织结构形式等决定着体系的有效性，直接影响产业技术创新的能力和效率。例如，在典型工业化国家不同产业技术创新模式中，由于不同国家所处的发展环境、拥有的资源禀赋和发展基础、国家体制和制度环境等不同，导致其要素的配置和组合方式的差异，主体状况及其相互作用关系的差异，从而形成具有不同的组织结构和运行方式的体系，这些不同体系发挥着不同的效果，直接影响产业技术创新及产业发展和结构合理性。这正是英国第一个完成产业革命、德国和美国实现成功超越发展、日本在"二战"后快速发展的重要基础，当然苏联构建的独特体系也有效地支撑其高速工业化和军事大国地位，同时也为其解体和衰落埋下了伏笔。

因此，在产业技术创新支撑体系建设中，要素的配置和组合有效，各类主体的功能定位恰当和相互作用机制合理，形成的组织结构和制度安排科学，就能够最大限度地发挥整个体系的功能。具体表现为要素的配置合理有效、产学研协作机制顺畅、政府与市场的关系适度、社会化服务体系的完善等，可以有效地促进产业技术创新能力和效率的提升。

（3）从功能角度凝练提出的产业技术创新支撑体系"3＋1"理论模型提供了一个普适性的分析方法。对产业技术创新支撑体系的研究可以从不同角度入手，本书从实现功能的角度提出了支撑体系的"3＋1"理论分析模型，即"创新技术供给、创新技术产业化、技术创新服务"三个基本功能构成及相应的政策和社会环境。这四个功能构成部分总结了不同产业的共性特点和规律，是所有产业的技术创新支撑体系普遍具有的基本组成部分，具有普适性和应用性。因此，产业技术创新支撑体系的"3＋1"理论模型可以为各类产业提供基本的分析框架，为各产业之间进行比较研究、分析各产业技术创新支撑体系的共性和差异性提供基本方法，也可以为具体产业技术创新支撑体系建设及其政策设计提供指导。

当然，产业技术创新支撑体系在各个产业之间表现出差异性和多样性。每一个产业领域都有许多特殊的环境条件，其产业技术创新支撑体系的各个功能构成部分都带有特定产业领域的特点。例如，生物医药产业，除了创新技术供给、创新技术产业化和技术创新服务三个基本构成部分外，医院也在体系中扮演了非常重要的角色，其功能和作用需要特别加以考虑。另外，任何产业都有生命周期，不同的发展阶段的产业特点和市场条件不同，对要素和主体的需求也不同，其产业技术创新支撑体系及其各构成部分会表现出阶段性的差异和特点。因此，产业技术创新支撑体系至少具有"3+1"的基本构成部分，针对具体产业的实际情况还可能存在其他构成部分，从而体现出不同的组织结构形式。

（4）政策和社会环境营造影响着产业技术创新支撑体系整体功效的发挥。按照产业技术创新支撑体系的"3+1"理论模型，政策和社会环境是重要的构成部分，是其他三个基本功能构成得以发挥作用的重要保障。在产业技术创新支撑体系中，主要反映为针对三个基本功能构成的相关法律法规、政策规范和具体措施等。事实上，产业技术创新支撑体系的三个基本功能构成（创新技术供给、创新技术产业化、技术创新服务）的内涵和外延发展都是在特定的政策和社会环境下，尤其是在或强或弱的政府政策下发生发展的。当然，这里涉及的政策包括科技政策、产业政策、经济政策、金融政策、知识产权政策和社会政策等方方面面的政策。在特定的发展背景下，不同政策之间的相互影响、作用与反馈，形成产业技术创新支撑体系的政策和社会环境。

在产业技术创新支撑体系中，适宜的政策和社会环境，能够使要素资源的配置更加合理，主体之间的互动更加有效，组织结构能够在自组织过程中更加优化，从而实现体系的动态平衡与协调发展。反之，如果政策组合和力度不当就会导致各种要素配置扭曲，阻碍各类主体的有效协同，影响体系的有效运行和功能发挥，造成产业技术创新活动的低效。例如，后发国家与发达国家相比，政府往往会运用更多的政策手段促进产业技术创新，如引进国外技术和人才、实行幼稚产业或重点产业保护、政府或军事采购等。但政策的组合和适度非常关键，苏联就是一个反例，由于资源过度集中在军事工业和重工业，因此导致产业结构和经济结构严重扭曲，从而严重影响了其产业进步和经济发展的可持续性。

产业技术创新支撑体系的三个基本构成作为政策着力点在不同时期和产业技术发展不同阶段有所不同，从而应明确不同产业三个基本构成中的创新主体及其功能定位，必须适合国情，针对具体产业的具体特征，指向支撑体系三个基本构成，进行差异化的政策设计。

三、其他相关研究进展

1. 国外研究进展

2010 年以来，国外学术界主要关注国家创新体系和企业层面的创新行为和活动，对企业创新模式、企业创新管理、企业创新的生态环境以及企业创新案例研究较多。相对而言，对技术创新、技术创新体系、产业技术创新体系方面理论研究较为零散。

（1）创新过程的研究。国外有些研究从不同角度诠释创新的过程、创新企业的行为。例如，美国乔治华盛顿大学工程与应用科学学院 Wallace（2010）提出：创新对企业而言是关系其长期发展的重要因素。创新可理解为新思想、新流程和新产品的集合。

创新过程包括思想和概念的产生、新思想的编译、新思想转化为新产品或新流程。美国菲尼克斯大学 Lee（2011）提出创新是整合新思想的过程，通过这一过程可将新颖的、多样化的信息转化为新方法、新产品或新服务。英国萨塞克斯大学科技政策研究中心蒂德教授和英国埃克塞特大学商学院贝赞特教授（2012）在其著作《创新管理》中，从过程角度认为创新始于搜寻，这种搜寻的源泉可来自研发、灵感一现、复制、市场信号、法规和竞争者等；之后在这些源泉中选择那些有助于成长和发展的创意，最后在投入资源有限的约束下实施这些创意。

（2）企业技术创新体系的研究。有些研究试图从企业创新活动的角度把握技术创新体系的内涵。例如，意大利卡罗·卡塔内奥大学学者 Lazzarotti、Manzini、MariL（2011）在 *International Journal of Production Economics* 上发表的 *A Model for R&D Performance Measurement* 将企业技术创新系统阐述为企业为创新所进行的各项活动及相关资源的集合体。美国波兰特州立大学 Chan（2013）认为技术创新系统是针对特定技术领域，在一定的组织架构下研发、扩散和利用技术的各类机构所形成的网络。其组成主体包括企业、R&D 基础设施、教育机构和政策制定主体。

（3）产业技术创新体系的研究。有些研究试图从结构和功能的角度把握产业技术创新体系的内涵。例如，美国弗吉尼亚联邦大学 Lucas（2013）提出产业的技术创新体系可将创新商业模式和创新技术结合起来并创造经济产出。它主要由四部分组成：①高效的流程：支撑训练、发展、制造、预算和计划等反复进行的流程协同工作；②可获得的必备资源：在极具价值的命题转向目标顾客过程中所需的人力、技术、产品、基础设施、商标和资金等；③极具价值的命题：一项试图为顾客提供更为有效、便捷的产品；④盈利模式：能够支撑上述环节的资产、固定投资结构和边际利润。美国波兰特州立大学 Chan（2013）认为部门创新系统（Sectoral Innovation System，SIS）是国家创新体系的一部分，是企业开发和制造部门产品以及研发和利用部门技术的系统。各主体在 SIS 中可以共享特定知识、技术、需求和供给。SIS 更加关注的是企业或代理商的非市场交互和系统交互过程。

（4）创新模式的研究。有些学者在对大量企业创新案例进行研究的过程中，提出了开放式创新模式和包容性创新模式。例如，Chesbrough 提出了开放式创新是指企业在技术创新过程中同时利用内部和外部相互补充的创新资源实现创新。通过挖掘或与外部利益相关者合作以及受到外部利益相关者的推动，企业可以获取并高效配置创新资源。Geroge 等（2012）提出包容性创新的概念，指的是为实现包容性增长而进行的创新。开放式创新和包容性创新的相关研究丰富了技术创新体系的研究内容。

（5）创新生态系统的研究。在研究企业创新活动外部环境的基础上，许多国外学者还提出了创新生态系统的概念并进行了研究。Kim 等、Peltoniemi 等、Den Hartigh、Van Asseldonk、Zahara 和 Nambisan 都给创新生态系统做了理论界定。Iansiti 和 Levin 研究了创新生态系统的结构特征，Roijakkers 等研究了创新生态系统的形成及发展。在理论层面，创新生态系统研究大多集中于企业战略、企业家精神与创新生态系统的关系、创新生态系统内成员之间以及成员与环境之间的协同进化等方面。

哈佛大学商学院 Christensen（1997）在《创新者的困境：当新技术使大公司破产》一书中，首次提出了"颠覆性技术"（Disruptive Technologies）的概念。引起了广泛关注，并成为分析新技术成果应用和发展趋势对经济社会影响的重要工具。

从总体看，国外学者在技术创新体系的理论方面，深入、系统的研究成果较少，特别是 2010 年以后鲜见于可检索的文献中。

2. 国内研究进展

2010 年以来，随着国家创新驱动发展战略的逐渐清晰，国内专家学者围绕技术创新问题开展了一系列研究。

中国科学技术发展战略研究院的李新男、周元、张杰军、刘东、张赤东为主要成员的研究团队，提出了企业创新依存度指数概念和相关理论，并建立了评测指标模型，实用于国家创新型企业评价工作。2009～2014 年，在科技部、国务院国资委、全国总工会等部门的支持下，以李新男、刘东、康荣平、柯银斌等为主要成员的研究团队开展了创新型企业成长规律的持续研究，编写出版了系列年度研究报告——《中国创新型企业发展报告》。李新男、梅萌主编的《中国创新型企业案例》共 6 辑，每个案例均紧密围绕企业的主要创新活动，从企业创新战略、体制与机制创新、研发支撑体系建设、知识产权管理、人才队伍凝聚、品牌塑造与市场营销、企业文化培育与建设、创新绩效等方面进行了深入剖析，旨在通过对创新企业群体系统调研观察范式、总结每家企业依靠创新获得发展的经验，试图提炼、把握具有普遍意义的企业创新之道。

浙江大学管理学院许庆瑞提出二次创新—组合创新—全面创新的中国特色技术创新理论体系，在我国技术创新管理领域具有重要影响，其著作《技术创新管理》是我国第一本有关技术创新学科的著作。2010 年再版更名为《研究、发展与技术创新管理》。

中国科学院大学柳卸林在区域创新、突破性创新等方面进行了研究，2014 年再版了其著作《技术创新经济学》。

清华大学吴贵生在技术创新管理、技术经济评价等方面做出很多研究，他在《技术创新管理——中国企业自主创新之路》（2013）中提出技术创新是指由技术的新构想，经过研究开发或技术组合，到获得实际应用并产生经济、社会效益的商业化全过程。

清华大学陈劲着重开展了创新管理的知识体系研究，在自主创新、全面创新管理、协同创新、开放创新等创新理论与方法体系方面取得了一些研究成果。他在《创新管理——赢得持续竞争优势》（第二版）（2012）中提出技术创新是从新思想（创意）的产生、研究、开发、试制、制造，到首次商业化的全过程，技术创新就是发明 + 发展 + 商业化，把创意变为现实，将设想推广到市场，使之商业化。他在全面回顾创新系统研究范式（包括国家创新系统、区域创新系统、产业创新系统等）和经典组织能力理论（包括资源基础观、核心能力观、动态能力观等）的基础上，提出了基于核心能力的企业创新生态系统（Core Competence – based Firminnovation Ecosystem）模型，建设企业创新生态系统，不仅要关注内部创新系统的技术和非技术要素，打造并强化企业核心能力，而且要关注企业外部创新生态系统的成员构成与运作模式。企业创新生态系统的成功、竞争优势的获取关键在于实现企业内部核心能力打造和外部创新生态系统建设的平衡和协同。整合企业内外部视角对基于核心能力的企业创新生态系统框架进行了建构。从内部出发，该研究系统回溯了组织资源基础观、核心能力观、动态能力观等理论，构建了由技术要素与非技术要素构成的组织核心能力基础。然而，核心能力对企业竞争优势的作用存在双重性：一方面，核心能力是竞争优势的重要驱动作用；另一方面，核心能力过分强化所涌现的潜在能力刚性与路径依赖，这形成了组织内部的核心能力悖论。从外部出发，研究整合了聚焦的创新系统观、开放式创新范式、研发国际化、协同创新、创新生态系统等理论研究，强调企业外部资源协同对创新速度、创新效率、创新绩效等的重要性。但是，过度开放也会导致企业注意力的分散，其产生了开放性悖论。基于组织内外的协同与整合，本书由此提出企业内部核心能力的打造需要平衡外部导向的企业创新生态系统建设的核心观点，并构建了基于核心能力的企业创新生态系统研究框架。

此外，国内学者在引入国外开放式创新、协同创新、包容性创新、颠覆性创新、创新生态等理念的同时，结合国内创新实践，在创新管理、创新生态、创新模式、企业创新能力等方面做了许多理论分析与案例研究，积累了大量技术创新案例、业态创新案例，为进一步开展技术创新理论研究，推进学科建设提供了厚实的基础。

第二章
美国技术创新体系的演变、现状和特点

第一节　美国技术创新体系及企业角色的演变

美国自建国以来，伴随宏观环境和体制变化，其技术创新体系不断地调整和演进，创新主体日益多元化，企业扮演的角色不断变化，以适应科技革命和产业变革的趋势。

一、第一次世界大战前的美国技术创新体系

自美国建国到第一次世界大战，美国基本采取孤立主义外交政策（不卷入欧洲战争旋涡，美洲人的美洲），自由放任经济政策，没有独立科技政策。19世纪末工业产值位居世界第一。形成以大企业内部研发机构或工业实验室为主导的技术创新体系，大学主要在科学家、工程师和技术人员的培养方面发挥重要作用。

二、两次世界大战期间美国技术创新体系的变化

两次世界大战深刻地改变了美国技术创新体系及其发展模式。第一次世界大战期间，美国加强了联邦政府对产业发展和技术进步的干预，但主要局限在军事和国家安全领域，开始建立一批国家实验室。第二次世界大战期间，罗斯福实施新政，联邦政府设立了科学研究开发办公室（OSRD），围绕军事工业建立了更多国家实验室，组织实施了"曼哈顿计划"等重大工程。"二战"后，以布什的无止境前沿报告和国家科学基金会（NFS）成立为标志，开始形成科技政策，尤其是冷战时期，实施了阿波罗登月计划、星球大战计划等一批大科技工程，联邦政府加大了对基础研究、教育的支持以及对军事工业和国家安全领域的研发资助力度。美国研究型大学也得到长足发展，涌现出一批世界一流大学，在基础研究和应用基础研究方面发挥基础作用，而且许多成果通过各种形式和渠道（知识传播、技术扩散、技术转移等）扩散到产业界。由此，

形成以大企业内部研发机构或工业实验室为主导、众多中小型企业创新活动为基础，国家实验室和研究型大学参与的技术创新体系。

三、第二次世界大战后美国技术创新体系的调整

20 世纪六七十年代，随着第三次技术革命的来临，美国经济发展进入新阶段。联邦政府自 20 世纪 80 年代开始，为了应对欧美的崛起，进一步加大联邦政府的干预力度和范围（尤其是民用领域），在推动技术转移、中小型企业创新、产学研合作等方面密集出台了一系列的法律，为硅谷、128 公路等地的高技术产业发展营造了良好条件。硅谷式创业成为引领美国经济增长的新引擎，使美国继续保持世界领先地位。最显著的就是 90 年代克林顿总统执政时期长达 118 个月的持续增长。这期间最大的变化是科技型创业和风险投资异军突起，使得美国技术创新体系更加富有活力。

四、新世纪美国技术创新体系的演进方向

进入 21 世纪，尤其是 2008 年金融危机以后，全球经济进入调整时期。美国主要在两个方面发力：一方面，联邦政府发布了创新美国等一系列报告，密集出台了许多创新政策，提出再工业化的目标，实施制造业创新网络计划等；另一方面，进一步发挥市场作用，推动国家实验室改革，在以往国家控制的航空、军事等领域放松控制，使得更多私人资本和企业进入，促进了竞争。例如，美国航空航天局（NASA）调整与私人企业的关系，SPACEX 等一批私人企业开始进入国家航天计划，承接国防部、NASA 等的委托合同和采购合同，并积极开展火星计划、探月计划等重大科技工程。

简要梳理美国技术创新体系及企业角色的演变历史，第二次世界大战是重要的转折点，美国联邦政府改变了战前的自由放任政策，开始运用科技政策、创新政策等加大对产业技术创新的干预，在支持企业加强研究开发活动的同时，政府加大对基础研究、教育、战略性、前瞻性研究的支持。20 世纪 80 年代以后，联邦政府将资助范围更多地扩大到民用领域，为硅谷等全球创新中心的发展创造条件，引领新经济发展。进入 21 世纪，美国联邦政府在营造创新生态系统、制造业创新发展以及新兴技术和产业培育等方面实施了一系列措施。客观而言，美国的技术创新体系通过不断的调整和完善，保持较好的活力和适度的张力，为美国保持全球技术领先地位提供了支撑和保障。

概括而言，美国技术创新体系是以大企业内部研发机构或工业实验室为主导、众多中小企业创新活动为基础，国家实验室和研究型大学为基础性、前瞻性、战略性的技术引领和人才保障，完善创新服务体系和风险投资等投融资体系为支撑，政府适度引导的技术创新体系。

第二节 企业的角色和功能分析

一、大型企业及其内部 R&D 机构或工业实验室

20 世纪初，许多大型的美国企业开始建立内部专业化的研发部门和实验室。企业 R&D 机构已经成为美国产业技术创新的第一大力量，许多重要的产业技术突破都是来自大型企业 R&D 机构。例如，杜邦公司在全球拥有 1 万多名科学家和技术人员以及超过 150 家研发设施。杜邦公司的中央研究院和实验室研发出的众多创新技术曾对化工、农业、食品、能源、交通、建筑等产业的发展和技术进步起到了重要作用。再如，著名的企业实验室——贝尔实验室对电力通信产业的发展做出过巨大贡献。信息技术革命的许多重大发现和发明都发端于贝尔实验室，如晶体管、光通信、计算机联网等。AT&T 和朗讯科技两大公司也依靠贝尔实验室成为世界领先的通信科技公司。贝尔实验室还在固体物理学（其中包括磁学、半导体、表面物理学）、天体物理学、量子物理学和核物理学等方面有很高水平。贝尔实验室自成立以来，每年都要发表上千篇学术论文，共获专利 2.6 万多项，其中重大科研成果 50 多项。造就了一大批包括诺贝尔奖获得者的优秀科学家和工程师。

二、中小型企业及其技术创新

中小型企业是美国技术创新的最活跃主体，尤其在新能源、信息技术、生物制药等许多新兴产业中表现尤为突出。例如，在新兴能源领域，美国页岩气勘探开发就是由米切尔能源公司（Mitchell Energy Development）、大陆能源公司等一批中小规模的独立石油及燃气勘探和开采公司在水力压裂和水平钻探技术综合应用方面取得重大突破后才获得成功。[①] 在生物医药领域，中小型企业是美国生物医药产业技术创新最活跃的部分，是众多创新技术的创造者和转化者。2008 年，美国食品药品监督管理局（FDA）批准的 25 个新药中的 18 个由中小型企业研发，占比达 72%。2010 年，全美拥有 1726 家生物医药企业，美国生物医药领域超过一半的成果都是通过中小型企业完成转化。在移动通信领域，专注于技术创新的中小型企业向行业提供大量创新技术。美国移动通信产业中大量的中小规模的元器件企业为大型企业配套，如射频解决方案 TriQuint 半导体公司，开发了 SAW（声表面波）滤波器，支持设备厂商第四代移动基站设备开发。美国的 Interdigital Communication（交互数字公司）拥有 2000 多项第二、第三、第四代

---

① 关于美国激动人心的页岩革命及独立油气勘探开发公司的重要贡献，请参阅［美］格雷戈里·祖克曼著，艾博译：《页岩革命——新能源亿万富豪背后的惊人故事》，中国人民大学出版社，2014 年。

移动通信基本专利，在全球范围内向苹果、高通、摩托罗拉、爱立信、诺基亚、华为、三星等全球主要移动通信大公司提供技术授权，专利许可费用收入占公司总收入的97%以上。

三、硅谷式创业企业

这类企业的最大特点是在风险投资和资本市场等支持下，迅速发展壮大。典型代表就是苹果、惠普、微软、谷歌等高技术企业，还有近年来广泛提到的独角兽企业（估值达到 10 亿美元的创业公司）。

据市场研究机构 Spoke Intelligence 和 VB Profiles 于 2016 年 1 月发布的报告，全球有229 家独角兽企业，包括 21 家估值超过 100 亿美元的超级独角兽企业。在这 229 家公司中，美国加利福尼亚州的数量最多，有 101 家独角兽企业的总部位于加利福尼亚州，有 23 家在纽约，另有少数几家分散在马萨诸塞、得克萨斯、伊利诺伊等州。欧洲只有13 家独角兽企业，分散在德国、英国等国。中国共有 33 家独角兽企业。

这些企业合计融资 1750 亿美元，总估值达到 1.3 万亿美元。78% 的独角兽企业面向消费者领域，尤其是在零售业和共享经济。零售业的独角兽企业包括手工艺品电商Etsy 和奢侈品电商 Gilt。共享经济领域的独角兽企业则包括像短租平台 Airbnb 和打车Lyft 这样的知名公司。另有 112 家独角兽企业从事企业科技基础设施或者垂直行业，如金融科技、医疗科技、清洁技术以及时下相当热门的物联网。

在独角兽的投资者中，顶级的投资公司包括红杉资本、Accel Partners 和 Andreessen Horowitz，这 3 家公司投资的独角兽企业数量分别达到 37 家、29 家和 28 家。后期阶段的投资者则通常是像高盛、T. Rowe Price、Wellington Management 和 Insight Venture Partners 这样的传统大型机构投资公司，企业类投资者则以像谷歌、软银和阿里巴巴这样的科技巨头为主。[①]

第三节　其他创新主体的角色和功能分析

一、大学的角色和功能演变

美国独立前的 100 多年中，按照英国大学模式建立了哈佛（1636 年）、耶鲁（1701 年）等大学，主要以培养绅士和牧师为目的。独立后，开始建立州立大学和学院。1785 年美国第一所州立大学——佐治亚大学创办，到 1861 年增加到 182 所。这些

---

① 资料来源：和讯科技，2016 - 01 - 19。

新创建的学院和大学强调实用知识的传授，也更关注社会经济发展的需要。1862 年和 1887 年，美国国会分别通过《莫里尔法》（Morrill Act，也称《赠地法案》）和《哈奇法》（Hatch Act），联邦政府以联邦公地、土地券及常规性拨款等工具，资助各州的大学开展应用性的教育和研究，并兴建一批赠地学院（Land‐grant Colleges）。到 19 世纪末，赠地学院已经有 69 所。赠地学院通过开设农业和工艺方面的应用学科及开展实用性研究，进一步改变了美国高等教育领域存在的过度偏重古典教育的状况。

1870 ~ 1910 年，斯坦福大学、芝加哥大学、约翰·霍普金斯大学、加利福尼亚大学伯克利校区等数百所大学如雨后春笋般应运而生。这些美国的第二代大学大多是按照德国模式建立的现代研究型大学。在这个时期，美国著名的老牌大学也完成了向现代研究型大学的转型。这些大学深受德国洪堡思想的影响，倡导学术自由、教学与科研相结合，并先于德国在大学里建立了研究生院，把洪堡思想制度化。而德国大学的第一个研究生院是 1984 年才建立的。但一直到 1940 年，美国大学同欧洲大学相比还有相当的差距。1901 ~ 1941 年，全球 126 位诺贝尔奖获得者中美国人仅占 11%。

"二战"期间，美国从欧洲接收了大量被法西斯集团排斥的犹太科学家，大大提高了美国大学的学术水平。"二战"后的冷战时期，特别是 1957 年苏联第一颗人造卫星上天后，美国于 1958 年通过了具有深远影响的《国防教育法》，使美国研究型大学真正崛起。美国现有不同类型的高校 4000 多所，上百所世界知名的研究型大学，美国大学的诺贝尔奖获得者数量超过所有其他国家总和。仅 1989 ~ 1998 年的 10 年间，诺贝尔奖获得者数量中美国学者占了 2/3（欧洲学者 13 人，美国学者 26 人）。在全球所有的大学学术评估和排名中，美国大学都居于领先地位。

美国大学体系基本呈现为一个与人才需求结构相适应的五层金字塔形：第一层即金字塔的最下层，是社区学院和高等专门学校；第二层是普通的四年制学院；第三层是一般综合型大学，主要到硕士层次，授予的博士很少；第四层是授予博士学位的大学，一般可以授予上百名博士；第五层即金字塔的塔尖，是一流研究型大学。美国大学体系的这一金字塔结构以及各个大学在这一结构中的位置不是一成不变的，而是随着科学技术和经济发展以及劳动力市场的变动和各校之间的竞争而进行着自我调整和变化。

第二次世界大战前，美国大学在推动技术创新方面的作用更多体现在专业技术人员特别是工程师的培养方面，通过广泛培训科学家和工程师，促进了先进的科学和工程知识的应用和扩散。"二战"后，大学被定位为基础研究的主要承担者，尤其是建立了依托大学的国家实验室制度，使研究型大学兼具教学和研究的功能。例如，加利福尼亚大学伯克利校区的劳伦斯实验室的大量科研经费来自美国国防部和能源部；斯坦福大学 90% 以上的科研经费来自美国联邦政府。这种教学与科研有机结合的制度安排，使大学通过开展基础研究、应用研究和技术开发，通过技术转移以及教师和学生的创业等途径，成为技术创新体系的重要主体之一。

二、国家实验室的定位和功能

美国没有像德国、法国等那样，在工业化开始就设计建立一个国家支持的强大独立的科研机构系统。20 世纪上半期，美国一些重要的联邦部门开始建立国家实验室，"二战"期间及之后，逐步完善国家实验室制度，形成了国家实验室体系。美国联邦政府拥有 720 多家实验室，包含 1500 个独立的 R&D 设施。联邦实验室及其设施是美国 R&D 体系中的重要组成部分，从事美国全部 R&D 活动的约 14.4%、全部基础研究的约 18%、全部应用研究的 16% 和全部技术开发的 13%，总共雇用 10 万名科学家和工程师。大批具有世界一流水平的研究人员在这些拥有最先进设备的实验室中创造出了众多出色的研究成果，并依靠其雄厚的研究开发力量为促进美国的产业进步、经济发展和增加就业机会做出了巨大贡献。

美国联邦实验室按照使命可划分为国防和民用两大类。国防领域包括国防部和海陆空 3 部共拥有和运行 81 个实验室，实验室主要从事探索开发性工作；能源部的三大核武器实验室——洛斯阿拉莫斯（Los Alamos National Laboratory）、劳伦斯利弗莫（Lawrence Livermore National Laboratory）和桑迪亚（Sandia National Laboratory）是联邦实验室中规模最大的 3 家实验室。各实验室的年 R&D 总开支约 10 亿美元，雇用的科学家和工程师均在几千名。

民用领域可以细分为卫生保健、空间技术、能源科学、一般科学、自然资源和环境、交通、农业、教育、国际事务、退伍军人福利等类别。其中，卫生保健是主要资金投入方向，一般科学研究约占总预算的 7%，与空间技术相关的投入约为 6%，其他布局和投入（如教育、交通等科研）相对较少。[①] 具体包括能源部所属除三大军事实验室外的其他 14 个国家实验室；美国商务部下属的国家标准技术局，雇员 3200 人，均为联邦雇员。每年有 1200 名访问学者被吸引到那里工作。该局 R&D 预算的约一半被用于支持内部的研究工作，余下的经费被用于支持私营企业的 R&D；国家航空航天局的 R&D 工作在其 10 个野外中心进行。除喷气动力实验室（JPL）由加州理工学院管理外，其余均为政府拥有和运营。这些野外中心从事该局 R&D 工作的 1/2；隶属于美国卫生部的国立卫生研究院，由 24 个独立的研究所、中心和部门组成，联邦政府支持全国生物技术 R&D 的经费的绝大部分由该院拨出。该院仅保留少部分支持自身实验室的工作；农业部的农业研究服务局从事内部 R&D 工作的 2/3，并负责管理一些建立悠久的联邦研究设施。

美国国家实验室从建立之初就体现国家意志，并始终围绕国家战略目标和时代需要开展相应的前沿基础研究、竞争前战略高技术和重要公益性研究。例如，劳伦斯·伯克利国家实验室（Lawrence Berkeley National Laboratory，LBNL）致力于支持全方位的国家能源战略，通过对基础科学和新技术方面的投资来扩展未来的能源选择范围。国家实验室还有教育与培训未来的科学家与工程师，提高国家科学与教育事业的使命。美国的国家实验室都是跨学科、多部门的综合性大型实验室。充分利用学科之间的交叉性，达到不同学科之间的双赢目的。国家实验室选择研究课题和项目时注重实用性和针对性。

---

① 施云燕、李政：《简析美国国家实验室的布局和管理》，《全球科技经济瞭望》2016 年第 4 期。

三、产学研合作组织

1. 制造业创新中心

2012 年 3 月，美国总统奥巴马提出，建立总投资 10 亿美元，包含 15 家新建的制造业创新研究中心（IMIs）的全美制造业创新网络计划（NNMI）。根据 2016 年 2 月美国国会最新发布的《国家制造创新网络计划年度报告》及《国家制造创新网络战略计划》，美国已建成 7 家制造业创新中心，分别由国防部和能源部支持。其中，国防部支持了增材制造、数字制造、轻量合金、集成光子、柔性电子领域 5 家中心建设；能源部支持了电子电力器件、复合材料领域 2 家中心建设。奥巴马政府的最终目标是希望在未来 10 年创建 45 个制造业创新中心。

这些中心主要支持介于"发现/发明起步阶段的创新"和"商业化之前开始规模生产时期的创新"，涉及的相关技术和产业有望成为未来制造业的发展方向。美国政府希望通过对产业技术领域的支持措施，借新能源产业的崛起，引发电力、IT、建筑、汽车、新材料、通信等多个产业的重大变革和深度裂变，并催生出一系列新兴产业。

每个制造业创新研究中心都由产学研各方共同建设。例如，2012 年 8 月成立的首家制造业创新中心——增材制造创新中心（the National Additive Manufacturing Innovation Institute），截止到 2015 年 9 月，成员数达到 149 家，包括企业、研究型大学、社区学院和非营利性机构等。该中心设立前 5 年的资金投入构成包括联邦政府部门资金 5500 万美元，来自地方政府和产业界的资金 5500 万美元。

2. 工程研究中心

工程研究中心（Engineering Research Centers，ERCs）是美国联邦政府为了促进不同学科间、产业界与学术界之间的联系，整合大学工程研究能力、提高产品竞争力、加强工程技术人才培养，增强美国工业地位和竞争力，在国家科学基金（NSF）下设立的项目。

1984 年 4 月，美国国家科学基金会正式开始筹建工程研究中心。1985 年 4 月，国家科学基金会批准在 8 所大学建立首批 6 个工程研究中心。1985～2011 年的 27 年间共建立 61 个 ERC。截至 2011 年 4 月，共有 13 个 ERC 被淘汰或取消，29 个 ERC 实现了自给自足的经营模式，顺利毕业（含首批 2 个重新建设的 ERC），毕业率约为 70%。正在运行的 ERC 共 17 个，分布在 4 个领域，分别是先进制造（4 个），生物技术与卫生保健（4 个），能源、可持续发展与基础设施（5 个），微电子、感应和信息技术（4 个）。

ERC 不断加强与产业界的互动和联系，但在不同发展阶段的侧重点有所不同。在发展初期（1～3 年），ERC 的重点是与产业界会员一起战略规划，并吸引新会员，建立互信平台；在发展中期（4～7 年），ERC 强调展示与产业界的成功合作和成果技术转移，以顺利通过第二次再资助评估；在成熟阶段（8～10/11 年），中心侧重将新技术投入应用以吸引新会员加入，同时积极寻找在缺少 NSF 资助的情况下与产业界及其他渠道合作的新方式。

顺利毕业的 ERC 将成为大学的长期性研究机构，仍然需要利用大学的教育资源培养人才。ERC 毕业后仍然要维持其特色，这体现为中心基本框架要素的保留，企业和高校仍然是其基本成员单位，人才培养和技术转移是 ERC 区别于其他研究实体的重要特征。由于缺少 NSF 的资金投入，毕业后的 ERC 需要通过其他方式拓宽资金来源，包括技术服务、仪器共享、开设教育培训项目、举办研讨会等。

据统计，1985～2009 年，ERC 共取得 1701 项发明，其中申请专利 624 项、许可专利和软件使用权 2097 项，产生了 142 家衍生企业，创造了 1452 个就业岗位。

ERC 建立的最初目的之一是加强大学与工业界的合作，促进知识和技术在学术界和产业界之间的流动，创造以创新为中心的学术—产业界合作。截至 2010 年，48 个 ERC（包括 3 个地震 ERC）共收到 10 亿美元以上的资助，但其生产的新技术、新产品、新工艺和创办的高技术企业给产业界带来的价值超过百亿美元。

ERC 能够发挥多层次的功能和作用，促进了相关会员企业和产业的技术进步和发展。其中 90% 以上的会员认为，通过与中心的合作，能够接触新的观念和技术诀窍，ERC 的工程理念、技术诀窍和工程技术人才培养的价值最高；75%～80% 的会员认为，能够接触 ERC 先进技术、建立起与 ERC 师生等研究人员的联系并有机会合作参与项目等，促进了先进知识在产业界的扩散和流动，加强了学术和产业的结合；65%～70% 的会员认为，ERC 形成了系统技术、促进了研发进程。

工程研究中心项目为美国加强跨学科工程技术研究、密切大学与产业界和政府合作、培养工程技术人才开辟出一条新的路径。

2006 年，NSF 开始酝酿第三代工程研究中心计划。2008 年建立了首批 5 个第三代 ERC。第三代 ERC 加强了与小型创新企业的合作，充分利用小型创新企业的灵活性和创新能力，带动 ERC 技术转化和创新活动的开展；在教育方面，将人才培养的触角向前延伸到大学前教育阶段，将中学人才培养纳入人才培养计划；加强了 ERC 创新和成果商业化战略设计，进一步明确中心的创新和成果转化使命；将国外大学纳入合作范围，进一步拓展了 ERC 的合作伙伴范围，提升了研究中心的国际化水平；大学对 ERC 的管理具体化，包括对 ERC 人员的激励等，通过终身教席或提职的形式对 ERC 人员进行激励，有利于加强其对大学的归属感。

四、中介服务机构

中介服务机构主要包括以下三类：一是大学和非营利组织，如高校技术转移办公室等；二是政府设立的相关机构，如国家技术转移中心（NTTC）、国家技术信息中心（NTIS）等；三是商业化服务机构，如知识产权服务、创业孵化、技术评估、技术交易、检验检测等机构。

1. 大学和非营利组织

1980 年，美国国会颁布了《专利和商标法修正案》（即《拜杜法案》）和《史蒂文森—威德勒技术创新法》，许多大学相继成立了技术转移办公室。美国大学技术转移机构创造了三种运行模式：一是威斯康星校友研究基金会（WARF）模式。该基金会虽然是该大学的附属机构，但与大学分开，享有独立的法律地位。二是麻省理工学院首创的第三方模式，加州大学伯克利大学教授 Cottrell 建立的研究公司（RC）独立于所有大学，1937 年麻省理工学院与 RC 签署协议，将学院的发明交给 RC，由 RC 负责专利申请和许可事宜，其收入与麻省理工学院四六分成。三是斯坦福大学首创的 OTL 模式，即由学校出面申请这些发明的专利，再把专利许可给企业界，给学校带来可观的收入。OTL 模式是运行最为成功的一种模式。

2. 政府设立的相关机构

（1）国家技术转移中心（NTTC）。成立于 1989 年，是经美国国会批准成立的国家级非营利性技术服务机构，全职工作人员 110 名，经费主要来自美国航空航天局（NASA）、能源部（DOE）、联邦小企业局（SBA）等。NTTC 在全国建立了 6 个区域技术转移中心，分别是南部技术应用中心、中部技术转让中心（MCTTC）、东北部技术商品化中心、大西洋技术应用中心（MTAC）、中西部大湖工业技术中心、西部区域技术转移中心。

NTTC 提供技术与市场评估、技术信息服务及知识管理服务、技术转移相关领域培训服务等内容。其最主要的任务是通过自己的网络和 6 个地区技术转移中心的信息网将联邦政府资助的国家实验室、大学等的研究成果面向全国企业推广。此外，中心还利用自己的关系，帮助企业寻找所需技术。

NTTC 最为突出的是其技术评估能力，提供技术扫描、技术预测、技术匹配、投资组合、市场研究、合作伙伴选择等服务。NTTC 作为连接联邦实验室和大学与企业的桥梁，是提供双向甚至多向技术信息服务的平台。

（2）联邦实验室技术转让联合体（FLC）。成立于 1974 年，是一个由 700 多家国家实验室所组成的全国性技术转移网络组织。1986 年国会通过《联邦技术转移法》后，要求大部分联邦政府的研究机构也加入该联合体，并正式向 FLC 授予特许状。美国几乎所有雇员在 10 人以上的国家实验室、中心及它们所隶属的联邦部门和机构都是 FLC 的成员。FLC 的运转经费来自各国家实验室的预算提成，各实验室将其预算（包括管理费用）的 0.008% 用作 FLC 的活动经费。

FLC 的主要职能是：开发和施行与技术转移有关的技术、培训课程和材料，以增强联邦实验室雇员关于实验室技术和创新商业潜力的意识；应联邦机构和实验室的请求，为他们技术转移计划的应用提供咨询和帮助；提供一个技术情报交流中心，以处理实验室收到的来自州和地方政府的机构、企业、产业开发组织、非营利组织（包括大学）、联邦机构和实验室以及其他个人关于技术援助的请求；促进联邦实验室的研究部门与技术应用部门之间的交流和合作；利用国家科学基金会、商务部、国家航空航天局和其他联邦机构的专门知识和服务；推动实验室采用适当的技术转移机制，如人员交流和计算机系统；帮助实验室制订利用技术志愿者向与该实验室有关的社区提供技术帮助的方案；促进联邦实验室的研究部门和技术应用部门与地区性、州和地方的技术转移组织之间的交流与合作；帮助学院或大学、企业、非营利组织、州或地方政府，或地区性组织在诸如技术项目开发、课程设计、长期研究计划、人事需求规划和生产力评估等领域中制订促进研究和鼓励技术转移的方案；在联邦实验室联盟所辖的各地区内向州和地方政府的代表、企业、大学和其他合适的人员征求有关方案有效性的意见等。

（3）国家技术信息中心（NTIS）。成立于1951年，根据1950年通过的《技术、科学和工程信息普及法》而设立。该法案的目的是促进技术研发成果为产业界、商业界和普通大众所用。它明确要求"商务部承担作为一个处理中心的职能，处理和传播对工商界有用的技术信息"。"为此目的，商务部应在内部成立一个处理中心，收集并传播科学、技术和工程信息"。按照该法案的规定，这个处理中心要面向国内外收集各种信息，并传播给工商企业、州和地方政府、其他联邦政府机构以及普通大众。除此之外，该机构亦负责落实有关消除信息流通壁垒的规定。在运作上，该信息中心自负盈亏，国家不再拨款。为此，对有关信息服务可适当收费。收费标准由商务部制定。

按照《联邦技术转移法案》规定，各联邦机构有向NTIS提供技术信息的义务。该条款经后来（1991年）修订过的表述是："所有联邦行政部门或机构的首长，必须将本单位掌握的、利用联邦资金做出的、不涉密的科学、技术和工程信息，及时传送到国家技术信息服务中心，供其向私有部门、学术界、州和地方政府以及各联邦机构传播。但若本来不向公众公开的信息，不在此类。上述所谓信息涵盖技术报告和技术信息、计算机软件、根据本条款而产生的评价报告、有关技术培训的信息，以及其他由联邦持有或产出的技术。"

NTIS是美国最大的政府信息资源中心，全面收集由政府资助立项的科学、技术、工程及商业信息，面向社会提供信息查询服务。NTIS同时还是美国政府与外国政府合作项目的信息摘要、检索与发布中心，也是美国政府与外国政府进行政府级技术情报交流的中心机构，并负责美国联邦专利发明和技术推广应用。NTIS出版的美国政府报告通报与索引数据库是一个重要的信息资源，主要收集了1964年以来美国国防部、能源部、航空航天局（NASA）、环境保护局、国家标准局等国家、州及地方政府部门立项研究完成的项目报告，少量收录世界各国（如加拿大、法国、日本、芬兰、英国、瑞典、澳大利亚、荷兰、意大利）和国际组织的科学研究报告，包括项目进展过程中所作的初期报告、中期报告和最终报告等，能够及时反映科技的最新进展。该数据库每年新增约6万条数据。NTIS是世界上最主要的专业情报收藏、处理和出版发行机构之一。

（4）制造业推广伙伴计划中心（MEP）。由1988年《综合贸易与竞争法案》提出创立，由商务部的国家标准和技术研究院牵头实施。是一个遍及美国所有州和波多黎各的全国性网络。非营利的MEP中心致力于在联邦政府、州和地方政府以及私营部门之间建立伙伴关系。MEP中心为中小型美国制造企业提供技术支持和其他服务，以提升其开发新客户、扩展到新市场以及创造新产品等能力。中心在特定问题上直接同制造厂商合作，包括技术加速、工艺改进、创新战略、劳动力培训、供应链开发和出口等。还服务于制造业同高校、联邦实验室，贸易协会以及其他公私资源之间的沟通。据MEP的2012财年报告显示，该项目运行的年度经费为3亿美元：其中1亿美元来自联邦政府，2亿美元来自州和地方政府以及私营部门。2012财年MEP为31373家美国制造业公司提供技术支持和其他服务，带来66亿美元的增长或相关销售的影响，61139个新增或保持就业岗位，以及为这些企业节省9亿美元的成本。

3. 商业化服务机构

美国市场机制相对完善，许多专业技术创新服务是由商业化服务机构提供的。以专利信息服务为例，政府的专利机构提供基本的和普遍的服务，更专业化、个性化的服务主要由商业化专利服务机构来提供，包括专利搜索、专利导航、专利风险规避、专利诉讼、专利侵权纠纷解决、专利战略咨询等服务。下面以两家知名机构为例。

（1）汤森路透（Thomson Reuters）集团。是全球领先的专业信息服务提供商。其业务领域包括金融、医疗保健、法律、传媒、科技、税务与会计等。汤森路透将专业知识与创新科技相结合，为金融市场及风险管理、法律、税收与会计、知识产权与科技、媒体领域的专业人员和决策者提供信息、决策服务工具及软件、自动化交易产品及集成解决方案。汤森路透的总部设在纽约，主要运营地在伦敦和明尼苏达州的伊根，公司在100多个国家雇用约6万名员工。

集团旗下的汤森路透知识产权与科技事业部长期致力于为全球学术界与企业界的研发和创新提供科技与知识产权信息解决方案。其智能研究平台和服务将权威、准确与及时的信息和强大的分析工具相结合，帮助科研人员迅速发现相关的学术文献，跟踪最新的科学成果；加速医药企业发现新的药物并更快地推向市场；助力企业迅速获取研发所需的关键信息，跟踪行业与竞争对手的动态，发展和优化企业的知识资产。

（2）高智发明公司（Intellectual Ventures，IV）。是一家将私募基金和创新孵化器相结合的发明投资公司，由美国微软公司前首席技术官内森·米沃尔德（Nathan Myhrvold）和前首席软件架构师爱德华·荣格（EdwardJung）、英特尔公司前总法律顾问助理Peter Detkin等人于2000年创立，总部设在美国华盛顿州的贝尔维尤市（Bellevue）。

这家新型的公司本身不生产任何产品，而是将自己研发的专利与买卖他人专利权业务结合在一起，通过专利授权、创建新公司、建立合资企业以及建立行业合作伙伴关系等方式将发明成果商业化。因此，也被称为纯粹性经营专利公司。公司的主要投资方向涵盖信息技术、生物医疗、材料科学等领域。

在内部研发方面，公司美国总部设有发明实验室（IV Lab），广泛邀请不同领域的著名科学家定期召开被誉为头脑风暴的发明会议，针对许多现实中的技术疑难问题进行创意开发，从中通过评估申请获得大量具有前瞻性和市场前景的专利，涵盖光学、生物技术、机器人技术、电子商务和移动网络等诸多领域。

在外部购买方面，公司设立了由微软、英特尔、索尼、苹果、eBay、Google、诺基亚、飞利浦、汤姆逊和IBM等大公司投资的基金，主要用于在世界范围内购买新创意和新技术的知识产权。IV公司主要是通过空壳公司（Shell Company）来秘密收购那些闲置在市场上并且可能产生威胁的专利技术。根据英国Avancept知识产权咨询公司2007年的一份研究报告，至少有362家空壳公司与IV公司存在关联，这些空壳公司在2001～2006年进行了247项知识产权交易，涉及2069项美国专利和754项美国专利申请。截至 2008 年 12 月底，IV 公司在全球范围内投入 50 亿美元，掌握了 1.2 万件专利。相关数据显示，高智公司为美国第五大专利持有者，在全球跻身前 15 名。

五、风险投资机构

第三方数据调研及咨询公司 Mattermark 为期 10 年的美国创业公司风险投资发展趋势报告，盘点 2006 ~ 2015 年整个行业的资本走向。风险资本在 2015 年的表现极度抢眼，为过去 10 年之最。2015 年 6 月是 10 年里的资本配置之最，当月共有 67 亿美元投资于美国创业公司。2015 年，天使阶段和种子阶段的资本总量继续创造纪录，当年有总计 16 亿美元的风险资金参与共计 1002 起天使投资案。

第四节　政府的角色和功能分析

一、支持企业加大研究开发支出

1981 年，里根政府通过《经济复兴税收法案》（*Economic Recovery Tax Act*），首次确立了研发税收抵免政策，规定以过去 3 年企业研发有效投入的平均值为研发投入基准值，企业在纳税年度研发活动的有效投入超出基准值的部分，税收可抵免 25%。

此后该政策经历了 14 次延长和 5 次主要修订：

1986 年通过的《税收改革法案》（*Tax Reform Act*），把税收抵免的幅度降为 20%。

1988 年通过的《技术与多种收入法案》（*Technical and Miscellaneous Revenue Act*），改变了研发投入基准值的计算方法，把以过去 3 年平均值的浮动基准值改为 1984 ~ 1988 年平均值的固定基准值。

1996 年，克林顿政府通过《小企业就业保护法案》（*Small Business Job Protection Act*），增加了递增抵免法（Alternative Incremental Research Credit，AIRC），使一些不满足常规研发税收抵免的企业获得了优惠。

2006 年，布什政府通过《税收抵免及医疗保健法案》（*Tax Relief and Health Care Act*），增加了简化抵免法（Alternative Simplified Credit，ASC），实现了研发税收优惠无缝覆盖，即所有进行研发活动的企业都可以享受到税收政策优惠。

2008 年通过的《经济稳定紧急法案》（*Emergency Economic Stabilization Act*），将研发税收抵免延长至 2009 年底。

2010 年 12 月 17 日，美国总统奥巴马签署的《2010 年税务减缓、失业保险重新授权、创造就业法案》，将研发税收抵免政策的有效期延长至 2011 年底。

在 2011 年版的《美国创新战略——确保国家经济增长和繁荣》中，奥巴马政府明确表示，为了鼓励企业的创新，已经建议将研发税收抵免政策永久化。同时政府将简化其使用并将优惠增加20%。对于扩大税收抵免的建议，政府将在未来10年内投资近1000亿美元用于支持企业创新。

2008年，安永会计师事务所发布的《支持创新和经济增长》报告显示，2005年全美17700家公司共获得了66亿美元的联邦研发税收抵免，其中资产小于100万美元的公司占29%，资产规模在100万~500万美元和500万~2500万美元的各占25%，超过2500万美元以上的占21%，中小型企业在其中占有多数比重。

二、促进中小型企业技术创新

1. 小企业创新研究计划（SBIR）

美国国会于1982年通过《小企业创新发展法》，正式启动小企业创新研究计划（Small Business Innovation Research Program，SBIR）。SBIR规定，凡联邦部门研究与发展经费超过1亿美元的，每年必须从研究与发展经费中拨出一定的比例支持小企业的技术创新开发活动。这些部门包括国防部、农业部、商业部、能源部、教育部、卫生部、运输部、国家航空航天局、环境保护署、国家科学基金、核控委员会。美国小企业管理局（SBA）负责监管SBIR项目实施。SBA每年向国会提交SBIR年度报告，国会则对SBIR进展及成效进行评估。

SBIR分为三个阶段资助入选企业（前一个阶段完成后，经过专家小组评估优选，才能够进入下一阶段）：第一阶段的资助额为2.5万~10万美元，资助期限为6个月。这一阶段的资金主要用来开发技术内涵，完成可行性研究。第一阶段入选企业比例为10%~15%。第二阶段的资助期限可达两年，资助金额一般为20万美元，最高可达75万美元，具体情况因部门不同而异。第二阶段企业入选率为40%~50%，只有已获第一期资助的企业才有资格参选。第三阶段的入选只具有象征性意义，标志着企业具有更好的成长性。资助金额最早为25万美元以上，后来SBA规定SBIR对于第三阶段入选企业不再给予任何资助，企业自找风险投资及其他私人资金来源。第二阶段获选企业中80%在第三阶段可以继续获得来自社会的资助。值得注意的是，SBIR规定第一阶段与第二阶段之间必须有6个月的间隔期，在此期间企业没有任何政府资助。

截至2012年底，SBIR累计支持小企业项目数量超过13万项，支持金额超过320亿美元。SBIR项目仅占联邦政府各部门研发经费的一个很小的比例（2.5%），但成效显著，对美国高技术产业发展和技术创新起到了重要作用。SBIR经有关法案多次延期至2017年。

2. 小企业技术转移研究计划（STTR）

根据1992年国会通过的《小企业技术转移法》，美国政府推出了小企业技术转移研究计划（Small Business Technology Transfer Research Program，STTR）。依据有关法案该计划不断延期至2017年9月。

STTR要求研发预算超过10亿美元的联邦部门必须参与，且需将每年研发预算的0.3%用于STTR。自2011年开始，每两年增长0.05%，到2016年时不得低于0.45%。

包括国防部、能源部、卫生部、国家航空航天局、国家科学基金会等部门参与该计划。截至 2012 年底，STTR 计划累计支持小企业项目的数量超过 9600 项，支持金额超过 25 亿美元。

STTR 注重拓展公私部门间的合作，其特点是要求小企业和研究机构的合作，建立起连接基础科学和创新成果商业化之间的桥梁。STTR 的目标在于通过政府研发资金支持提升研究水平和技术创新，以增强美国在具有竞争优势领域的领先地位和国家经济实力，主要包括：刺激技术创新；通过合作研发，促进小企业和研究机构的技术转移；加强私营部门对政府资助形成的技术成果的商业化等。

三、促进技术转移和商业化

1. 《拜杜法案》

该法案由美国参议员 Birch Bayh 和 Robert Dole 提出，1980 年由国会通过，1984 年又进行了修改。后被纳入美国法典第 35 编（《专利法》）第 18 章，标题为"联邦资助所完成发明的专利权"。

《拜杜法案》适用于所有由政府资助的研发项目产生的发明。这里的"发明"包括所有可以申请专利或受其他知识产权法保护的成果。适用范围包括政府机构、小企业、非营利组织。受政府资助单位的权利和义务包括：及时披露研发成果的义务，选择是否保留发明所有权的权利，选择保留权利的单位负有申请专利的义务，选择保留权利的单位声明受资助的义务，报告实施情况的义务，优先发展美国产业的权利义务，以及将收益分配给发明人和用于科研、教育的义务等。政府的权利包括：对受资助单位未保留的发明享有所有权、联邦政府为美国利益在全世界付费实施该发明的权利，以及介入权（某些情况下，联邦政府可以要求保留权利的受资助单位给予第三方实施发明的许可，或者由联邦政府直接授予第三方实施发明的许可）等。

针对《拜杜法案》没有对联邦实验室是否可以参与专利等知识产权转移做出规定及其他问题，1984 年美国出台了《拜杜法修正案》，允许联邦实验室自行决定其专利的对外许可，允许委托机构收取专利权使用费，并规定大企业与小企业一样，可以获得政府资助研究所产生专利的排他性许可，在一定限制范围内，允许大学和非营利机构运行联邦实验室所有的发明权。

《拜杜法案》使私人部门享有联邦资助科研成果的专利权成为可能，从而产生了促进科研成果转化的强大动力。该法案通过合理的制度安排，为政府、科研机构、产业界三方合作，共同致力于政府资助研发成果的商业运用，提供了有效的制度激励，加快了技术创新成果商业化的步伐。《拜杜法案》曾被英国《经济学家》杂志评价为"美国国会在过去半个世纪中通过的最具鼓舞力的法案"，有力地激励了大学展开学术研究并积极转移专利技术，促进了中小型企业的发展，推动产业技术创新。使得美国在全球竞争中能够维持其技术优势，促进了经济繁荣。

2. 联邦实验室技术转移的相关法案

美国国会 1980 年颁布的《史蒂文森·怀德勒技术创新法》（*Stevenson - Wydler Tech-*

nology Innovation Act of 1980）,首次对国家实验室—产业的关系作了重大调整。该法旨在促进联邦拥有和发明的技术转化到非联邦部门,把技术转移规定为国家实验室的一项职能,要求国家实验室建立专门的技术转移办公室［科研与技术应用办公室（OR-TA）］,并设专职主任来处理技术转移问题。

1986 年,美国国会通过了《联邦技术转移法》使联邦实验室能够联合外部当事人一起进入合作研究和开发协议（CRADAS）,谈判实验室产生发明专利的许可,鼓励国家实验室与工业界合作建立联盟,促进技术转移。法案规定,联邦实验室技术转让联盟作为全国性的技术转移机构,提供资助机制保证其开展工作。该法明确技术转移工作是所有联邦实验室雇员的职责,并作为人事绩效考核的重要指标。该法案修正了《史蒂文森·怀德勒技术创新法》,明确授权联邦实验室可以同其他机构签订合作研发协议,为联邦实验室和私营部门之间的合作伙伴关系建立了基本框架。

1989 年出台的《国家竞争技术转移法》允许联邦实验室从事与大学和产业界的合作研究活动。该法案修订了联邦技术转移法案,扩展 CRADAS 的使用,包括政府所有合约者运行的联邦实验室,并增加非披露规定。随后成立了国家技术转移中心,由威灵耶稣大学运行（经费主要来自国家航空航天局、能源部和小企业管理局等联邦部门）,进一步促进联邦政府资助的科研成果向产业界转移。

1995 年出台《国家技术转移和提升法》,修订《史蒂文森·怀德勒技术创新法》,使得 CRADAS 对联邦实验室、科学家和私营企业更有吸引力。

2000 年出台《技术转移商业化法》,放宽 CRADAS 许可权力,使这类协议对私营企业更有吸引力,加大联邦政府拥有的技术的转化力度。设立有联邦实验室的机构关于技术转移绩效报告的要求。

2011 年,奥巴马发布《加速联邦研究的技术转移和商业化支持高成长企业》的总统备忘录。这份备忘录指导联邦部门和机构多种行动,包括设立目标、测度绩效、优化管理流程以及推动地方和区域伙伴计划,以加速技术转移并支持在私营部门商业化。

四、提升制造业创新能力

美国自 2009 年起密集地出台了《重振美国制造业框架》（2009 年）、《制造业促进法案》（2010 年）、《美国制造业复兴——促进增长的 4 大目标》（2011 年）、《先进制造业伙伴计划》（2011 年）、《先进制造业国家战略计划》（2012 年）等政策举措,旨在提高制造业创新能力,将美国打造为创新基地的首选,使美国成为创新的引领者,抢占新一轮技术和产业革命主导权。

2011 年 6 月,美国政府宣布实施一项超过 5 亿美元的"先进制造业伙伴关系"计划（AMP）,以期通过政府、高校及企业的合作来强化美国制造业。AMP 主要包括四个子计划:

（1）提高美国国家安全相关行业的制造业水平。从 2011 年夏季起,美国国防部、国土安全部、能源部、农业部、商务部等将协调各部门,利用现有资金和未来预算,投入 3 亿美元用于合作投资创新技术和产业,包括小型大功率电池、先进复合材料、金属加工、生物制造和替代能源等。

（2）缩短先进材料的开发和应用周期。"材料基因组计划"将通过在研究、培训和基础设施方面的超过1亿美元的投资，使美国企业发现、开发和应用先进材料的速度提高到目前的2倍。先进材料将推动价值数十亿美元的新兴先进制造、清洁能源和国家安全等领域的相关技术发展。

（3）投资下一代机器人技术。国家科学基金会、国家航空航天局、国家卫生研究院和农业部正在联合推出一项耗资7000万美元的下一代机器人研究计划，新一代机器人将承担工人、医护人员、医生和宇航员等工作任务。

（4）开发创新的、能源高效利用的制造工艺。能源部将耗资1.2亿美元开发创新的制造工艺和材料，以使企业能够在削减制造成本的同时利用更少的能源。

第五节　美国技术创新体系的主要特点分析

总体而言，两次世界大战之前的美国技术创新体系类似英国模式并结合部分德国模式的特点。之后，这一体系发生了重大变化，尤其是"二战"期间，美国政府加强了对军事工业等领域技术创新的资助。"二战"之前，联邦政府对研究开发的资助十分有限，1940年不到1亿美元，1945年就增加到136亿美元。"二战"后，美国继续加强国家实验室建设，大力发展研究型大学，增加联邦政府对技术创新的资助。冷战时期开展的宇航竞赛、星球大战等项目进一步强化了政府的相关政策支持。1961年，美国对研究开发的投资占到GDP的3%，其中联邦政府的比例达到65%（其中军事、宇航占5/6）。70年代，随着企业研发投资力度加大，联邦政府的比例有所降低，1985年联邦政府研发投入的占比为47%。[①]

"二战"结束至今，美国已经建立起全球最强大的技术创新体系，主要特点如下：

一是建立了由大企业研发机构和中小企业技术创新为主导的，国家实验室、大学等主体共同参与的、充满活力的技术创新体系。

二是在以私营企业为主的条件下，创造了军民两栖的技术创新体系——在总体效率上远远超过苏联的军民分离的体系。

三是保持了最具创新精神的企业家群体和以市场竞争为基础的创新环境。

近年来，美国进一步放松航天、军工等领域的管制，让市场更多地发挥作用。1984年，里根总统签署《商业太空发射法案》。现总统特朗普认为：太空探索行动需要建立在公私合作的基础上。这样的合作关系不仅有利于降低成本，还能帮助政府机构找到不受官僚体制和规章制度所限的合作伙伴。

---

① 薛彦平：《欧洲工业创新体制与政策分析》，中国社会科学出版社，2009年。

Orbital ATK 和 SpaceX 等公司已经开始为国际空间站补充物资了。SpaceX 公司和波音公司还在研发能够将宇航员送往国际空间站的系统。维珍银河公司（Virgin Galactic）和蓝源公司（Blue Origin）也在寻找发展太空旅游业的途径。此外，Paragon 公司、Sierra Nevada 公司和 Xcor 公司也正在研发航天器和航天器组件。特朗普认为，这些公司的行动能够催生灵感迸发、创造高薪工作岗位，并推动经济增长。然而，政府对太空行业的垄断却常常阻碍这些工作的顺利进行。

四是首创出风险投资形式，并在风险投资规模上一直领先全球，为后来的信息通信、生物医药等新兴产业的发展创造了最好的金融支撑。风险投资的出现和壮大适应了第三次工业革命的新兴产业发展的特点和需要，使美国在第三次工业革命中持续保持技术领先地位，并为下一轮工业革命的来临奠定了基础。

五是政府较好地处理了与市场的边界和关系。政府主要是加强对基础研究、前瞻性和战略性的应用研究（尤其涉及国家安全、生态环境、卫生福利等领域），促进大学和国家实验室向产业界的技术转移，支持中小企业技术创新等方面的作用。

第三章
德国技术创新体系的演变、现状和特点

第一节　德国技术创新体系及企业角色的演变

德国技术创新体系的演变大致可以分为三个历史阶段：第二次世界大战前、第二次世界大战后、20 世纪 90 年代德国统一后。在不同历史阶段，德国技术创新体系的断续与继承都打上了深深的历史烙印。

一、第二次世界大战前的德国技术创新体系

在 15 世纪德国就已经领先于其他欧洲国家，到 19 世纪末，德国已经走在世界科技发展的前列，同时在其他国家科学还不被重视时，德国的大学已经允许独立发展，而且在自身发展过程中创造了不少有效的科研组织形式和方法，如实验室、研究生指导制度，研究生院，高校研究所及专业科研刊物的出版等，这些都是德国的首创。

19 世纪中叶到 20 世纪 20 年代是德国科学研究的鼎盛时期，先后涌现出大批科学家和发明家，如在世界科学界素享盛名的蔡斯、西门子、科赫和伦琴等，这些科研先驱不仅为德国的科技发展做出巨大贡献，还首创了致力于系统科学研究的高度专业化的科研机构。德国的科技和经济之所以能够后来居上，在一定程度上得益于德国有像克虏伯、西门子和詹斯这样一批集科学家、工程师和企业家于一身的优秀人才。拉特瑙于 1883 年与西门子合作，成立了德国爱迪生电气公司，后来脱离了西门子成为独立的德国通用电气公司，这两家公司具有强大的技术创新能力，推动德国电气工业的发展，正是这些大公司规模性发展，德国的工业才能够后来居上，迅速赶上并超过先起步的英、法等国。同时，德国的实业家极为重视科学家，并竭尽全力对他们的研发工作给予扶持，这就为德国的技术创新注入新的活力，使基础研究和应用研究都获得全社会的同等尊重。

尽管今天德国已经成为全球领先的制造业强国，然而"德国制造"曾经却是劣质

货的代名词。1871 年，德意志实现了统一。这为德国的工业化发展奠定了良好基础，但是德国制造已经在普通百姓中留下非常糟糕的印象。甚至 1887 年 8 月，在英国议会通过的《商标法》中，规定所有从德国进出口的产品都须注明"德国制造"，从而将德国制造的劣质产品与英国制造的优质产品进行区别。为了占领制造业市场，德国开始改变人们对"德国制造"的恶劣印象。经过 20 多年的探索和研发，德国机器制造商努力抓住第二次工业革命的有利契机。最终，"德国制造"在 1893 年芝加哥举行的世界博览会上赢得了好名声，过去那种质次精度低的形象开始被质优精度高的形象所代替，并从此确立德国在机器设备制造领域的领先地位。

德国通过励精图治，在过去的发展过程中从技术模仿开始到自主知识产权、自主创新，从追赶英美到自成体系实现跨越式发展用了 150 多年。终于形成了不同于英美制造和日本制造的具有"德国制造"特色的技术创新体系。

二、第二次世界大战后德国技术创新体系的演变

德国之所以在第二次世界大战后的废墟上重建并迅速跻身于世界科技大国和经济强国之列，除已有的创新文化传统以及积极进取的科研优势的支撑外，还在于德国能够适应科技发展的新特点，创造出有利于技术创新的科技体制。

"二战"后德国（包括西德）科技体制的发展变化大体经历了三个阶段：恢复和重建阶段（1949 ~ 1955 年），这一阶段主要是恢复被战争破坏的科研机构、科学自治机构并重建科研基础设施；调整与振兴阶段（1955 ~ 1969 年），这一阶段德国政府建立、调整、合并了一些宏观科技管理机构，并建立了 12 个大型国家研究中心，初步建立起了集中协调型的科技管理体制[①]；巩固发展阶段（1970 ~ 1989 年），这一阶段主要是巩固前一阶段已有的成果，如改组了某些政府机构，调整了其管理职能，同时赋予科学自治机构以更大的自主权，并大力推进交叉学科研究等。

三、德国统一后的科技创新体系

20 世纪 90 年代初，德国完成了统一，统一后的德国创新体制的主要任务就是重建东部新联邦州的教育和科技体制，恢复或者改组东部新州的企业研发机构，核心内容包括：组织国内外专家对东部科研机构进行评估以精简和改组；建立技术创业重心，扶助科研型企业，促进科研成果向商品转化；把西部的科研计划扩展到东部等。在近 20 年的时间里，新联邦州创建了 9 个联邦研究机构，大学外科研组织在新联邦州和柏林共建了 60 个研究机构。期间，新联邦州的科学和创新基地始终在蓬勃发展，而且这一发展跨越了国界的限制，如德累斯顿的"硅谷"、德国中部的"太阳谷"等。并且到 21 世纪初已经在光电子技术、机械与基础建设等方面有着优良的高校、研究机构和企业网络。此外，与西部相比，东部的中小型企业有着更多、更频繁的研发活动；东部一些州的中小型企业提供

---

① 谷俊战：《德国科技管理体制及演变》，《科技与经济》2005 年第 6 期。

的研究支出占到全部研究支出的一半之多，而西部才占到7%①。

在德国不仅拥有西门子、保时捷、宝马和奔驰这样的大公司，而且还涌现出众多富有活力的中小型企业"隐形冠军"，超过100年的企业更是比比皆是。中小型企业的从业人员总数占德国就业人数的70%，德国中小型企业总数占企业总数的99%以上，它们共创造了57%的德国总产值和44%的应税销售额。德国创新系统最具特色的就是拥有一批具有强大创新能力的企业，企业研发部门在德国的创新体系中扮演了非常重要的角色。

第二节　企业的角色和功能分析

据统计，在全球机械制造行业32个具有可比性的行业中，德国企业在其中29项中取得前三位，其中一半甚至是世界市场的"领头羊"。德国企业从事的科学研究在国家科研领域中占相当大的比重。不仅是大型企业，许多中小型企业也设立了自己的实验室。德国企业的科研工作主要是为了满足市场发展需求，在化工、机械制造、生物医药、工业测量和调控技术、新材料、新能源等领域创新活跃。德国的企业界作为国内科研领域的最大资助者，拥有一流的实验室、高素质的研发人员、充足的科研经费等，这些都为享誉世界的"德国制造"提供可靠的技术保障。同时企业界也成为国内科研成果的最大受益方。

一、大企业是德国技术创新主体

德国80%的大型企业集团拥有独立研发机构，是企业技术创新的主体，对提高工业技术水平、开发新产品起到龙头作用，如西门子、戴姆勒-奔驰、拜耳、赫斯特、大众、巴斯夫等。2014年和2015年进入世界500强的德国企业名单及排名如表3.1所示。

表3.1　2014年和2015年进入世界500强的
德国企业名单及排名　　　　　　单位：百万美元

2014年排名	2015年排名	公司名称	营业收入	利润
8	8	大众公司	268566.60	14571.90
20	17	戴姆勒股份公司	172279.10	9235.30
18	22	意昂集团	151460.50	-4191.80
31	32	安联保险集团	136846.20	8252.30

---

① 德国科技创新态势分析报告课题组：《德国科技创新态势分析报告》，科学出版社，2014年。

2014 年排名	2015 年排名	公司名称	营业收入	利润
68	56	宝马集团	106654.30	7691.20
58	63	西门子	101560.30	7288.30
75	76	巴斯夫公司	98595.70	6838.30
91	97	麦德龙	85505.20	172.30
99	102	德国电信	83117.70	3878.80
93	103	慕尼黑再保险公司	81685.10	4182.50
110	111	德国邮政	77795.70	2747.20
155	150	博世公司	64961.50	3196.90
130	154	莱茵集团	63912.20	2403.70
163	164	德意志银行	61040.30	2206.00
193	178	拜耳集团	56031.30	4544.70
198	179	蒂森克虏伯	56027.70	284.90
198	197	德国联邦铁路公司	52700.40	1281.40
237	233	德国大陆集团	45772.80	3150.90
275	285	汉莎集团	39810.50	73.00
302	292	Talanx 公司	39289.20	1020.10
326	295	德国中央合作银行	38793.00	2294.90
321	314	德国艾德卡公司	37337.70	329.00
444	387	费森尤斯集团	30816.60	1415.40
422	405	PHOENIX PHARMAHANDEL 公司	29526.00	291.60
440	424	巴登 – 符腾堡州能源公司	27860.40	– 597.90
490	469	途易	25385.90	142.00
—	488	采埃孚	24428.00	859.60
378	489	德国巴登 – 符腾堡州银行	24276.80	575.70

在企业投入方面，据欧盟委员会发布的 2014 年全球企业研发投资排行榜显示，德国共有 5 家企业排在前 20 位，其中大众汽车公司以 117 亿欧元的投资额、23.4% 的增幅连续第二年登上榜首。

该排行榜选取了全球 2500 家企业的数据，包括 633 家欧盟范围内的企业和 1867 家欧盟外企业。这些企业的研发投资额约占全球企业研发投资总额的 90%，其中有 104 家企业的研发投资超过了 10 亿欧元，53 家超过 20 亿欧元，排前十名的企业研发投资皆超过 50 亿欧元。

德国联邦政府于 2016 年 5 月 11 日发布的《2016 联邦研究与创新报告》显示，德国研发投入持续增长，研发领域从业人员数量也创下历史新高。2013 年，德国联邦政府、企业、科技界的研发总投入达 797 亿欧元。2014 年，这一数字升至 839 亿欧元，接近占国内生产总值 3% 的目标。在 2014 年的研发投入中，企业投入 570 亿欧元，占研发总投入的 2/3。统计数据显示，2014 年，德国研发领域从业人员数量首次超过 60 万人，较 2000 年增长 22%。大量的研发投入确保了德国创新力的持续增长。在欧洲最具创新力的 10 家企业中，5 家来自德国。世界经济论坛最近发布的全球竞争力报告中，德国排名全球第四。

2016 年，大众汽车公司投资有明确的侧重点。按照大众 2025 年战略，大众的研发投资比例将逐年递减，到 2020 年将仅为集团营业额的 6%，而这个数字在 2015 年还是 6.9%。大众 2019 年已经减少了近 10 亿欧元的投资。到 2021 年将为集团节省约 1000 亿欧元。在大众 2025 年战略的基础上，大众品牌需实现"大跨越"，"赢得新的汽车世界"。大众品牌负责人迪斯（Herbert Diess）提出了"目标决定技术"（Technik folgt Target）的新口号，这个口号总结了大众价值工程跨部门、跨领域的合作，它将成为大众品牌未来发展的指南。

西门子 150 多年来几乎成了科技创新的代名词，创始人维尔纳·西门子热衷于发明创造，在西门子创新的纪念碑上镌刻着像指针式电报机、发电机、第一辆电力机车和高纯硅这样划时代的发明。仅在 2001 年，西门子的 57000 多名研究人员共搞出 9060 项发明，提交了 6330 项专利申请，成为德国和欧洲最大的专利申请者。

西门子在研发力量整合方面向来有海纳百川的大手笔。公司不但管理着遍布全球数十个国家的大规模研发队伍，还善于与其他企业协同工作，以提高效率并降低风险与成本。即使在经受电信业低迷时期的考验时，西门子仍靠"科技孵化器"和"西门子科技加速器"计划来为创新输送源源动力。① 同时，西门子注重与大学建立研发合作。中国已经成为西门子全球重要的研发基地。截至 2013 年，西门子已经在中国建立了拥有 2300 多名研发人员的创新网络和 20 个遍布全国的研发中心，当年西门子在中国新增有效专利 958 项，平均每个工作日注册 4 项专利，拥有的有效专利总数达到 4314 项。②

2015 年，西门子的研发力度（Research Intensity，即研发支出占营收额比重）为 5.9%，较 2014 年增长 0.3%。2016 年，西门子投入近 48 亿欧元用于研发，这一金额与上年相比增加了约 3 亿欧元。至此，西门子在研发方面的投入相较于 2014 年增长近 20%。所增加投入的主要部分被用于自动化、数字化以及分布式能源系统领域的研发工作。此外，西门子还采取了一系列措施用于进一步加强公司的创新能力。包括西门子组建名为"Innovation AG"的新部门，其目的是为那些处于初创阶段的企业提供新的尝试和发展的空间。

为了增强公司整体的技术创新实力，西门子成立了科学委员会。西门子技术与创新委员会（STIC）将为西门子股份公司管理委员会在技术与创新领域的战略话题提供系统的监测与分析。同时，西门子启动一项投资基金以有针对性地加强员工的创新能力。

---

① "科技孵化器"可迅速启动创新活动并为后续的市场化提供支持；"科技加速器"全面支持其他小企业开展创新活动。

② 资料来源：http://biz.xinmin.cn/2014/03/17/23791342.html。

这些资金将用于在员工内部培育能够带来经济效益的创新理念。与 Innovation AG 所资助的项目不同，这些创新理念无须完全专注于新技术或新业务才能获得资助，它们也可以是致力于改进流程、改善服务或者更好地维持客户关系。① 另外，自 1995 年以来，西门子每年都举办"年度发明家"评选，以褒奖那些用自己的发明为公司成功做出巨大贡献的杰出研发人员。

二、中小型企业是德国技术创新体系的基础

中小型企业是德国创新体系的重要支柱之一。在德国，中小型企业是指年销售额在 100 万 ~5000 万欧元或雇员数在 10 ~499 人的中型企业以及年销售额低于 100 万欧元或雇员数不超过 9 人的小型企业。中小型企业在德国工业产值创造中发挥着不可忽视的作用，不仅向市场提供新产品，还提供面向未来的服务并研发新的工艺，它们也是创造新的就业的重要动力。自 20 世纪 90 年代以来，中小型企业的研究开发活动趋于活跃。德国现有中小型企业约 370 万家，占德国企业总数的 99.7%。德国中小型企业雇员达 2000 万人，占就业总人数的 78%。投资占全国总投资的 46%，出口则占德国全部出口的 40%，所创造的价值占德国国内总产值的 75%，所交纳的税额占德国税额的 70%。中小型企业在德国经济体系中的支柱性作用远比美、日等国突出。② 在其销售产品中，新产品的比重已远超过大型企业，但中小型企业 R&D 投入仅占企业界 R&D 投入的 14%。

德国政府十分重视中小型企业，给以较大力度的扶持，使得德国逐渐涌现出一批创新能力很强、专业化程度很高、富有活力的中小型企业"隐形冠军"，并打造出了作为质量优良代名词的"Made in Germany"品牌。例如，专注于邮票和纸钞印刷的专业印刷机制造的德兰特—格贝尔印刷机械公司（Drent Goebel），专门为公共汽车生产配套空调设备的康唯特公司（Konvekta），生产螺丝、螺母等连接件产品的伍尔特公司（Würth Group），等等。

世界著名的管理大师赫尔曼·西蒙在其 2005 年出版的《隐形冠军》一书中指出，那些几乎不为外界关注的德国大量中小型企业是主宰着各自所在市场领域的"隐形冠军"，它们更加重视技术创新。一般公司通常会将 3% 的销售额用于研发，而"隐形冠军"研发经费占销售额的比例达 6%；普通大型企业平均每千名员工拥有 6 项专利，而"隐形冠军"是他们的 5 倍多，达 31 项。

西蒙认为 21 世纪的"隐形冠军"应该拥有以下特点：在各自行业拥有举足轻重的地位；企业发展迅速；表现出令人印象深刻的生存能力；它们的产品往往很不起眼；已成为了真正的全球化企业；虽然不能将它们神话，但它们的确取得了令人赞赏的成功。

在德语区一共有 1499 家"隐形冠军"，相当于世界上全部确认的"隐形冠军"总数的 55%。

---

① 资料来源：http://www.jdzj.com/diangong/article/2015 - 12 - 10/64625 - 1. htm。
② 资料来源：http://news.hexun.com/2012 - 09 - 10/145655091. html。

"隐形冠军"的研发强度要远远超过其他企业的平均水平，研发投入占销售额比例是德国其他从事研发企业的两倍，比德国机械企业高68%，比全球1000强企业高66%。

与技术领先大型企业相比，"隐形冠军"显示出了出色的专利能力。小型企业每个员工的专利研发强度比大型企业更高，而且差距很大。很多专利来源于"隐形冠军"主导的行业，如测量技术、医疗技术等。有些"隐形冠军"把创新及专利给创新带来的保障视为企业的核心能力。[1]

第三节　企业与其他创新主体的关系分析

一、德国教育机构及其与企业的关系

德国高校在国家创新体系中的地位举足轻重。高等院校是德国基础研究活动的大本营。德国高校既承担德国大部分的认知性和公益性基础研究任务，也从事一些数量的应用型研发活动，并由此获得部分委托研究经费和成果转让。

截至2011年底，德国有421所高校，其中综合性大学108所、理工学院16所、艺术学院52所、神学院6所、普通高等专科学校210所、管理专科学校29所。设备类专业共400多个，大学科研的29%为自然科学、24%为医学、21%为技术工程、4%为农业科学，其余22%为人文科学和社会科学。[2]

按照授予学位的级别可以大致将德国教育机构分为四类[3]，如表3.2表示。

表3.2　德国教育机构

序号	大学类别	学位授予权级别	2010/2011年度学校数量	2010/2011年度学生数量	与企业紧密程度
一类	综合性大学（Universitaten）及与其同等级的高校，如科技高校/科技大学、高等师范学校和高等神学学校	学士、硕士、博士学位	2010~2011年的冬季学期，德国共有105所综合性大学（含科技高校/科技大学）、6所师范高校、16所神学高校	共有学生1444735名（其中23151人在师范学院、2557人在神学院学习），占德国全部在校人学生的比例为64.8%	不紧密部分专业的合作

---

① 专利是一个指示器，能够测量出创新努力下的技术成果，但不能测量经济成果。

② 德国科技创新态势分析报告课题组：《德国科技创新态势分析报告》，科学出版社，2015年。

③ 本段介绍参考孙进：《德国高等教育机构的分类与办学定位》，《高等教育研究》2013年第1期。

续表

序号	大学类别	学位授予权级别	2010/2011 年度学校数量	2010/2011 年度学生数量	与企业紧密程度
二类	应用科学大学即高等专业学院	学士学位、1998 年硕士、可以联合培养博士（无博士授予资格）	2010～2011 年的冬季学期，德国有 240 所应用科学大学（含 29 所行政类高等专业学院）	在校学生人数为 716630（其中 29780 人在行政类高等专业学院学习），占德国全部在校大学生的 32.1%	紧密 实践学期（一个学期）在企业或其他机构。较多渠道提供实习岗位，作为合作科研伙伴，设立基金教授职位，参加高校理事会
三类	高等艺术与音乐学院	学士、硕士、部分院校博士	2010～2011 年德国共有 51 所高等艺术与 1 所音乐学院（含艺术大学），学生人数为 33197	在校学生人数为 716630（其中 29780 人在行政类高等专业学院学习），占德国全部在校大学生的 32.1%	无
四类	职业学院/双元制高校（巴登－符腾堡州将该州的职业学院改制为"双元制高校"）	助理文凭职业（Assistent）、职业学院文凭（Diplom［BA］）	规模较小	2009～2010 年的冬季学期，约有 10519 名学生在职业学院学习，25295 名学生在双元制高校学习，占德国全部在校大学生的 1.6%	很紧密 职业学院采用双元制培养模式，理论教学和实践培训各占一半时间

第一类是综合性大学及与其同等级的高校，如科技高校/科技大学、高等师范学校和高等神学学校。这些高校之所以被称作是与综合性大学同等级的高校，是因为它们与综合性大学一样都具有博士学位授予权，担负着培养学术后备人才的任务。

第二类是应用科学大学（University of Applied Science）。应用科学大学即高等专业学院（Fach Hochschulen，FH）最早成立于 20 世纪 60 年代末 70 年代初，也是德国高等教育体制的变革期。1968 年决定创建新型的、以培养应用型人才为目标的高等教育机构，即高等专业学院。有的是新设立机构。有的则是由以前的中等技术（如工程师学校、高级经济学校等）升级而成的高等专业学院，最初仅仅提供相当于本科层次的高等教育，并仅开设少数应用性学科和专业。自 1998 年开始，特别是在博洛尼亚进程①中，它们除提供学士层次的教育外，也开始提供硕士层次的教育。这类学院虽然没

① 博洛尼亚进程（BolognaProcess），是 29 个欧洲国家于 1999 年在意大利博洛尼亚提出的欧洲高等教育改革计划，该计划的目标是整合欧盟的高教资源，打通教育体制。"博洛尼亚进程"的发起者和参与国家希望，到 2010 年，欧洲"博洛尼亚进程"签约国中的任何一个国家的大学毕业生的毕业证书和成绩都将获得其他签约国家的承认，大学毕业生可以毫无障碍地在其他欧洲国家申请学习硕士阶段的课程或者寻找就业机会，实现欧洲高教和科技一体化，建成欧洲高等教育区，为欧洲一体化进程做出贡献。

有获得颁发博士学位的资格，但是可以和综合性大学一起联合培养博士，鉴于这些发展，德国文化部长联席会议（KMK）和高校校长联席会议（HRK）做出决议，高等专业学院自1998年开始统一对外使用英文称谓（University of Applied Science），应用科学大学是德国高等教育体制的第二大类高等教育机构。

第三类是高等艺术与音乐学院（Kunst – und Musikhochschulen），包括高等艺术学院和高等音乐学院两类学校。它们负责培养艺术和音乐领域的人才以及中小学校的艺术和音乐教师。

第四类是职业学院（Berufsakademien）。职业学院最初是在1974年作为改革试点在德国巴登－符腾堡州设立的，其前身为1972年斯图加特行政与经济学院（VWA）与戴姆勒－奔驰、罗伯特－博世和洛伦茨标准电气设备股份公司合作提供的双元制培训项目。职业学院将中等教育阶段的双元制培养模式提升至高等教育阶段。其产生的背景一方面是高等教育扩张所带来的教育需求的多样化发展；另一方面是科技的现代化对技术工人与职员提出更高的要求。此外，设立职业学院也是为利用双元制教育，吸引那些原本计划参加中等职业培训的学生接受高等教育层次的、以实践为导向的教育。

职业学院提供双元制的高等教育，学业中的理论教学部分在职业学院里进行，而实践教学部分则在企业或其他社会机构（如基金会、社会救济机构等）完成。职业学院最初只颁发助理文凭（Assistent）和职业学院文凭（Diplom［BA］），其水平在学士学位下。在博洛尼亚进程中，职业学院在其课程通过认证的前提下获得了开设学士专业和颁发学士证书（Bachelor – Abschluss）的资格①。2009年3月，巴登－符腾堡州将该州的职业学院改制为"双元制高校"（Duale Hochschule）。双元制高校是对职业学院的进一步发展，代表着此类高校未来的发展方向。

任何劳动与培训都是以职业形式运行的理念，是德国职业教育最核心的思想。联邦德国在1969年的职业培训法案中指定了双重体系的完善规则；1997年，德国联邦政府决定实施"职业教育改革项目——灵活的结构，现代的专业"的行动，把职业教育现有专业的现代化与新兴专业的建立列为职业教育发展政策中的首要问题；2005年做了最后修订。双重职业教育培训体系对于德国的技术生产力具有特殊意义，德国的双重职业教育培训体系为所有年轻人提供了一条在普通教育系统内学习的进阶之路。这一过程在职业学校和公司里完成，通常需要3年。这个体系的最大优势在于，公司里的实践训练和在职业学校里的理论学习相结合。同时具备全面的理论知识与受过业务相关的实践训练是前提，也是实现职业社会化最理想的途径。

前述两类高等教育机构是在各州普遍存在，而职业学院/双元制高校则只是存在于部分联邦州，而且此类学校的总体规模仍较小。正如德国联邦教育与科研部（BMBF）指出的那样："应用科学大学的科研是以应用为导向和贴近实践的。它并不是去寻求'最高真理'，而更多的是寻找马上可以得到实施的问题解决方案。"职业学院是一种纯

---

① 这一证书虽然名称也是"Bachelor"，并且与其他类型高等学校所颁发的学士学位是等值的，但它并非一种学术性学位（Akaderuische Grade），而只是一种国家毕业证书（Staatlichr Abschlussbezeichnung）。

粹的教学型机构,科学研究未被列入其办学任务。作为职业学院进一步发展的双元制高校也仅仅获得从事合作性科研的任务,即与参与培训的企业或其他社会机构一起开展与教学内容相关的研究。总体来看,理论性教学在综合性大学的教学中占较高的比重,与综合性大学相比,实践性教学在应用科学大学教学中所占的比重较大,包括实验教学、实践学期、项目教学、毕业设计和学术考察等环节。其中,实践学期是应用科学大学教学的特色组成部分,学生必须要在企业或其他组织机构中完成一个学期的实践学习,而且学校往往要求这些校外机构提供的实践教育和学校提供的理论培养能够有机地结合起来。另外,应用科学大学的学生多数选择在企业中完成其毕业论文。通常来说,选择在企业中完成毕业论文的比例占到 60% ~ 70%,在有些学校这一比例达到了 90% 以上。职业学院采用双元制培养模式,理论教学和实践培训各占一半时间。所以,实践教学环节在这里所占的比重是一类高校中最高的。从校企合作的紧密程度来看,二类高校亦有所不同。采用双元制培养模式的职业学院与企业的合作无疑是最紧密的。应用科学大学与企业的合作也具有多渠道、全方位、立体式的特点,企业以不同的形式(如提供实习岗位,作为合作科研伙伴,设立基金教授职位,参加高校理事会)参与应用科学大学的教学、科研、管理等各个方面的活动,涉及学校、教师、学生等不同的参与主体。在这方面,综合性大学与这两类高等教育机构相比有所不及,紧密的校企合作仅适用于综合性大学的特定专业。

二、德国四大学会及其与企业的关系

德国的公立科研院所主要从事竞争前技术研究、政府行政开发研究和人文科学研究等。非营利研究机构是德国从事科技创新的专业力量。马普学会(MPG)主要从事自然科学、生物科学和人文科学中的基础研究;亥姆霍兹联合会(HGF)主要从事具有应用前景的高技术基础研究;莱布尼茨科学联合会(WGL)主要从事具有国际水平、面向实际应用的基础研究;弗朗霍夫协会(FHG)主要致力于科研成果的转化,为企业提供有偿的技术开发和技术转让。

1. 马普学会

马克斯 - 普朗克科学促进协会(简称马普学会)是公益性的科研组织,成立于1948 年。

截至 2014 年,马普学会共有 83 个研究所,各类人员 21640 名,其中科学家 5516名、博士后 1324 名、大学生和科研助理 1265 名。约 12000 名雇员,9000 名客座科学家、博士后与学生。年经费约 16.5 亿欧元,几乎全部由联邦与州政府拨款。涉及自然科学、生命科学、人文与社会科学的研究都达到国际前沿与尖端的水平。

马普研究所主要从事新颖和具有创新性的研究,需要长期性的专项经费支持,但并不适宜在高等院校组织框架内进行或者高等院校难以胜任的研究领域里的基础研究工作。为推广和介绍自己的研究成果,马普研究所成立了马普创新公司,主要任务是为马普学会的各研究所提供专利咨询、管理和技术转让服务。

2. 弗朗霍夫协会

弗朗霍夫协会成立于 1949 年，是德国和欧洲水平领先的应用型研究组织。

该协会下设 67 个研究所，拥有 2.3 万名工作人员，其中研发和管理人员 1.6 万名，博士生和大学生 0.66 万名；总经费预算为 20.1 亿欧元，科研经费为 16.61 亿欧元，其中：12 亿欧元来自企业和公共科研委托项目，占 72%；4.61 亿欧元为德国联邦和各州政府拨付的事业经费，占 28%。2013 年，弗朗霍夫协会提交 733 件德国发明专利申请，603 件最终获得专利授权。该协会处于专利保护期的发明专利有 6407 件，2013 年签订专利使用合同 3450 件，有 2874 件发明专利在德国市场获得实际应用。弗朗霍夫协会将其下属研究所组织成若干不同形式的科研联合体，实现相关研究所、学科群、课题组之间的密切合作，以充分发挥各研究所的科研力量，适应科技发展和集成创新的要求，以便承担大型跨领域、跨学科的科研任务。

弗朗霍夫协会的目标是把研究成果转换成新产品和创新产品、新工艺和服务产业。为中小型企业、政府部门、国防安全等提供合同科研服务的非营利性机构，主要研究领域包括微电子、制造、信息与通信、材料与零部件、生命科学以及工艺与表面技术和光子学等。

弗朗霍夫协会委托研究经费的 2/3 源于与企业签约和公共研究计划，剩余的 1/3 是源于德国联邦和州政府的资助，用于前瞻性的研发工作（这些研究领域会在 5~10 年后对工业和社会产生重大意义），添置新设备，确保其科研水平处于领先地位，为满足企业及社会的需求，不断通过高质量的研发服务。弗朗霍夫协会主要依靠技术能力和信誉吸引客户，有许多长期客户，其中大部分是中小型企业。

3. 亥姆霍兹联合会

亥姆霍兹联合会于 2001 年注册成立，每年获得的科研经费总额超过 34 亿欧元，其中来自政府渠道的经费相当于德国另外三大科研团体：马克斯－普朗克学会、莱布尼兹联合会及弗朗霍夫协会 3 家的总和，联合会下属有 18 个国际著名的研究中心，员工总数达到 3.6 万名，每个研究中心都有专业的知识和技术转移机构。作为德国最大的科研团体，德国亥姆霍兹联合会以大科学研究为主，运行大型科研装备，从事国家任务导向，有前瞻性，着眼于应用基础研究。

4. 莱布尼茨协会

莱布尼茨协会的前身为经过评价后保留下来进入蓝名单的东德的研究所，以后又增加了一些西部的研究所。现有研究所 84 个，1.25 万名员工，其中，5000 名为科学家，另有 1300 名博士生与博士后。经费总量约 12 亿欧元，其中 1/3 为通过与大学竞争得来的项目经费，2/3 为政府拨款包括联邦与州政府的拨款。莱布尼茨协会定位于问题导向的研究，同时提供咨询与服务。

研究所分为人文与教育、经济、生命科学、数学、自然科学与工程以及环境科学等学科领域。莱布尼茨协会的任务是"三重性"的，即社会、政策和科学方面的研究、科学服务和知识转移。这个组织把自己看作是大学、工业界、政界和政府机关的合作伙伴。莱布尼茨各研究所进行具有国际水平的、面向实际应用的基础研究。通过创办应用实验室，把研究机构与企业紧密结合起来。从而把研究成果转化为实用的产品模型或工艺样板。科研的目的是解决教育、科研和技术领域现已提出的未来任务，所以许多莱布尼茨研究所都是为了解决某个具体的社会问题而成立的。

三、德国科技中介机构及其与企业的关系

德国的科技中介机构种类众多，业务范围覆盖较广，是沟通高校、科研机构与企业间技术供需的桥梁。无所不在的专业化中介服务机构有效地促进了创新主体间的互动。这些中介机构及时将科研院所的技术创新和科研成果提供给相关的中小型企业，加快了科研成果的转化过程。它们还为中小型企业提供技术咨询和技术服务工作，为企业寻找合作伙伴，为企业的新技术、新产品参加德国的工业展览和进入市场提供帮助，在政府和企业之间起到桥梁纽带和组织协调作用。

德国工业研究联合会（AiF）成立于1954年，现在已发展为涵盖30多个行业106家工业合作研究机构的德国工业合作研究组织的总部，其成员单位完全由企业构成，其中绝大多数又都是中小型企业；它把创新型企业和来自各个专业领域的经济联合会聚集在一起，按照产业界的研究需求组织研发和联合攻关；其课题涵盖了对中小型企业未来发展至关重要的所有未来技术——从生物技术到训营材料直至资源的有效利用。

德国工业研究联合会作为基础研究与企业商业化研发之间的重要桥梁，负责政府对中小型企业创新支持项目的实施。其使命和任务之一就是促进企业创新。德国工业研究联合会与来自经济界、科学界和政界的伙伴共同促进企业创新——从创意产生到研发直至转换为有市场的产品、工艺和服务，为企业研发提供全程支持、资助及服务。同时，还在实践取向的科学家和创新型企业之间架起沟通的桥梁，促使其开展研发合作。包括鼓励企业家承担社会责任；事关中小型企业未来发展的研究领域或方向进行归纳、分类、鉴别和评估其技术潜力；组织工业研发，建立科学家与企业的密切联系，为大批企业研发人员提供专业进修机会等。截至2009年，该联合会共完成约18万个研究项目，有约5万家中小型企业受益。

另外，在技术转移方面的典型机构还包括史太白技术转移中心。其任务是为客户提供咨询，向专业技术中心借人到企业从事研发活动，截至2008年该中心已经有765个，多数是大学教授参与，并在40个国家建立专业技术转移中心，致力于整合资源，为客户找到合适的技术和伙伴，更好地为企业提供专门服务。

第四节　企业与政府的关系分析

德国政府鼓励扶持企业研发创新。早在20世纪70年代，政府就出台了一系列帮助工业企业建立研发机构的政策举措，鼓励并促进企业与高校和科研机构合作，进行技

术研究与开发。

一、将创新发展提升到战略高度并落到实处

一方面，加强科技立法。"二战"后德国走的是一条科技立国、科技兴国之路，除制定《科学技术法》、《专利法》和《版权法》等一系列与科技有关的法律外，德国的许多法律、法规之中都有促进科技进步、保障经济发展的规定。另一方面，强化规划导向。利用名目繁多的科研规划（包括规划、计划、大纲、咨询报告和蓝皮书等）引导科研发展和技术进步，是德国政府直接干预科研及成果转化工作的一种合法形式。

为推动企业成为技术创新主体，增强企业创新能力，德国政府先后制定《工商企业研究开发人员增长促进计划》、《企业技术创新风险分担计划》、《中小企业研究合作促进计划》、《小型企业服务投资促进计划》和《欧洲复兴创新计划》等，形成强有力的推动企业开展创新活动的政策体系。应该说，各类企业已经成为德国研发创新活动的主体，是研发创新投入的主要力量。

二、加大对产业研发的支持

在 20 世纪 70 年代中叶，政府部门接受了政府支持产业研发是产业结构现代化的关键这一理念。据 2012 年 OECD 主要科技指标，从主要国家的政府研发资助强度看，2009 年，德国的政府研发强度为 0.84%，高于欧盟 27 国的政府研发强度（0.68%），也高于 OECD 的平均政府研发强度（0.73%）。从政府研发支出占国内研发总支出的比重看，德国为 29.7%。

政府对企业 R&D 的资助不仅通过资助 R&D 项目，还包括以独立的政府目标为基础直接向企业委托 R&D。例如，通过创新产品和服务（公共商品）改善政务绩效。根据统计数据，德国企业从政府获得的公共研发经费投入从 2005 年的 17.2 亿欧元上升到了 2009 年的 20.2 亿欧元。

三、促进产学研的合作

自 1978 年以来，政府部门开始支持公司和公司间以及公司和政府实验室间的研究。真正的制度创新是弗朗霍夫协会，作为德国也是欧洲最大的应用科学研究机构，为企业合作伙伴提供优质的研究服务，特别是为中小型企业开发新技术、新产品、新工艺，协助解决其创新发展中的组织、管理问题。同时，政府部门设计新计划以强化公司之间或者公司和公共研究组织之间的合作。通过综合科技计划和《中小企业创新核心计划》、《中小企业创新计划》、《产业共性技术研究计划》、《研究额外补贴》等专项科技计划的引导，为支持私营部门创新及产学研合作提供经费资助；通过《创新能力网络》计划、《战略伙伴关系与创新联盟》计划、《尖端集群竞赛》计划、《研究型校园》倡议等方式，大力推动研发创新合作网络建设，通过高水平研发创新合作网络为促进企业与高等院校和研究机构开展产学研合作提供平台支撑。德国政府为相关企业的合作提供各种有利条件。尤其将中小型企业视为"市场经济的心脏和增长与就业的发动

机",长期以来采取了"限大促小"的政策,德国政府通过立法、政策优惠、融资支持以及建立社会化服务体系等为中小型企业提供全方位的支持,使德国中小型企业得到快速发展。

德国政府还积极支持产学结合的科技园、技术孵化中心和创新联盟的建立。自1983年起,政府采取专项投资的办法在全国范围里建立了80多个类似科技园区的科技中心或创新中心。它们不仅为青年学者创办高新技术企业提供合适的工作环境(包括基础设施和部分科研设备),促进高技术的发展,而且使园区内的科研成果就地转化为生产力,为改造传统技术及工艺、改善经济结构提供有益的经验和成功的模式。据《2012年联邦研究与创新》(*Bun – desberichtForschung and Innovation* 2012)报告显示,德国私营部门(企业)与公共研究部门(高等院校、研究机构)之间已形成了紧密的研发合作关系。在德国,约有58%的企业与大学高校开展合作研发,约有26%的企业与校外研究机构开展合作研发。

第五节 德国技术创新体系的特色分析

企业在德国技术创新体系中发挥了独有的特色,表现在:

一是德国大型企业的创新体系中充分发挥了"领头羊"的作用。

二是中小型企业中的"隐形冠军"已成为德国重要的创新主力军和创新特色。

三是四大学会的分工合作布局清晰、互补的公共科技创新网络。

四是德国的大学与企业界联系紧密,尤其是德国独具特色的双元制职业教育体制,成为保持德国技术创新潜力和持续性的重要储备。

五是政府给予政策引导、研发支持,并积极促进产学研合作。尤其是对于中小型企业的扶持力度方面,在全球,很难找到第二个国家像德国这样把促进中小型企业的发展提升为国家战略的一部分,上至国家立法、战略规划、机构设置,下至税收、信贷、培训、信息等各个方面,对中小型企业给予全方位的全力支持,在必要时甚至不惜限制具备天然优势的大型企业,以让中小型企业获得发展空间。

综上,德国将政府、企业界、科技界以及其他社会力量全部纳入创新网络,通过紧密合作和信息共享实现创新知识的产品转化。

概括地讲,德国的技术创新体系是以大型企业的研发机构为主导,众多中小型企业的创新活动为特色,公共科研体系科研机构和中介机构配套齐全、分工明确、集中协调为技术转移和成果转化提供衔接和服务保障。政府给予适当引导和扶植的技术创新体系。

第四章
日本技术创新体系的演变、现状和特点

第一节 日本技术创新体系的演变和现状

一、第二次世界大战前及战后恢复时期

19 世纪中期，西方先发国家的工业文明浪潮使日本民族意识到了自身的落后。广泛的危机情绪促使日本开始在科学、技术等方面向西方学习。日本作为后起国家，由于其产业化并非从内部自然孕育，政府因而主张通过人为方式催生产业化过程。这使得在相当长的时间内日本企业都具有国家包揽的官营性质。至 19 世纪末，明治政府通过官营处理的手段将绝大多数官营企业以出售方式转化为自负盈亏的私营企业。此举也被视为奠定日本企业中心主义传统的基石①。这一阶段的总体特征是以政府为先导创立基本的现代工业经济，以政府主动干预的方式担负工业化的初期风险和成本。例如，设置内务省专职保护市场经济和民间产业的发展；设置大藏省和工部省负责推动工商业的运转；出台了鼓励专利引进、技术引进等政策；引入银行金融体系以推动市场朝规范化的方向发展等。

在"二战"以前，日本国内几乎没有成型的自主技术，企业以引进西方机械技术为主。政府则为国内企业的扩张提供各种政策上的支持，包括巨额补贴、减免税费、限制外国投资、提供低息贷款等。这使得日本企业在战前得到了迅速的发展，形成了如三井、三菱、住友等大型企业集团。20 世纪 20 年代初，日本形成了企业技术引进和外国技术合作的风潮。许多大型公司开始建立企业内部的研发部门和实验室，涌现出大批具有创新精神的企业家、发明家、工程师三位一体的领导者。另外，政府主动推广注重应用科学的义务教育和工程教育，形成了有利于产业发展的人才培养体系。建立了包括东京大学在内的高等学府，创设了一批公立的研究机构如理化学研究所等。

---

① 中村隆英：《近代日本的经济发展》，知识出版社，1987 年。

从 40 年代开始，伴随战后的政治民主化改革，日本的企业开始发生明显的变化，在战前所形成的以家族为背景的财阀集团被解散，股票持有被强制分散化。消除财阀型公司为打破日本的市场垄断，被视为恢复日本市场的均势发展提供了关键的背景①。至 50 年代，日本基本完成了向市场经济的主动转变，形成了以私营企业为主导，由政府协调指导的混合型产业技术创新体系。

二、20 世纪五六十年代

20 世纪 50 年代，日本进入了经济的高速增长阶段，战后的统制经济逐步转变为市场经济。日本企业开始施行大规模的技术引进和改良，以分解模仿与技术合作的方式实行吸收型的技术发展战略。形成了以密集型重工业为核心的产业结构，研发资源开始向企业集中。包括松下、索尼、丰田、尼桑等公司迅速成长为世界级的企业。在企业内部开始出现分层的研发体系和面向海外设立研发机构的趋势，也出现了企业之间破除技术壁垒的研发合作。同时，政府还主动构建了金融机构的资金供给网络，向重点产业长期提供低息贷款，弥补了民间金融机构的供给不足问题。另外，政府通过公布《经济复兴五年计划》正式确定了"贸易立国"的经济发展战略，并先后成立了主管贸易产业的通产省和以收集经济信息情报为职能的日本贸易振兴会。出台了《国民收入倍增计划》，刺激企业放弃低工资、低成本的粗放式经营模式，推动企业加速完成技术的现代化。

这一时期是日本赶超经济模式起作用的突出阶段。其特征表现为企业与政府的紧密联系和互动。出现了对市场机制进行调节的产业政策，以期通过前瞻性的指导实现高效益的产业布局。产生的主要产业政策包括保护国内市场、干预外资进入、协助企业技术引进、鼓励企业合并以扩大规模、为企业研发提供补助等。还形成了较完整的科技管理体制，如科学技术厅、科学技术会议、科学技术信息中心、新技术开发事业团等。此时的日本政府基本上形成了以通产省为核心、以经济企划厅为辅助的重大经济决策集团，以行政干预的方式引导和保护民间企业的发展。例如，实行进口管制和外汇管制、设立企业行政指导、规划经济蓝图、制定发展战略等。这个时期也涌现出更多公立科研机构，如日本海洋研究开发机构，以及专门负责协助企业技术开发的事业团，如新技术开发事业团等。

至 20 世纪 70 年代，日本基本形成了以大型企业的自主研发为核心，以企业与政府的紧密合作为特点，以各种公立研究机构为辅助的技术创新体系。

三、20 世纪七八十年代

在政策的强效刺激与贸易市场化的变革下，日本进入了经济平稳发展阶段。企业开始从技术引进走向技术改进与自主技术开发的相互结合，着重能源节约型技术和高新技术的自主研发。技术成果集中在汽车、电子、能源、医药、化工等产业。包括索尼、

---

① 中村隆英:《计划化和民主化》，生活·读书·新知三联书店，1997 年。

本田、松下、日立在内的大型公司都获得了自主的新技术实力，并且不断开拓出新的生产领域。企业间以技术合作与委托开发等方式形成了跨企业、跨领域的研发组合。产业结构从以重工业为中心转变为以知识密集型产业为中心。产业政策调整为扶持技术集约型的高附加值产业。进入80年代以后，日本的赶超模式开始遭遇内在的瓶颈期。两次石油危机给能源依赖型的日本经济造成了不容忽视的影响，而国际金融的全球化也使日本经历了汇率变动下的经济减速。国际贸易摩擦增加，国内通胀率居高不下。

这种现状促使政府意识到，在接近发达国家经济水平后，就再难以通过引进模仿的方式实现经济的高速增长。而在进入工业化成熟期后，政府对国内市场的保护不仅会抑制市场机制的作用，并且还导致了对日投资的增长缓慢。日本政府因此开始反思制度供给的局限性，将产业政策调整为解除过度的市场保护，放松外国的投资限制，施行宽松的外汇管理制度。从20世纪80年代开始，政府明确了通过支持企业自主研发新技术从而实现技术领先的发展目标。出现了全国性的科技发展战略，如内阁会议制定了《科学技术政策大纲》，正式提出了"技术立国"的战略方针。日本科学技术会议成立了政策委员会，以保证科技政策得到顺利贯彻。建立了可直接进行科研资助活动的公共研究机构，如"新能源产业技术综合开发机构"。产业政策调整为以尖端技术为中心，推进所有产业的知识密集化。在这个时期，日本企业的研发规模和能力得到了迅速的提升，企业内部形成了增设研究部门的热潮，研究开发经费在1973～1987年增加了4.4倍[1]。

四、20世纪90年代至今

高水平技术能力的形成不仅使日本经济获得了空前的繁荣，也使日本产品及技术出口迅速扩大。但这也带来了金融市场与房地产市场的超常亢奋，出口企业利润下降，国际贸易摩擦严重。在20世纪90年代初期，日本进入了典型的泡沫经济时期，表现为投机性的金融扩张，货币财富虚增，个人消费需求持续萎缩和企业产能严重过剩。从90年代中后期开始，日本政府意识到解决问题的关键在于如何激发企业与市场的自主活力，依靠技术与产品的不断创新主动营造消费需求。以1998年桥本内阁提出的《中央省厅等改革基本发案》为标志，日本政府主动缓和规制，遵循市场经济对自身的定位，对政府的省厅结构进行了大规模整改，从原有领域迅速退出；重新拟定具有针对性的科技创新政策，如产业集群计划、知识集群计划等；出现了全国的创新战略，如"知识产权战略"与"科学技术基本计划"等；实施了具有针对性的"中小企业技术革新制度"；颁布了《大学技术转移促进法》，在大学内出现了合作研究中心、技术转让和企业孵化中心；出现了专门负责关联政策与产业的研究机构，如科学技术政策研究所。至90年代末，日本基本形成了以企业为主导，官产学研全面协作的技术创新体系。

---

[1] 富永健一：《日本的现代化与社会变迁》，商务印书馆，2004年。

进入 21 世纪后，伴随"科学技术基本计划"的四期成功实施，日本又先后成立了综合科学技术创新会议，颁布了"科学技术创新综合战略"。添设了"战略创新创造计划"和"颠覆性技术创新计划"，五者共同组成了日本目前的科技政策形成系统。其中综合科学技术创新会议是位于顶端的指挥塔；出现了具有政策持续性的官产研战略，如已推行 5 次的"技术战略图"和"长期战略指针创新"等；出台了一系列促进大学和企业技术转移的机构服务和政策，如成立"日本大学技术转移协会"，出台"大学孵化企业计划"等；借鉴德国双元教育推出了"实践型人才培养制度"。在第三期"科学技术基本计划"中公共研究机构被改制为独立行政法人，以后续资助管理的模式开展先导研究。在研究机构内部建立成果转化部门和创新中心，如产业技术综合研究所。设立了专门支援中小企业的中小企业厅，让日本在保持大企业强劲的研发实力的同时，数量众多的中小企业也得到了有效的扶持。日本技术创新体系的现状可概括为：以企业强大的研发能力和全面创新为根本，是社会整体协作的命运共生系统。

第二节　日本技术创新体系的量化分析

一、研究费用的变化

我们可以用量化的形式对日本技术创新的总体状况进行直观透视。根据日本总务省发布的《科学技术研究调查》报告，2014 年日本包括企业、大学、研究所等非营利团体在内的总研究费用达到了 189713 亿日元，占国内生产总值的 3.87%[①]。之后有小幅度下降，2018 年有所回升。日本历年研究费用占国内生产总值如表 4.1 所示。

表 4.1　研究费用与国内生产总值的变化

年份	研究费用（亿日元）	国内生产总值（亿日元）	研究费用占国内生产总值比例（%）
2005	178452	5053494	3.53
2006	184631	5091063	3.63
2007	189438	5130233	3.69
2008	188001	4895201	3.84
2009	172463	4739964	3.64
2010	171100	4805275	3.56
2011	173791	4741705	3.67

① 《平成 27 年科学技术研究调查》，日本总务省统计局，2015 年。

续表

年份	研究费用（亿日元）	国内生产总值（亿日元）	研究费用占国内生产总值比例（%）
2012	173246	4744037	3.65
2013	181336	4824304	3.76
2014	189713	4896234	3.87
2015	189400	5169320	3.56
2016	184300	5200810	3.42
2017	190500	5301120	3.48
2018	195300	5489044	3.56

资料来源：《平成27年科学技术研究调查》，日本总务省统计局，2015年。日本总务省统计局网站各年数据。

日本的研究费用投入持续保持稳定。虽然在2009年遭受国际金融危机的打击，研究费用伴随国内生产总值双降，但是之后呈现出逐步上扬的转好趋势。从研究费用占比的情况来看，始终保持相对稳定，并于2014年达到了历史上的最高位。日本的研究费用状况与其他国家进行横向的比较如表4.2所示。

表4.2 日本与其他国家的研究费用对比

国家	研究费用（亿美元）				研究费用占国内生产总值比例（%）			
	2010年	2011年	2012年	2013年	2010年	2011年	2012年	2013年
日本	1533	1617	1656	1742	3.56	3.67	3.65	3.76
韩国	522	584	645	689	3.47	3.74	4.03	4.15
中国	2130	2478	2931	3365	1.76	1.84	1.98	2.08
美国	4101	4287	4361	4570	2.74	2.76	2.70	2.73
德国	878	963	1007	1010	2.72	2.80	2.88	2.85
英国	381	391	389	399	1.69	1.69	1.63	1.63
法国	507	534	545	552	2.18	2.19	2.23	2.23
加拿大	250	254	251	246	1.84	1.78	1.71	1.62
俄罗斯	331	352	388	407	1.13	1.09	1.12	1.12
以色列	87	96	106	110	3.96	4.10	4.25	4.21

资料来源：《平成27年科学技术研究调查》，日本总务省统计局，2015年。

从总体结果来看，日本在与其他国家的比较中，在整体研究费用和占国内生产总值比例方面都保持在国际领先的位置。说明日本在科技研究投入方面仍然具有不容忽视的整体实力和领先水平。我们可以进一步聚焦日本企业及其他主体在其技术创新体系中所占据的位置，如表4.3所示。

表 4.3　日本各主体的研究费用变化

	年份	企业	大学	非营利团体
研究费用 （亿日元）	2005	127458	34074	16920
	2006	133274	33824	17533
	2007	138304	34237	16897
	2008	136345	34450	17206
	2009	119838	35498	17127
	2010	120100	34340	16659
	2011	122718	35405	15668
	2012	121705	35624	15917
	2013	126920	36997	17420
	2014	135864	36962	16888
	2015	136860	36440	16090
	2016	133180	36040	15100
	2017	137990	36420	16100
	2018	142320	36780	16160
占总值 比例（％）	2005	71.4	19.1	9.5
	2006	72.2	18.3	9.5
	2007	73.0	18.1	8.9
	2008	72.5	18.3	9.2
	2009	69.5	20.6	9.9
	2010	70.2	20.1	9.7
	2011	70.6	20.4	9.0
	2012	70.2	20.6	9.2
	2013	70.0	20.4	9.6
	2014	71.6	19.5	8.9
	2015	72.3	19.2	8.5
	2016	72.3	19.6	8.2
	2017	72.4	19.1	8.5
	2018	72.9	18.8	8.5

资料来源：《平成 27 年科学技术研究调查》，日本总务省统计局，2015 年。日本总务省统计局网站各年数据。

日本企业在研究费用的投入上牢牢占据着最大份额，并常年稳定在整体的 70% 左右。企业的研究费用占总值比重甚至超过其他主体的总和。虽然 2009 年的国际金融危机导致了日本企业研发费用投入的下滑，但近年来已经再次修复到高位水平，并呈现继续扩增的态势。可见，企业在日本的技术创新体系中确实扮演着最有效的主要角色。日本的技术创新动力绝大部分来自民间，从表 4.4 中可以更为清晰地看到这一点。

表 4.4 研究费用支出来源的变化

	年份	民间	公共团体	外国
研究费用 （亿日元）	2005	143974	33897	582
	2006	150667	33351	613
	2007	155779	33061	598
	2008	153879	33456	666
	2009	136825	34957	681
	2010	137320	33072	708
	2011	140696	32326	769
	2012	139457	33075	714
	2013	145082	35374	880
	2014	154036	34894	783
占总值 比例（%）	2005	80.7	19.0	0.3
	2006	81.6	18.1	0.3
	2007	82.2	17.5	0.3
	2008	81.9	17.8	0.4
	2009	79.3	20.3	0.4
	2010	80.3	19.3	0.4
	2011	81.0	18.6	0.4
	2012	80.5	19.1	0.4
	2013	80.0	19.5	0.5
	2014	81.2	18.4	0.4

资料来源：《平成 27 年科学技术研究调查》，日本总务省统计局，2015 年。

在研究费用的来源方面，来自民间支出占比平均达到八成以上，并常年稳定在这一水平。结合上述各种数据基本可以看出，日本的整个经济运作模式就是以培育企业为根本的民间主导型经济。致力于长期稳定地保持企业的自主经营。日本企业按规模划分的研究费用情况如表 4.5 所示。

表 4.5 按企业规模划分的研究费用比较

企业规模级别 （日元）	2013 年研究费用 （亿日元）	2014 年研究费用 （亿日元）	对比上年（%）	占总值比（%）
全产业	126920	135864	+7.0	100.0
100 亿以上	94090	97371	+3.5	71.7
10 亿~100 亿	21651	24466	+13.0	18.0
1 亿~10 亿	7687	8885	+15.6	6.5
1000 万~1 亿	3491	5141	+47.3	3.8

资料来源：《平成 27 年科学技术研究调查》，日本总务省统计局，2015 年。

2014 年，日本各个规模级别的企业在研究费用的投入方面相比 2013 年都得到了增加。其中企业资本在 100 亿日元以上的大型企业占据了总值的 70% 以上。另一个值得关注的现象是，资本在 1000 万~1 亿日元的微型企业，其研究费用投入对比 2013 年得到了接近 50% 的高速增长。显示出日本民间企业的技术创新活动已经扩展到更广泛的层次。

二、专利产出的变化

在专利申请方面，日本的专利申请量在世界上占有很大份额，其申请的专利主要集中在纳米科技、信息通信技术等领域。2010 年日本 PCT 专利申请数达到 32180 件，居世界第二位，占世界 PCT 专利申请总数的 19.6%，较 2009 年增长 8.0%[①]。2006 ~ 2018 年世界主要国家 PCT 专利申请情况如表 4.6 所示。

表 4.6　世界主要国家 PCT 专利申请情况

国家	2006 年（件）	2007 年（件）	2008 年（件）	2009 年（件）	2010 年（件）	2016 年（件）	2017 年（件）	2018 年（件）	占比（%）
美国	51280	54043	51638	45617	44890	59595	56624	56142	27.3
日本	27025	27743	28760	29802	32180	45239	48208	49702	19.6
德国	16736	17821	18855	16797	17558	18315	18982	19883	10.7
中国	3942	5455	6120	7900	12295	43168	48882	53345	7.5
韩国	5945	7064	7899	8035	9668	15560	15763	17014	5.9
法国	6256	6560	7072	7237	7288	8208	8012	7914	4.4
英国	5097	5542	5466	5044	4908	5496	5567	5641	3.0
荷兰	4553	4433	4363	4462	4078	4679	4431	4138	2.5

资料来源：World Intellectual Property Organization. PCT Yearly Review，2019。

2018 年，日本有 15 家科技企业进入世界 PCT 专利申请排名前 50 强。其中三菱电子以 PCT 专利申请量 2812 件而位居世界第一。从企业所在领域分布情况来看，日本申请 PCT 专利的科技企业大多集中在信息通信、电子计算机、制造等领域。2018 年日本 PCT 专利申请数量排名如表 4.7 所示。

表 4.7　日本 PCT 专利申请数量排名　　　　　　单位：件

世界排名	企业名称	2016 年	2017 年	2018 年
2	三菱电子公司	2053	2521	2812
12	松下公司	1189	1280	1465
16	夏普公司	1205	963	1132

---

① 资料来源：World Intellectual Property Organization. PCT Yearly Review，2010。

世界排名	企业名称	2016 年	2017 年	2018 年
19	电装公司	986	968	998
21	富士胶片	968	970	962
22	NEC 公司	1056	899	947
23	村田制作所	681	684	889
25	奥林巴斯公司	1077	934	750
27	日立公司	1047	923	714
33	日立汽车	396	503	582
37	本田汽车	267	323	504
38	索尼半导体公司	57	69	467
40	NTT	209	318	450
42	富士通	312	338	442
46	京瓷	427	377	413

资料来源：World Intellectual Property Organization. PCT Yearly Review，2019。

第三节 日本企业的角色和功能

一、日本企业的总体特点

强有力的民间企业是日本实现工业化与现代化的基础。在日本，企业尤其是大型企业是市场经济活动的主体。"二战"后，为了实现经济赶超的整体发展战略，日本企业形成了以内部成长为根本，极具自身特色的经营方式。例如，在治理结构中的法人相互持股、内部晋升者经营方针；在劳资关系上的终身雇佣制、年功序列制和企业内工会制；在企业与其他主体关系上的主银行制度和事业者团体；等等。日本企业普遍认为，为了追求技术创新和促进企业不断发展，必须依靠包括终身雇佣和年功序列在内的制度保障，形成企业内部稳定的人才资源积累和创新能力储备。其内部管理结构由股东大会、董事会及监事会等组成，公司所有权与经营权相互分离，股东和经营者能够同时对企业的运营产生较大的影响力度。

"二战"后，日本依靠美国扶助和经由美国技术引进的优势，通过军用技术转民用等方式，短期内积累了较为充足的技术基础。位于企业顶端的是公司的经营管理群体，其管理职能是由以社长为核心的常务董事会等上层管理人员负责履行的。从企业决策方式所占比例来看，社长自主裁断与参考董事会意见最终定夺的方式占到 78.5%，尊重多数常务董事会成员意见的决策方式达到 21.5%[①]。这种管理方式在企业中的普及使得企业能够较好地在市场化下实现资本的独立自主运作。在战后相当长的一段时间内，终身雇佣、年功序列和企业内工会制度的实施为日本企业的稳定经营提供了保证。这种企业内部稳健的决策和雇佣制度、企业之间广泛的合作关系、企业对市场开发的良性互动，为培养企业家的开拓精神、从业者的专注态度以及产品制造的精益求精提供了得天独厚的优势条件。

日本企业的经营理念是把最大限度地维护企业的生存和发展放在首要位置，而相对较少地考虑股东的利益。日本企业的融资结构以银行融资为主，银行主动向企业提供低息贷款，企业靠向银行借款来扩大生产规模。这使日本企业在战后相当长的一段时间内，企业的借款总额中所占份额最大的就是银行。银行财团得以代替潜在的资本市场提供长期信贷，这使银行成为了信用分析的独立部门。有学者认为，日本企业的这种主银行特色结构旨在限制竞争性资本市场对企业治理的控制能力[②]。能够大幅减少包括政府在内的制约企业的外部力量，使企业有空间做到自有资本的不断充实与技术能力的持续增强。另外，在主银行模式为日本企业提供金融支持的同时，部分日本企业还通过相互持股的方式来维持之间的共同依存关系。这也使得企业能够以此为基础实现企业间的广泛合作。日本企业以相互持股、长期稳定交易和系列承包制等办法，使大企业能够打通相互之间的壁垒而对市场实施全面性的开发、拓宽和占有。

在内部经营管理、外部企业联合、资金获取方式等各方面都有利于日本企业自主发展的条件下，日本企业的研发投资就具有了长期增长的动力。自 1989 年起，日本企业的研发投资比率就已经达到了世界最高水平，此后一直长期处于领先地位，连续 22 年居于世界首位。企业对技术研发的超高投入使日本有能力形成以民间企业为主导的技术创新体系。根据调查，2009 年日本拥有研发机构的企业共 14003 家，相关研发人员达到了 61.4 万人[③]。到 2014 年，日本拥有研发机构的企业增长至 15073 家，相关研发人员为 61.1 万人，但每人占用的平均研发费用从 2029 万日元上升到 2188 万日元。从 2014 年的状况来看，传统的制造业仍然牢固地居于研发经费投入的榜首位置，以 112615 亿日元占据着全产业的 86.5%。而在制造业内部占据研发经费比例最大的产业是输送用机械器具制造业和情报通信机械器具制造业，分别达到了 28447 亿日元和 16238 亿日元[④]。强大的研发能力和配套的政策辅助促使日本企业的科研人员和管理者走向了工程师、企业家、科学家三位一体的立体发展。也为日本能够在化学、生物、能源、材料等与高新产业相关的领域内不断涌现诺贝尔奖获得者奠定了基础。

二、大型企业的角色定位与技术创新

在实现工业化和经济赶超的过程中，日本被普遍认为采取了"大企业中心主义"

---

① 徐平：《从赶超到后赶超时代》，北京大学出版社，2012 年。
② 青木昌彦：《比较制度分析》，上海远东出版社，2001 年。
③ 《平成 22 年科学技术研究调查》，日本总务省统计局，2010 年。
④ 《平成 27 年科学技术研究调查》，日本总务省统计局，2015 年。

的复兴策略①。在日本，发达的制造业与高科技产业都隶属于某大型企业。大型企业不仅拥有更多的研发机构，也在研发经费投入上占据最大的比重。日本大型企业的技术创新活动主要集中在市场化的应用阶段，同时也非常看重技术开发与市场推销的相互结合。它们不仅是日本技术创新体系中最核心的主体，也是带动日本整个工业朝向高新技术产业发展的最重要力量。根据《福布斯》2015 年公布的全球企业排名，排名世界前 100 位的日本企业包括丰田汽车、三菱日联集团、日本电报电话公司（NTT）、软银集团、本田汽车、三井住友集团以及日产汽车。由于大型企业在资金、技术、信息获取等方面均具有极强的竞争优势，因此它们一般采取长期性的研发战略。强调促进企业整体的利益和销售额的最大化，拥有牢固地占据国内市场的能力。从企业文化角度来看，日本大型企业不仅仅具有原有资金技术积累的先天优势，更具有广泛的学习意愿和企业家冒险精神，热衷于进行探索性的新产品、新技术研发。根据《日本经济新闻》进行的企业研发活动调查，2010 年日本研发经费居于前 15 位的大型企业如表4.8 所示。

表 4.8　2010 年日本研发经费前 15 位的企业

排名	企业名称	研发经费（亿日元）	增长率（%）
1	丰田汽车公司	7600	4.78
2	松下公司	5500	15.33
3	本田公司	5000	7.91
4	索尼公司	4500	4.17
5	日产汽车	4300	11.56
6	日立制作所	3940	5.78
7	东芝公司	3300	2.10
8	佳能公司	3150	3.41
9	武田药品工业	3100	4.59
10	电装公司	2850	5.53
11	日本电报电话公司	2781	0.00
12	富士通公司	2350	4.49
13	第一三共公司	2100	6.71
14	日本电气	2000	−27.54
15	夏普公司	1800	8.10

资料来源：日本经济新闻，《日本世界有力企业番付》，2010 年。

从 1995 年日本政府出台"科学技术基本计划"以来，日本大型企业研发投资的重点领域部署在环境保护、信息通信、半导体、生物技术和新材料等高新技术领域。根据 2010 年日本文部科学省发布的《第 2 次全国技术创新调查报告》的数据来看，日本

---

① 松本厚治：《企业主义：日本经济力量的源泉》，企业管理出版社，1997 年。

进行创新活动的大型企业占到了所有大型企业的 60.6%，创新活动的成功率达到了 58.2%，在产品或服务上创出成果的企业比例为 31.4%。2019 年 8 月 23 日，日本科技学术政策研究所（NISTEP）发布《全国创新调查 2018 年调查统计报告》，从 2015 年至 2017 年这 3 年间，在 505917 公司中，38% 的企业（194197 家）开展了创新活动。按企业规模级别来看，规模越大，开展创新活动的企业率就越高，36% 小规模企业（147600 家），47% 中规模企业（36839 家），60% 大规模企业（9757 家）开展了创新活动。① 日本大型企业在创新目的上按照答案频率排序依次为：扩大营业收益、提高产品质量、充实产品品种、开发新市场、扩大国内市场、替换旧有产品。在回答"竞争对手要做到相同水准的创新，需要多长时间？"的问题时，有 38.2% 的大型企业认为需要 3 年，有 15.3% 的认为需要 3 年以上，而有 4.3% 的认为需要 5 年以上②。从中可以看出，日本有接近半数的大型企业具有较强的技术优势和自信。这也意味着要提高整个社会的技术水平，至少要有一半左右的企业进行技术上的求变革新。日本大型企业在运用创新成果保证收益时主要使用的方法是赶在竞争对手之前将新产品投放市场，而依靠专利法规保护只是第二位的策略。这也意味着对大型企业来说，市场的激烈竞争与充分的危机意识也是促进技术创新活动的重要驱动力。

从普遍情况来看，日本大型企业在技术创新的研发热潮中基本上形成了以本企业为中心的较为完善的四级研发体系。一般可分为中央研发机构、基础研发机构、技术本部机构以及海外研发机构③。中央研发机构主要负责能够快速应用的短期技术开发，基础研发机构则主要从事面向未来的长期研发活动。海外研发机构主要从事针对当地本土市场的研发活动，而技术本部机构则负责对企业现有技术和未来技术动向进行评估。各机构之间相互配合，以充分利用不同国家的人才、市场来提高技术创新的效率。这种健全的研发体系使得日本大型企业能够不断增强自身的技术实力，主动适应国内外技术环境从而适时地调整企业的经营战略。总体来看，日本大型企业长期以来都把重点放在那些可以直接商品化的成果应用研究，而较少地涉及基础研究。各大企业内部均拥有自主的研发机构，具有较强的自主技术能力，倾向于独立承担与自身产业相关的应用研究与开发研究。更加注重研发技术的知识产权，能够迅速地占有新技术和开拓新的研发领域。

在技术创新方面比较有代表性的大型企业如日立公司，日立公司现下已走向了集高速列车、大型核电站等高新技术产业于一身的制造业公司，传统业务只占公司总体业务的很小一部分。其海外研发机构遍布亚洲各个主要国家和主要城市，是率先在国际范围内建立研发机构的最早一批日本企业。其公司内部不仅成立有中央研究所、基础研究所，还有如研发总部、设计总部、知识产权总部和科技经营总部等共计 30 多个研究所。公司内有近万人从事研发工作。从 2004 年的统计数据来看，其研发经费达到了 3900 亿日元，占当年公司总营业额的 4.7%④。为了强化各研发部门之间的联动合作以实施整体的创新战略，

---

① 《2018 年全国技术创新调查报告》，日本文部科学省、科学技术·学术政策研究所，2019 年。
② 《第 2 次全国技术创新调查报告》，日本文部科学省，2010 年。
③ 王承云、杜德斌：《日本企业的 R&D 模式与科技创新研究》，《中国科技论坛》2007 年第 9 期。
④ 《2004 年研究开发及知识产权报告书》，日立公司，2005 年。

日立公司还在 2004 年引入了团队形式的研发制度。即各研发团队以同等条件承担研发经费，共同进行高新技术的应用与开发研究。将所得研发成果申请专利，作为日立公司的整体技术进行统一的管理使用。为了取得更高的研发效率，日立公司在各个研发机构内施行竞争机制，采取并列研发方式，使部门之间形成以合作为基础的竞争，达到研发资源的使用最大化。

三、中小型企业的角色定位与技术创新

日本中小型企业巨大的创新力量促使日本政府为这部分群体设立了专门的政策服务与资讯统计部门：日本经济产业省下属的中小企业厅。根据其 2016 年发布的《中小企业白皮书》，日本规模在 300 人以下的企业有 380.9 万家，从业人数达到了 3361 万人。而规模在 20 人以下的微小型企业有 325.2 万家，从业人数达到了 1127 万人。两者合计占有全部企业数量的 90% 以上①。在其 2014 年发布的版本中，中小企业厅将日本的众多中小型企业按照体量不同划分为地域需要志向型、广域需要志向型以及维持充实型和成长型。其中成长型又划分为家族从业型、雇佣从业型、组织化小规模法人、具有经理部门、具有经理和营业部门 5 个层次。其统计数据如图 4.1 所示。

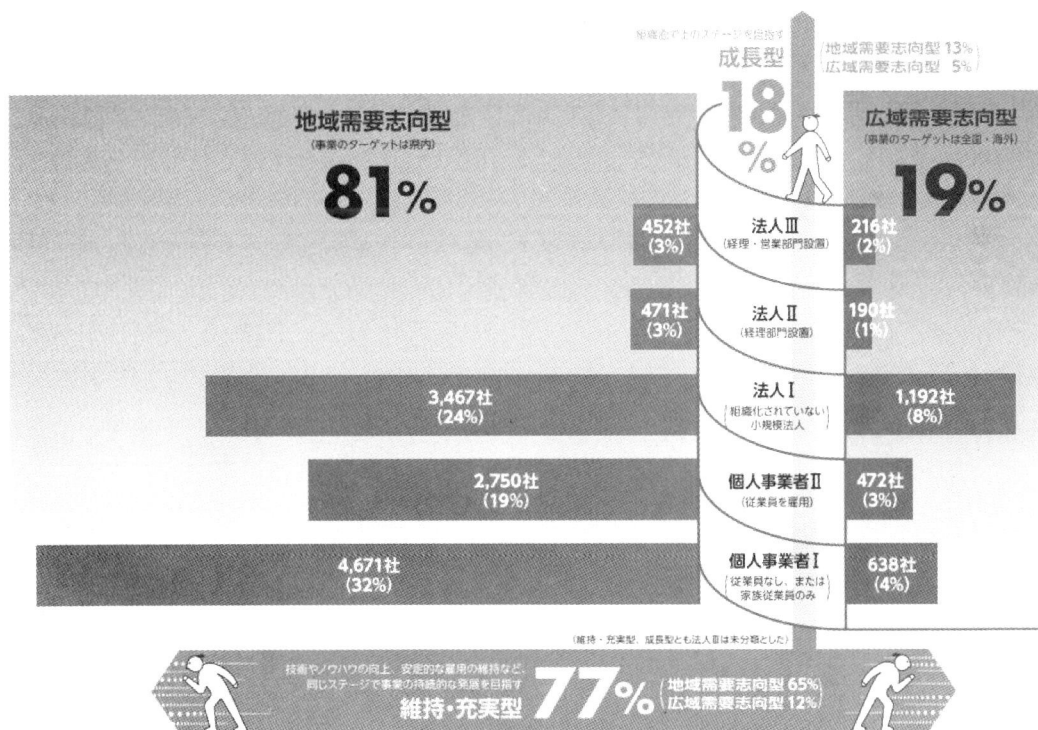

图 4.1 2014 年日本中小型企业划分统计

① 《中小企业白皮书》，日本中小企业厅，2016 年。

　　日本中小企业按照其角色定位亦可分为两种不同的模式。第一类是环绕在大型企业周围，为其提供各种加工服务的中小型企业。它们的特点是掌握关键的一技之长，具有小巧、灵活、专门化的普遍特点。这种中小型企业具有开发独特的专门技术的能力，通常以企业集群的形式相互联合。它们既能引进先进的专业技术，也能积极开发独立的产品。这样的中小型企业主要接受大型公司的委托订单，能够按照新技术、新工艺的要求完成大型企业的订货任务。这种各具特色、身怀绝技的中小型企业形成了日本独特的科技型中小型企业集群。在 2006 年的调查报告中，仅大田区（东京都 23 个区之一）的中小型企业就达到了 6000 家左右，而企业规模在 10 人以下的企业又在其中占据了 80%①。大田区的中小型企业以机械工业的高精尖加工而闻名，它们并不是从事大批量集中性生产的企业，而是以个性化、小批量生产为主，也从事创造性的试制生产。其生产技术集中在窄而精的专门产品，这种特色性经营模式不仅能够吸引大型企业的零部件委托加工，也能够在相互的竞争中创造出极具个性化的产品。

　　例如，大田区的新妻精械公司，长期从事精密金属零部件的加工，企业规模只维持在员工人数 30 人上下。从 2002 年左右开始，新妻精械将全部的人力物力与研发经费投入到液晶背投电视的超微细钻孔产品的开发与生产中，为的就是能够在最小的领域内形成最具特色的企业生命力。在 2005 年，该公司成功开发出特殊用途的超小金属微创技术，能够对金属形成比人类头发的直径还细近 10 倍的微创钻孔。在 2005 年日本精密仪器中心展览上，新妻精械成功凭借该技术吸引到大量来自大型企业的订单，并形成了自己公司的专利产品。以此为基础，从 2006 年开始，新妻精械的发展战略从接受大型企业订单转为生产独资开发的，具有高附加值的精微、精悍的自主产品。这就使该公司从激烈的市场竞争中获得了企业生存和正常运转的实力。类似新妻精械这样的公司所组成的高技术中小型企业集群，是日本围绕在大型企业周围的重要技术力量。在日本制造业生产世界一流产品的背后，在很大程度上是依靠这些优秀的中小型企业作为后盾与支撑。

　　日本另一类典型的中小型企业是那些分布在资本集约度低、劳动集约度高、产品需求种类多、生产模式变化大的行业，进行独立自主运作的私人企业。例如，纺织、食品、零售、金属制品等轻工业，这些行业产品种类多、订货量小，一般不具有大批量生产的规模经济，因此大型企业普遍不愿涉足其中。这就为广泛的中小型企业提供了生存空间，中小型企业所具有的灵活性与便捷性恰好适合在多变的市场环境下进行多品种、少批量的生产。随着日本工业发达程度的提高，市场需求逐渐朝更加精细化的方向发展，这种中小型企业的优势就越来越明显，适合它们发展的空间也就越来越大。根据统计数据，1996 ~ 2006 年，规模在 50 ~ 100 人的中小型企业平均从业人数增加了 13 人，增幅大于大型企业，其中有半数以上的中小型企业增加了从业人员②。独立运作的中小型企业最大的优势就是组织管理层次简单，内部容易沟通，经营者的决策效率高，因此能够灵活迅速地面对市场需求的变化。这种中小型企业在技术创新活动中的最明显特点就是更加倚重经营者的

---

①　《东京都大田区日本产业的近况与未来调查报告》，日本中小企业厅，2006 年。
②　刘湘丽：《日本的技术创新机制》，经济管理出版社，2011 年。

市场分析能力和统率能力。领导者的创意与决策对整个公司的运营状况有着至关重要的作用。

根据日本文部科学省的调查，独立的中小型企业在技术创新的经费投入力度上相比大型企业确实逊色。中型规模企业从事技术创新活动的比率为50%，而小型规模企业约为30%①。但根据中小企业厅在2009年发布的研究结论，它们认为日本许多中小型企业并不像大型企业那样拥有专门的、多样的研发部门，但经营者常常亲自动手，从选定研发方向到现场试制过程都持续地参与其中。因此，日本的中小型企业与大型企业相比具有更顽强的生命力，在技术创新活动中更加注重经营者的创意钻研、挑战精神、果敢决策与风险承受能力。在2014年中小企业厅发布的《中小企业白皮书》中，已经提出了"中小企业和微型企业决定着日本未来"的口号。政府应对中小型企业和微型企业在创业、承业乃至废业等各阶段予以充分的政策支持。在2016年发布的白皮书中，中小企业厅将日本中小型企业的现状总结为：收益普遍增加、人手出现短缺、在科技行业的占比激增以及开始向海外市场拓展。

作为中小型企业经营者发挥统率能力成功创新的典型事例如被中小企业厅在2009年予以报道的海鲜进口企业高达克。该企业员工规模65人，从事高级海鲜的进口业务。日本的高级海鲜销售周期基本在5～10年，若某高级海鲜的引进时间超过该年限，就会出现食客兴趣减少、销量降低的现象。为此，高达克的经营者每天都在境内外寻找新鲜的、优秀的高级海鲜食材。在公司内部，它们将几乎全部的研发费用都投入到对冷冻、解冻、运输仓储与温度管理的技术研发中，保证自己在运输食材方面达到世界一流水平。该公司就靠着经营者在全世界范围内搜寻新鲜食材，以公司的精湛冷解冻技术为保证，将从未见过的新产品不断引进国内。诞生出如在新喀里多尼亚养殖的天使龙虾这样的产品。高达克放弃了日本海鲜企业传统的追求单一食材品质上的精而又精，用全球范围内食材供给的新而又新来改换它，被中小企业厅赞赏为"食创新"。这说明日本的中小型企业确实更依赖经营者的统率能力、创意与决策，更注重对原有制造流程的革新，也更在意有待涉足的新兴市场和利基市场。

第四节　日本政府与企业的关系

一、政府的角色定位

日本在20世纪经历了40多年的经济持续增长后，在80年代后期开始进入通胀型的泡沫经济。石油危机、国际贸易摩擦、日元汇率动荡以及刺激性的经济政策使得日本社会

---

① 《第2次全国技术创新调查报告》，日本文部科学省，2010年。

遭遇了货币财富虚增、金融市场发展脱离实体经济的恶性结果。这促使日本政府认识到仅通过传统的宏观政策来和经济周期相抗衡已经无法真正解决问题。在过往赶超模式下，日本通过开放贸易、政策保护、技术引进和模仿实现了经济的高速发展。而随着与先发国家在技术差距上的缩小，可模仿学习的领域也渐次狭窄，后发优势随之减少。而大量的政策刺激带来的却是金融市场的膨胀、消费需求的萎缩以及实体经济的产业空心化。解决问题的关键在于如何依靠企业的不断创新来主动创造消费需求。在以赶超为目标的发展战略下，不可避免地需要政府以干预的方式打破社会经济发展的自然状态，在落后的经济基础上建构一个对实现赶超至关重要的工业体系。然而，在模仿与赶超的空间逐渐趋于饱和后，如何使经济增长动力逐步从后发优势转变为先发优势就成了关键的问题。为此，日本政府从90年代后期开始，将改革与施政的目标集中在如何培育自主的创新机制与文化氛围。

在赶超经济的大背景下，日本政府与企业之间无法彻底摆脱支配与依赖的关系，政府仍然过多地介入产业领域。为了使现代化的工业体系嵌入整个经济中，就不可避免地需要相对集中的管理体制。有学者认为，日本在经济高速成长过程中所形成的政府责任与大规模公共开支已经使日本政府在不知不觉中演变为一个超载政府，这就无法彻底激活来自民间的创造性①。因为市场挖掘的灵活性、价值选择的多元化与丰富的个人创意所需要的尊重，都无法以整齐划一的方式去统领。而集中的管理体制即使对中央经济是适应的，对地方经济也不可能完全适应。因为局部永远存在着大量的自然经济成分。为了达到经济增长动力的先发优势，就必须依靠实体企业的超前创造力。在这种时代背景下，再固守赶超模式下对传统制度供给"优越性"的执着，以实现赶超为标尺将政府规制和任何行为都加以合理化，就会从根本上丧失激发社会创造力的时机，从而使经济发展再度落后于世界先进水平。以此为契机，日本政府在20世纪末开始转变自身的角色定位，将施政的目标确立为如何真正营造创新驱动型、内需拉动型的经济社会。

1999年小渊惠三首相的施政方针认为："在价值多元与世界流动的整体趋势面前，过去有效的体制与决策现在已经变成了前进的枷锁……面对现时代，没有全体国民的观念更新和支援，什么事都做不成。"以1998年桥本内阁所颁布的《中央省厅等改革基本法案》为标志，日本政府确立了以追求精干的小政府为根本的改革方针，意识到政府内低效益部门的扩张只会遏制经济发展的创造力。以此为节点，日本政府再次大面积地对省厅进行整编改革。将部级机构由22个（一府十二省一委八厅）直接减至13个（一府十省一委一厅），精简幅度超过40%。日本政府主动与经济市场进行切割，转为根据企业的实际状况和需要来制定技术创新战略、计划和相关法规政策。充分尊重市场的自我组织，充分肯定市场对社会资源实行的配置，减少政策规划的僵硬性。政府谋求通过制度上的变革提高企业技术创新的积极性，减少行政资源的垄断。帮助维护日本企业实现技术创新的资源和条件。主动组织协调产业界与科技领域的互动，推动官产研合作。培养创造性人才，推进提高全国的技术开发能力。

---

① 小岛明：《日本的选择》，东方出版社，2010年。

二、科技、产业政策的实施体制

1. 科学技术基本计划

"科学技术基本计划"是日本中长期战略规划中最重要的一项。它脱胎自 1995 年出台的第一部有关科学技术的根本大法《科学技术基本法》。该法案明确了日本要告别模仿与改良的时代，将科技政策的重点放在开发有独创性的科学技术上，被视为日本走向科学技术创新立国的标志。"科学技术基本计划"即以《科学技术基本法》为基础，为真正实现科学技术创新立国而实行的行动计划。"科学技术基本计划"的主旨围绕鼓励创造，发展科学，增加科技投入，强化人才培养和加强独创性的研究，以 5 年为一阶段，至 2015 年已经实施了四期基本计划。第一期基本计划（1996～2000 年）旨在勾勒一个以科技创造力为基础的经济社会，为科技发展制定全面系统的政策。第二期基本计划（2001～2005 年）的主要目标是围绕科技创新立国的宗旨，将日本发展成依靠知识创造和技术运用为世界做出贡献的国家。主要实施了扩大科技经费投入的政策，5 年间的科技预算为 24 万亿日元，比一期多出 7 亿日元。明确了生物技术、信息技术、环境技术与纳米材料技术四个重点领域。第三期基本计划（2006～2010 年）以"为社会与国民提供支持的科技，将成果还原于社会和国民"为出发点，对国家的科技政策与发展目标进行了定位与规划，该期计划也被认为是日本政府指导科技发展的基本蓝图。它提出了三大理念、六大目标与十二个小目标，其中包括将创新作为立国之本的"创新者日本"的政策目标，要求日本应当具有不断创新的强大经济和产业。政策期间政府的研发投资总额要达到 25 万亿日元。第四期基本计划（2011～2015 年）提出了建设环境、能源和健康大国的目标。以绿色技术创新和生命科学技术创新为两大重点，推进日本科学技术与创新政策的综合振兴。要求重视科技人才的作用，实现立足社会需求的技术创新。在文部科学省发布的《2016 年科学技术白皮书》中，描述了第五期基本计划的政策重点。认定日本当下正处于世界先导的"大变革时代"，万众创新行为难以再具有明显的规律性，因此要强化对非连续性创新行为的理解认识。要率先实现能够不断创造和不断发现新价值与新服务的"超智能型社会"，并提出了被称为 Society5.0 的创新型社会强力推进计划。

2. 综合科学技术创新会议

综合科学技术会议诞生于 2001 年日本政府所实施的省厅精简和机构裁撤举措，是作为辅佐首相的重要政策会议而设立的。综合科学技术会议在规模、职能和权威程度上均远超其前身"科学技术会议"，是位于当前日本科技政策形成系统顶端的指挥塔。综合科学技术会议的形成旨在打破政府各部门之间的行政壁垒，对科技政策的计划、立案、实施等过程建立一个综合性的控制机制。综合科学技术会议因此成为日本当前科技政策的最高决策机构，其职责是"俯瞰科学技术整体，设定综合、基本政策，实施综合协调"。由内阁总理大臣担任议长。其以宏观科技政策为工作重点，负责出台科技发展的大政方针，决定国家重大研究领域。地位高于各省厅，可以对各省厅进行领导和协调。各职能部门受综合科学技术会议的直接指挥，负责制定具体的科学技术与产业技术政策。

从 2014 年起，综合科学技术会议改组为综合科学技术创新会议。在日本政府发布的

《科学技术创新综合战略 2014》草案中明确指出：综合科学技术创新会议作为司令部，需在权限和预算方面发挥迄今为止最强的推动作用。需及时实施前瞻性、机动性和跨部门的引导政策。需最大限度地与相关领导部门和科技创新相关组织加强合作。消除部门条块分割，加强官产学研合作，推动基础研究向产业化方向转化。为了进一步加强综合科学技术创新会议的司令部职能，2014 年内阁府为综合科学技术创新会议新设了"战略创新创造计划"（SIP）和"颠覆性技术创新计划"（ImPACT）。前者旨在以能源、基础设施、地域资源、健康医疗 4 个领域为对象，推进开放式的创新，完善创新环境。后者为促进能够给社会带来变革的颠覆性创新，支持具有挑战性、高风险性，可以对未来经济增长和社会发展带来根本性转变的研究项目。根据 2016 年文部科学省发布的科学技术白皮书，当下综合科学技术创新会议重点关注的问题是：大变革时代背景下未来产业创造与社会变革的挑战；地方性创新何以有助于科学技术革新的推进；创新的连锁反应所需要的环境条件；社会经济问题解决的途径。

3. 科学技术创新综合战略

"科学技术创新综合战略"是基于 2013 年 6 月内阁会议决定的科技创新推进政策展开的具体结果。它于 2014 年开始实施，是综合科学技术会议改组为综合科学技术创新会议之后出台的最重要的宏观政策。"科学技术创新综合战略"由日本内阁会议直接制定，负责跟踪、描绘科学技术创新的总体形象，提供创新活动在中长期的趋势与短期的行动计划。在"科学技术创新综合战略"正式登台后，日本的技术创新政策体系基本形成了以综合科学技术创新会议为指挥中心、以"科学技术创新综合战略"为创造制度环境、以"科学技术基本计划"为实施手段的三位一体的成熟模式。三者具备统揽全局和横向串联的功能，可以一体化推进技术的创新发展。其施政目标可以总结为：摆脱对固有模式的依赖，迎接创造新价值的挑战，推动持续创新，营造最适宜创新的社会环境。

在 2014 年公布的《科学技术创新综合战略 2014》中，提出了以"综合科学技术创新会议"为司令塔和平台，将日本打造成"全球领先的创新中心和最适宜创新的国家"的战略目标。其中重点推进信息通信技术、纳米技术和环境技术三大跨领域技术的联协发展，打造使国民能够切实感受到富足、安全和放心的社会。在 2015 年公布的《科学技术创新综合战略 2015》中，重点制定了"推动连锁创新的社会环境准备"和"解决经济、社会课题的重要举措"两项内容。前者主要提及了青年与女性挑战机遇的扩大；中小/中坚/创业公司挑战机遇的扩大；学术研究与研究机构的功能强化。后者主要提及了大数据库培育新产业；自动运行交通技术；快速提供高附加值产品与服务的社会特点。在 2016 年公布的《科学技术创新综合战略 2016》中，将日本当下的科技发展目标明确为：全力实现超智能型社会（Society5.0）；进一步加强对年轻研究人员的培养；促进女性人才活跃度；推进大学研究经费改革；构建创新人才、知识、资金的良性循环系统。

4. 中小企业技术革新制度

从 1998 年开始实施的"中小企业技术革新制度"（SBIR）是日本援助中小型企业技术创新的专门政策。由现在的经济产业省下属的中小企业厅负责实施。其具体内容主要是动用国家科学研究经费，以补助金的形式援助中小型企业进行可行性研究、开发研究和事业化研究。其政策宗旨在于不再将中小型企业视为单纯受保护的对象，而注重激发它们技术创新的功能。政策实施的方法是：中小企业厅每年提供可由企业主动申请的研究调查项目、可行性研究项目和研究开发项目，制定中小型企业研究开发补助金及开发委托费的目标额度，把这些资金以企业申请并资格审核的方式提供给有技术开发能力的中小型企业。做到令中小型企业在创意萌发阶段就能得到来自政府的支持，减轻中小型企业创新失败的风险，加快新技术转化为商品的周期。同时，中小企业厅还相应地提高了中小型企业信用保证协会的债务担保额度，为中小型企业专设不需要担保和第三者保证人的特别债务担保制度。中小企业厅还对中小型企业在创业时进行统计，并对它们在经营结束后进行信息和原因方面的分析总结。日本的中小型企业在创业时的支援策略如图 4.2 所示。

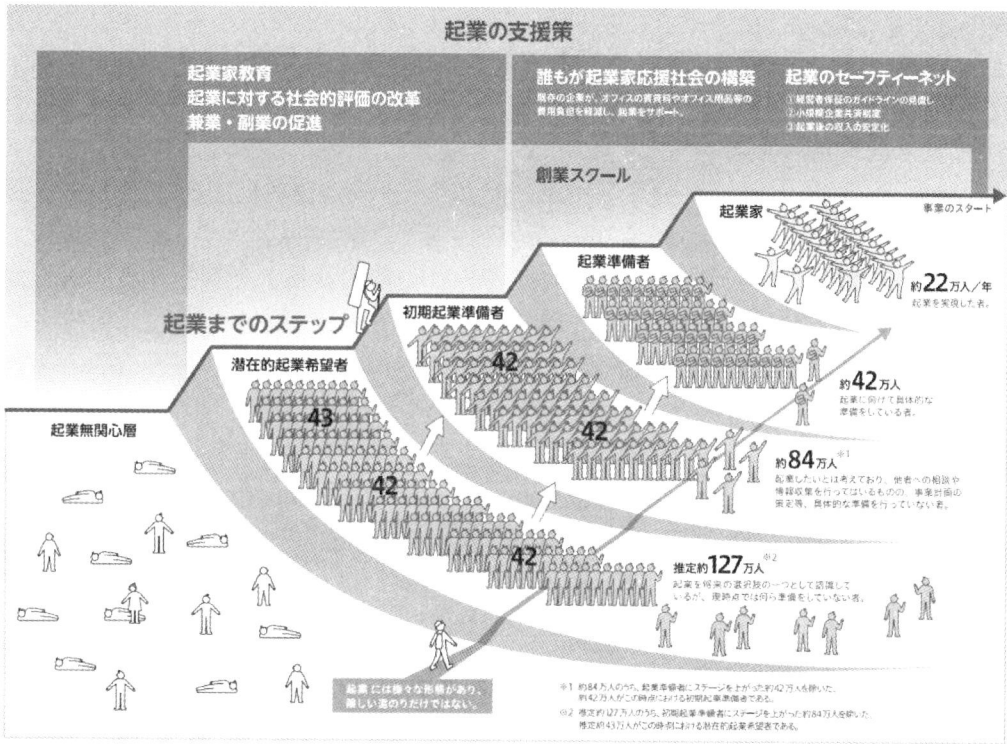

图 4.2　日本中小型企业在创业时的支援策略

日本中小企业厅 2014 年发布的《中小企业白皮书》显示，日本中小型企业在废业时的主要原因依次为：经营者的高龄化和健康问题，占受调查比重的 48.3%；对事业的前景感到不安，占比 12.5%；和主要销售单位的合作结束，占比 7.8%；经营者的家庭内部问题，占比 4.9%；事业经营的情况恶化，占比 4.4%；对后继者经营能力没有信心，占比 4.2%；其他原因，占比 18.0%[①]。日本中小型企业休废业、解散、倒闭数量变化如图 4.3 所示。

---

① 《中小企业白皮书》，日本中小企业厅，2014 年。

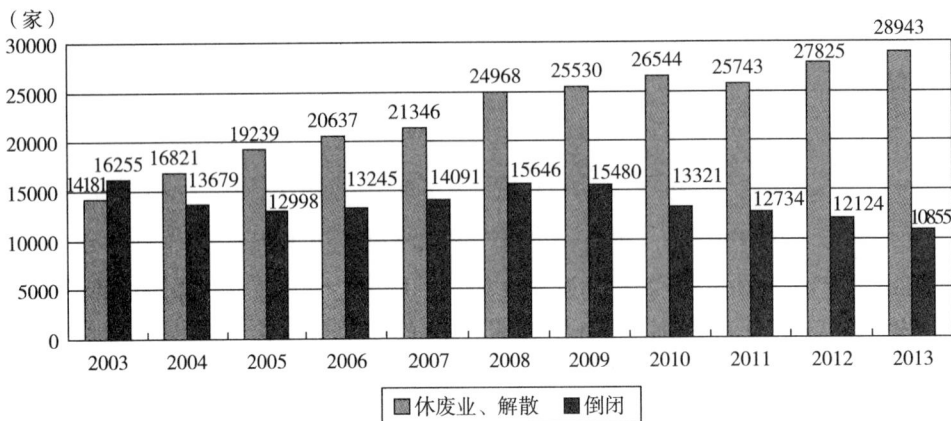

图4.3 日本中小型企业休废业、解散、倒闭数量变化

5. 技术战略图

日本一个重要的技术创新政策是2005年由日本经济产业省推动的以技术战略图的方式表现企业技术创新活动的国家战略。它由经济产业省下属的产业技术环境局负责，至2008年已在29个领域形成了5个战略图。以新能源产业技术为例，技术战略路线图的制定过程可简述如下：首先，在新能源和产业技术开发组织（NEDO）等机构中设置任务组，后者负责对技术路线图进行研究探讨，完成各领域的基本技术图和路线图。其次，由大学、企业（器械、材料、设备、制造等）、经济产业省（包括各领域所属的部局及产业技术环境局）、新能源和产业技术开发组织、产业技术综合研究所等共同参与讨论研究，制定关于该领域技术战略路线图的整体方针。最后，产业结构审议会产业技术分会的研发委员会对技术战略路线图进行最终审议，提出关于技术战略路线图整体方针的建议。技术战略图政策的实施旨在完善产业技术政策的研发管理办法，汇集产学官的知识能力，把握主要产业技术领域的技术动向和市场方向。

6. 其他重要的科技、产业政策

"中坚·中小企业等创新创出支援计划"（飞跃 Next Enterprise）是2014年由日本经济产业省下属经济产业政策局主导实施的连通日本企业与世界的桥梁项目。主要在日本国内挑选具有技术力量和优秀事业理念的中坚型中小企业，将其派遣至以硅谷为首的世界创新据点进行人才、创意、资源方面的沟通。一期选拔参与企业达到55个。

由日本总务省、文部科学省、经济产业省、日本经济团体联合会、日本学术会议联合举办的产学官合作推进会议至今已召开7次。日本国家级的科技创新战略还包括2007年《长期战略指针创新2025》，提出以2025年为目标，推进日本成为世界创新范本。日本中央政府还曾推动实施过知识集群计划，主要吸收大型企业参加国家科研项目。例如，为推进大学、企业间的技术转移从2002年起实行的"知识集群创成事业"等。

三、科研资助机构

日本科研资助的绝大多数项目针对高校和研究机构的科学家与工程师，但部门项目也会面向博士后人才和企业研究人员。日本对企业进行直接资助的机构，包括：日本科学技术振兴机构：致力于推进企业应用研究的全面开发与技术转移，支持科技情报流通等工作；日本学术振兴会：是文部科学省科研补助金项目"Kakenhib"的执行机构，主要任务是资助萌芽研究领域和青年科学家；新能源产业技术综合开发机构：致力于资助日本国内工业技术、能源与环境等领域的基础科学研究，帮助科研人员实现技术成果转化，并负责项目规划、管理与项目后期评价工作。

第五节　日本企业与其他创新主体的关系

一、大学与教育体制

大学是日本技术创新体系中发挥重要作用的主体之一。日本大学在研发活动性质上是基础研究的主要承担者，其特点是附设跨学科、跨领域，与产业发展联动的研究所。日本大学普遍具有自主的管理体制，行使独立法人的权力。在学术上自治，实行灵活的流动性科研组织。从总务省统计局公布的数据来看，2014年日本大学研究经费总投入为36962亿日元。其中，国立与公立大学研究费用17670亿日元，占比47.8%；私立大学研究费用19291亿日元，占比52.2%[1]。根据文部科学省2010年的调查，东京大学、京都大学、大阪大学和东北大学在科研经费投入方面遥遥领先于其他大学，总额在国立大学科研经费中占比超过45%。而私立大学中排名靠前的是庆应义塾大学和早稻田大学[2]。2010年日本科研经费位居前15位的大学如表4.9所示。

表4.9　日本大学研究经费投入情况　　　　　　　　　单位：亿日元

排名	大学	直接经费	间接经费	总经费
1	东京大学	177.76	49.28	227.04
2	京都大学	106.57	28.34	134.91
3	大阪大学	85.67	22.98	108.65
4	东北大学	81.04	22.31	103.35
5	名古屋大学	49.34	12.87	62.21
6	九州大学	48.01	13.31	61.32
7	北海道大学	46.72	12.59	59.31
8	东京工业大学	39.43	10.58	50.01

---

[1] 《平成27年科学技术研究调查》，日本总务省统计局，2015年。

[2] 《科学研究费辅助金的分配情况调查报告》，日本文部科学省，2010年。

续表

排名	大学	直接经费	间接经费	总经费
9	筑波大学	25.57	6.90	32.47
10	庆应义塾大学	23.72	6.76	30.48
11	神户大学	19.67	5.54	25.21
12	广岛大学	19.00	5.39	24.39
13	早稻田大学	17.42	4.90	22.32
14	岗山大学	16.84	4.87	21.71
15	千叶大学	14.69	4.03	18.72

资料来源：《科学研究费辅助金的分配情况》，日本文部科学省，2010 年。

日本政府曾出台一系列促进大学和企业建立面向商业应用的服务政策。例如，1998 年颁布的旨在促进大学的科研成果向企业转移的《大学技术转移促进法》。2004 年成立的日本大学技术转移协会，在大学内建立合作研究中心、技术转让机构和企业孵化中心，以保证大学的技术成果通过正常渠道转移到产业界。从日本产学联合的发展动态来看，大学孵化企业被认为取得了可观的成绩。大学孵化企业是从 2002 年日本"平沼计划"所提出的"三年创办 1000 家大学孵化企业计划"开始实施的。这是大学中的教授或研究人员拿出大学中公共研究所的研究成果作为种子技术而创办中小型高新技术企业的措施，也包括将大学研究成果通过技术转移进行创业。大学孵化企业往往能够掌握普通企业所不具备的行业高新技术，也容易吸引到来自成功的大型企业以参股形式的注资。截至 2011 年，日本大学已累计孵化出 2143 家企业，虽然增速放缓，但 2011 年仍有 69 家新孵化的企业。而已经建成的企业则开始稳健地释放自己的经济影响。据统计，2008 年累计创办的大学企业产生了 2659 亿日元的直接效益，已为 1.7 万人提供了就业机会①。

日本如何培养专业化的技术人才，为技术发展提供人力资源保障是值得关注的重点问题。2004 年，日本借鉴德国双元教育模式的经验建立了职业技能培训制度。由职业学校、职业培训机构等制订培训计划，实施理论教育并组织学员到企业实习。在制度执行过程中，虽然就业率有所提高，但由于企业在制定培训内容、雇用技术人才方面处于被动，总体参与积极性不高。日本厚生劳动省及时总结经验教训，认为要实施"日本版的双元制"，就要让职业成为主导。以此为基础，2006 年厚生劳动省推出了"实践型人才培养制度"。这是以雇佣关系为核心，通过企业的实践学习和培训机构的理论学习，生产职业技术人才的培养制度。其运作方式为：企业向厚生劳动省提交包括培训计划在内的申请资料，从各职业学校和培训机构招募培训生，与其签订有期限的雇用合同和培训合同。培训生以在企业参加现场性的实习为主，以参加教育机构的

① 安宇宏、李彬、郑成功：《近年来日本产学联盟多元化发展及启示》，《东北大学学报（社会科学版）》2013 年第 11 期。

理论学习为辅。企业需按照《劳动基本法》、《最低工资法》等法规向培训生支付工资。培训结束后，企业可与达到要求的培训生签订正式雇用合同。同时，政府也通过职业生涯形成促进助成金和《中小企业劳动力确保法》，向参与实践型人才培养制度的大中小企业提供资金补助，并出面承担或减少部分培训生的培训费用。因此，日本的"实践型人才培养制度"实际是企业主导下的政府、公司、学校联合培养模式。

二、研究所与研究机构

日本的公共研究机构包括国立、公立和民间非营利研究机构及独立行政法人机构。它们的主要目标是研发新的具有较强公有性质的技术资源。通过"科学技术基本计划"的实施，日本明确了公共研究机构的职能。要求各个机构以实现政策目标为使命，开展先导研究。加强与大学及企业的合作，极力挖掘创新潜能，最大限度地将研究成果高效地回馈社会。独立行政法人制度的宗旨就是要尽可能地减少国家对研究机构的控制，达到各单位独立自治，政府负责评价其表现，并将评价结果反馈于后续资助管理的模式。日本公共研究机构独立行政法人制度监管的基本流程包括：主管部长向研究机构提出 3～5 年的中期目标，研究机构据此制定各自的中期规划，提交主管部长批准。同时，各机构每年按照中期目标制订年度计划，根据计划开展工作。当每个工作年度和中期目标结束时，第三方评价委员会将对研究机构的表现进行评价，主管部长将依据评价结果采取相应的后续管理措施。日本主要的独立行政法人研究机构包括文部科学省属下国家材料科学研究所、理化学研究所；经济产业省属下产业技术综合研究所；总务省属下国家信息通信技术研究机构；日本环境部属下国立环境研究所等（见表 4.10）。

表 4.10　日本主要的独立行政法人研究机构

机构名称	简称	机构名称	简称
冲绳科学技术研究基础整备机构	OIST	农业与食品产业技术综合研究所	NARO
国家信息通信技术研究机构	NICT	农业生物资源研究所	NIAS
酒类综合研究所	NRIB	农业环境技术研究所	NIAES
放射线医学综合研究所	NIRS	国际农林水产产业研究中心	JIRCAS
防灾科学技术研究所	NIED	森林综合研究所	FFPRI
国家材料科学研究所	NIMS	水产综合研究中心	FRA
理化学研究所	RIKEN	产业技术综合研究所	AIST
日本海洋研究开发机构	JAMSTEC	石油天然气与金属矿物资源机构	JOGMEC
日本宇宙航空研究开发机构	JAXA	土木研究所	PWRI
国家科学博物馆	NMNS	建筑研究所	BRI
日本原子能研究开发机构	JAEA	交通安全环境研究所	NTSEL
国家健康与营养研究所	NIHN	海上技术安全研究所	NMRI
劳动安全卫士综合研究所	JNIOSH	港湾机场技术研究所	PARI
医药基础研究所	NIBION	电子导航研究所	ENRI
国立环境研究所	NIES		

下面以产业技术综合研究所（AIST）为例，说明日本研究机构与企业的互动与合作。AIST 成立于 2001 年，由当时的通产省下属 15 个国立研究所合并组建而成，战略研究重点集中在环境、能源与生命科学技术领域。为了能够与产业界加深沟通，AIST 拥有与企业合作的专门制度。第一，与企业共同展开资金提供型研究。即研究经费主要由企业提供的委托性研究，截至 2008 年已开展 730 项①。第二，研究设备提供型研究。即企业以提供设备支持的形式参与共同研究。第三，人才移籍型合作研究。即企业的研究人员可以暂时将关系转入 AIST 内，与所内人员共同开展研究。为促进研究成果向产业界的转化，AIST 还拥有经日本政府许可的技术转让机构 AIST 创新中心及其辅助部门知识产权部，专门负责 AIST 的技术成果推广。AIST 授予创新中心专利的独占实施权，然后再由创新中心以技术转让合同、专利实施许可合同、共同研发、委托研发等方式将高新技术出售给有意购买的相关企业进行商业化应用。为了支持得到专利的企业顺利开发，AIST 还特别设置了衍生企业辅助机构，为合作企业开展相关业务设立便捷通道。例如，衍生公司使用 AIST 设施、设备、技术时都可以得到价格优惠，并在技术咨询、管理经营、法律事务等各方面得到来自 AIST 的协助。与 AIST 合作的公司被分为成果活用型和成果创出型。前者主要对研究所的技术成果进行商业化推广，后者则指那些与研究所共同研发的企业。

除直接投入具体产业领域进行技术研发的研究机构外，日本还拥有专门负责关联科技政策与产业界的研究机构。例如，科学技术·学术政策研究所（NISTEP）。该研究所的前身可追溯至 1988 年由日本资源调查所改组成立的科学技术政策研究所。在 2001 年文部省与科学技术厅合并后，该研究所成为了文部科学省的附属研究机构，并于 2013 年改组为科学技术·学术政策研究所。NISTEP 已经成为了日本科学技术政策制定过程中主要的情报部门，并与行政部门合作参与决策过程。NISTEP 在 2016 年的预算约为 8 亿日元，定员 46 名。NISTEP 主要承担以下三个职责：挖掘未来可能产生的政策研究课题，自主地对技术创新活动进行调查研究；承担由行政部门所要求的具有强时效性、机动性的科技产业调查研究；与其他的研究机构展开合作活动，为政府与企业提供必要的数据情报与研究结果方面的支持。NISTEP 每年都承担对日本民间企业的调查活动，并负责出具《民间企业研究活动调查报告》，以问卷的方式掌握日本民间企业的投资流向、财务及雇佣状况、研发活动的动态、政府支援的利用效果以及大型企业与中小型企业之间联协的进展等。

第六节　日本技术创新体系的特点分析

日本的现代化过程是典型的后发国家接受外来输入的追赶过程。它在宏观上经历了从落后到赶超再到当下的意图引领的阶段，并在局部上经历了从产业立国到技术立国

---

① 《日本科技创新态势分析报告》，科学出版社，2014 年。

再到当下的科技创新立国的进程。总体看，日本的技术创新体系以制造技术的应用研究为核心，官产学研进行全面协作。其最显著的特点就是以民间企业为根本，以大学和公共研究机构为辅助的命运共生系统。它以广泛追求企业技术创新和自主经营为原则，以政府协助企业营造良好的创新环境为辅助手段，并推进大学与研究机构等其他主体广泛参与，形成举国协调的模式。日本以企业为主体的技术创新体系如图 4.4 所示。

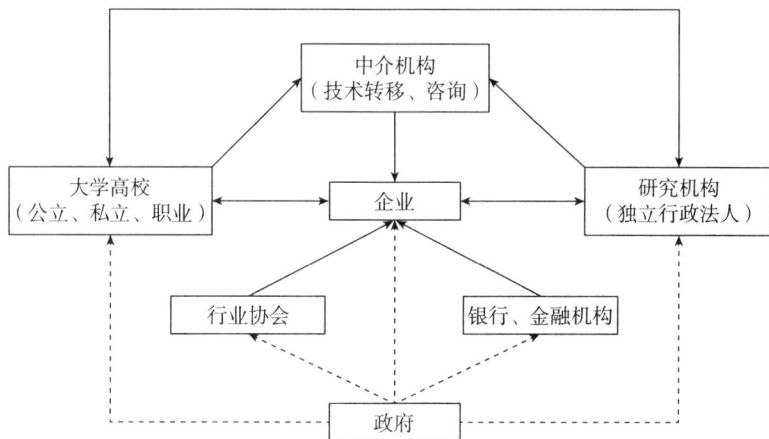

图 4.4 日本以企业为主体的技术创新体系示意图

日本技术创新政策的形成机制如图 4.5 所示。

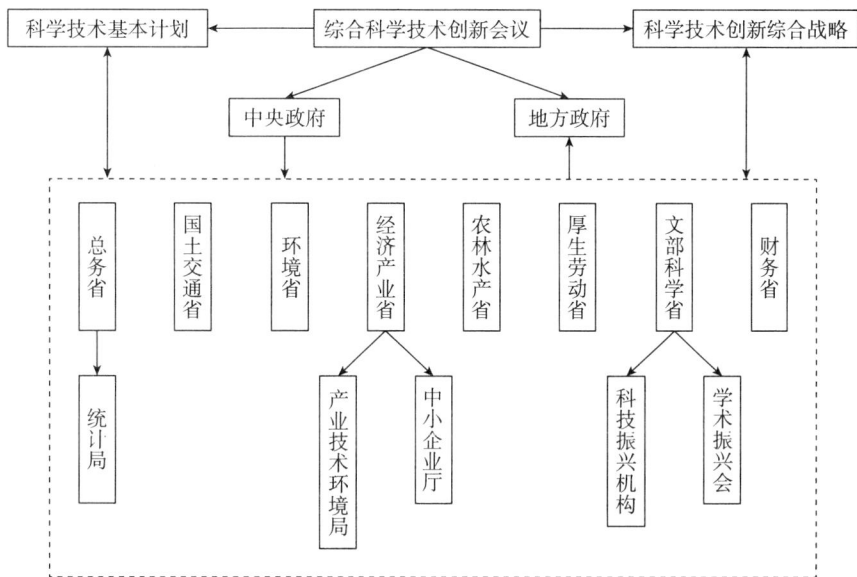

图 4.5 日本技术创新政策的形成机制

日本的技术创新体系可以概括出如下几个突出特点：

（1）大型企业是技术创新体系中最重要的主体。日本的大型企业无论是在研发人员的数量上，还是在研发费用的投入上，都占据着最大比重。2010年日本研发经费居前五位的企业是丰田汽车、松下公司、本田公司、索尼公司、日产汽车。日本大型企业重视内部的稳定运作，保持终身雇佣、年功序列等稳健的人事制度。领导者往往集企业家、发明家、工程师于一身，热衷于进行探索性的新技术研发，具有广泛的学习意愿与冒险精神。根据文部科学省《第2次全国技术创新调查报告》的数据，日本进行创新活动的大型企业占到60.6%，创新活动的成功率达到58.2%，在产品或服务上创出成果的企业比例为31.4%。

（2）中小型企业具有巨大的创新动力。根据2016年的《中小企业白皮书》显示，日本规模在300人以下的小型企业有380.9万家，规模在20人以下的微型企业有325.2万家，占全部企业数量的90%以上。可分为环绕在大型企业周围，掌握关键高新技术，为大型企业提供加工服务的企业集群；以及分布在产品需求种类多、生产模式差异大的行业，进行自主运作的私人企业。前者主要为大型企业提供支持，具有高精尖、专门化的特点。后者则在市场需求逐渐精细化的今天，通过将现有技术融入来自企业的独特创意从而诞生出吸引人的新产品。

（3）形成了各自独立又相互融通的官产研合作系统。其中政府通过综合科学技术创新会议、"科学技术基本计划"和"科学技术创新综合战略"，设定前瞻性政策，实施综合性协调，而又不介入技术创新活动的内部。政府帮助企业获取技术创新的资源和条件，推进技术创新信息在各主体之间的传播。同时各个大学与研究机构作为独立法人，能够自主地制定技术研发和成果转移的目标，开展先导研究。

（4）积极支持技术转移。日本具有成熟的技术转移政策、计划和机构，1957年在科学技术厅设立的科技情报中心是日本技术转移的中枢机构。自1996年开始，日本先后颁布了《科学技术振兴事业团法》、《大学技术转移促进法》，以帮助大学和研究机构将技术成果向企业转移。前者催生了科学技术振兴事业团的诞生，面向全国企业、大学、研究机构开展科技信息流通和技术转移等业务；后者则支持大学成立科技中介机构、允许大学教师技术入股或投资等。

（5）比较完善的技术创新服务体系。日本的银行系统具有丰富的咨询经验和产业经验，能够为政府部门和企业集团提供决策、技术、工程和管理等咨询服务。日本拥有一些由政府指定的特殊法人承担政府的委托，为中小型企业提供事业支援，如全日本能率联合会、中小企业诊断会等。日本还具有一些民间的科技中介服务机构，主要是一些从大学中分离出来的机构，针对各自熟悉的科技领域提供多层次的服务，如NTT经营研究所、木村经营所等。

第五章
韩国技术创新体系的演变、现状和特点

韩国国土面积狭小、自然资源贫乏、人口规模较小。在 20 世纪 50 年代，韩国还处于世界上最贫穷的国家之列，科技几乎一片空白。自 20 世纪 60 年代，在经济、文化、科技等多方面取得了巨大的成功，成为"亚洲四小龙"之一，被称为"汉江奇迹"。进入 21 世纪后，按照国民生产总值、贸易额及出口等因素为基础进行综合分析，韩国位列世界第十三经济体，是经济合作与发展组织（OECD）和 20 国集团的成员国。韩国的汽车、电子、信息通信、造船、钢铁等主导产业在全球也占有重要的地位，在机器人研制和应用、互联网、宽带、移动通信等科技领域处于世界领先水平。韩国 2014 年的基本数据如表 5.1 所示。

表 5.1　韩国基本数据（2014 年）

土地和人口			
人口（万人）	5040	人口密度（平方公里）	502.9 (34.9)
<15（%）	14.3 (18.1)	预期寿命（年，2013 年）	81.8 (80.4)
>65（%）	12.7 (16.0)	男	78.5 (77.8)
国外出生率（%，2013 年）	2.0	女	85.1 (83.0)
近 5 年平均增长率（%）	0.5		
经济			
GDP		部门贡献率（%）	
当前价值（百万美元）	1411	第一产业	2.3 (2.5)
当前价值（百万韩元）	1486079	工业和建筑业	38.2 (26.4)
近 5 年平均增长率（%）	2.96 (1.7)	服务业	59.5 (71.1)

注：括号中数据为 OECD 平均值。

第一节　韩国经济和科技发展的演化

20 世纪 60 年代后，韩国技术创新体系可以划分为三个演化阶段。

一、20 世纪六七十年代

经济发展战略：为工业化打基础。70 年代经济发展目标是发展钢铁、有色金属、造船、电子、机械、石油化学等重化工业，并逐步将其发展为国民经济的支柱产业。

科技战略目标：针对科技基础薄弱、缺乏自主开发能力的现实，其科技战略目标是促进科技发展的基本法律，加强科技教育，建立科技基础结构，促进国外技术的引进。

重要举措：制订了系统的"科学技术振兴计划"，建立科学技术行政机构和相关制度等，确立以引进技术为主的科技工作路线。1966 年建立韩国科学技术研究院（KIST），作为产业技术综合发展中心，标志着韩国创新体系初步形成。1967 年，建立科学技术部，主管全国科技发展的统筹和协调，先后颁布《科学技术促进法》、《科学家教育法》、《技术开发促进法》、《技术评估法》等。70 年代，出台《专门研究机构促进法》，在机械、船舶、海洋科学、电子、电信、地球科学、能源、化学等领域建立了 16 个由政府资助的专门研究机构。

二、20 世纪 80 年代

经济发展战略：发展机构电子等技术密集型、智力密集型的高技术产业。

科技战略目标：提高国家的自主研发能力，推进产业技术出口。

重要举措：建立了以原韩国科学技术部为中心、由其他部门协同的综合科研管理体制。1982 年，制订了国家研发计划，建立了产学研合作研发体制、由总统主持的技术振兴扩大会议制度。科技开发体制由以政府资助研究机构为中心开始向企业和大学扩散，私营企业开始建立自己的实验室和研究机构。

三、20 世纪 90 年代至今

经济发展战略：通过调整产业结构、促进技术创新、改造信息网络、有效利用人力资源和其他资源等，增强产业竞争力。

科技战略目标：全面增强国家的竞争力，1991 年，韩国政府发布《科学技术政策宣言》，提出把科技自主开发置于和高新技术消化与学习同等重要的位置。

重要举措：推行以建立具有比较优势的国家技术创新系统为核心内容的产业政策。科技计划制订转为"自下而上"和"自上而下"结合；科技政策强调加强国家研发计划、增强面向需求的科技发展；推进研发活动全球化。制订"1997 ~ 2002 年科学技术创新五年计划""国家先进技术计划"（HAN）和创新研究倡议等。在基础研究和社会公益技术领域建立起自主研发的体系。

1999 年，成立国家科学技术委员会，拥有韩国科技政策的最高决策权，由总理直接管辖。21 世纪初，政府提出努力向知识经济转型，更强调发展新兴的生物技术、信息技术、纳米技术和航空技术，以及纺织和造船等传统技术。2001 年颁布《科学技术基本法》。赋予国家科学技术委员会评估国家研发计划、分配研发预算和协调研发计划的职责。

韩国产业和科技政策阶段特征如表 5.2 所示。

表 5.2 韩国产业和科技政策阶段特征

	20世纪60年代	20世纪70年代	20世纪80年代	20世纪90年代	21世纪
国家产业创新系统特征	要素驱动		投资驱动	创新驱动	知识驱动
竞争力之源	廉价劳动力		制造能力	创新能力	
主要产业政策	出口导向扩大轻工业出口	发展重工业和化学工业、扶持大企业集团	发展技术密集型企业	促进高技术创新	知识的生产与扩散
科技政策政府作用	构筑科技基础 设立科技部，编制科技促进法，鼓励人力资源开发	科技基础设施建设 建立政策研究机构，编制技术开发促进法，促进高质量人才开发	产业为主体的研发体系 国家研发计划促进企业设立研究所，促进产业研究开发	战略R&D 编制战略计划（HAN计划），支持基础研究，设立海外合作研究开发中心，编制科学技术创新特别法	国家创新系统的重建
企业创新能力					

第二节 韩国经济与科技创新现状的宏观分析

韩国国内生产总值（GDP）排在世界第 13 位。韩国的人均国民收入从 1955 年的 65 美元上升至 2014 年的 2.82 万美元，增长了 400 多倍。国民总收入从 1953 年的 483 亿韩元猛增至 2014 年的 1497 万亿韩元，增长了 3 万多倍。2014 年韩国的出口规模扩大至 5730 亿美元，进出口贸易总额居世界第八位。韩国外汇储备由 1960 年的 1.6 亿美元增至 2014 年的 3715 亿美元，排在世界第六位。[①]

一、国家竞争力排名

根据瑞士洛桑国际管理开发研究院（IMD）发布的国家竞争力报告，2000～2002 年韩国的国家竞争力排名保持在第 29 位，2005 年提升到第 27 位，特别是在 2010 年以后，排名迅速上升到第 22 位，2014 年降为第 26 位。2017 年和 2018 年这一排名分别为 29 位和 27 位。在最新的 IMD 全球数字竞争力排行榜（WDCR）中，美国排在第一位，新加坡第二位，韩国跻身前十位。

科学竞争力和技术竞争力分别从 2001 年的第 14 位和第 21 位上升至 2009 年的第三位和第 14 位。之后排名有所波动，但均处于世界主要经济体的前列。

2015 年，彭博系针对不同国家和地区的研发实力、制造创新、高科技公司、高等教育、研发人员和专利技术六大指标进行了综合排名，韩国排名第一，第二至五名分别为日本、德国、芬兰、以色列，美国位居第六，中国排名第 22 位。[②]

二、技术开发投资占国民生产总值（GDP）的比例

韩国技术开发投资额居世界前列，其占国民生产总值的比重则为世界最高。这一比例到 2007 年超过 3%，2014 年已达到 4.29%（OECD）（见图 5.1 和表 5.3）。2014～2016 年，这一比例达到 4.25% 左右，在亚太国家和地区中保持最高[③]。

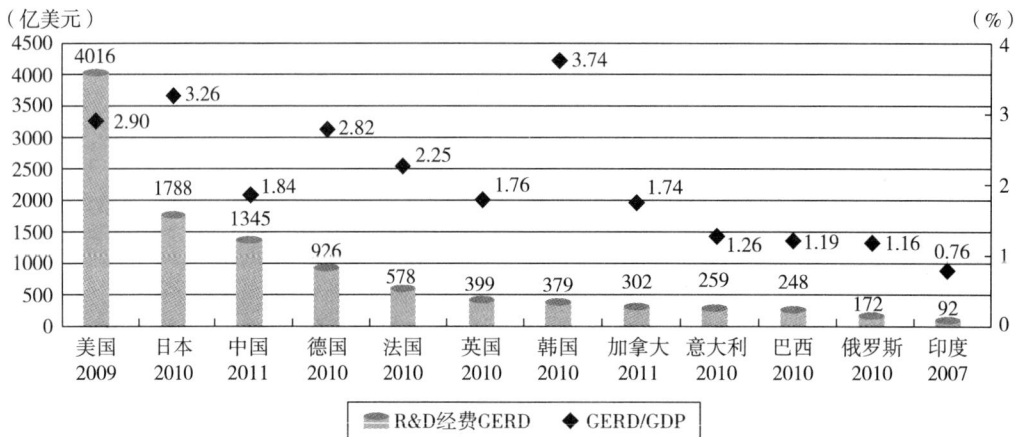

图 5.1　2011 年世界主要国家研发投入及占 GDP 比值

资料来源：中国科技部，OECD《主要科学技术指标 2012》，巴西科技部，联合国教科文组织。

---

①《韩国从世界最贫国晋升全球第 13 大经济体》，山东商务网，http://www.shandongbusiness.gov.cn/public/html/news/201508/351364.html。

② 人民网，http://korea.people.com.cn//n/2015/0123/c205551 - 8840461.html。

③ Richard V N. Science in East Asia—by the numbers［J］. Nature, 2018, 558（7711）：500 - 501.

表 5.3 2000～2014 年韩国总研发经费占 GDP 比值　　　　单位：%

年份	2000	2001	2002	2003	2004	2005	2006	2007
占比	2.18	2.34	2.27	2.35	2.53	2.63	2.83	3.07
年份	2008	2009	2010	2011	2012	2013	2014	
占比	3.12	3.29	3.47	3.74	4.03	4.15	4.29	

三、知识产权发展的世界比较

2014 年韩国知识与技术产出能力居全球第六位（GII 2014），每百万人拥有的 PCT 专利数据（PCT Patents，Applications/Million Pop.）已名列全球第六位。企业专利生产率指标韩国排名第二位。之后，韩国专利数量稳居全球第五位。

表 5.4 列举了韩国 2017～2018 年专利数量与世界主要国家的比较。

表 5.4 2017～2018 年世界主要国家专利状况比较　　　　单位：件

排名	国家	2017 年专利数量	2018 年专利数量
1	美国	56676	56142
2	中国	48905	53345
3	日本	48205	49702
4	德国	18951	19883
5	韩国	15751	17014
6	法国	8014	7914
7	英国	5568	5641
8	瑞士	4488	4568
9	瑞典	3975	4162
10	荷兰	4430	4138

第三节　企业的角色和功能分析

20 世纪六七十年代，韩国的政府研发机构在国家产业技术开发中居主导地位，其中大多数开发项目由政府研究机构与私营企业共同承担；80 年代后期，韩国的研发体制从政府主导型向私营企业主导型转变，科技资源的倾斜对韩国大企业成为高技术密集型产业的国际竞争者产生相当成功的激励作用。在韩国政府的计划与政策激励下，韩国的企业研究机构迅速成长，企业研究所、企业技术开发中心、产业技术研究协会、产业研发中心等私营部门研究机构蓬勃发展，成为国家技术研发的骨干力量，使企业成为产业技术发展中起支配作用的主要力量。

一、企业研究机构

为推动以企业为主导的国家创新体系建设，韩国政府对民间企业的研发活动在财政、税收等方面给予大力扶植和支持，使民间企业研究所不断发展壮大。韩国政府的政策规定，允许企业以利润的20%作为研究开发的投资，而且在企业建立的头两年可将此作为亏损处理。政府还鼓励企业成立自己的研究机构，对应交税款予以减免。为培育具有世界级创新能力的企业研究所，韩国政府还采取相应的措施，以扩大对优秀企业研发中心的认证及资助。

随着韩国民间研发投入的不断增加，韩国的企业研究机构也快速成长。先是大型企业，其后是中小型企业纷纷成立科研机构，1981年由企业设立的研究机构只有46个，而且均设立在大型企业。到2007年，这一数量已增加到15000个，尤其是中小型企业的研究机构数量增速明显，占所有企业研究机构数量的绝大多数（93.4%）。

二、企业研发投入

韩国企业早已确立了技术创新的主体地位，提供了全部研发经费的75%，市场机制是其配置创新资源的主要方式。2002年，韩国企业投资在研发投资总额中的比例占73%，其中尖端科技产业的投资比例占52%，2007年这一比例达到76.2%。1970～2007年的30多年间，公共研究机构研发经费占韩国研发总经费的比重从84%大幅下降到13%；大学研发经费的比重从4%稳步增长到11%，而企业的研发经费所占比重则由12%迅速上升至76%。这一比重超过了美国、德国等发达国家，企业研究机构成为国家技术创新中的骨干力量，促进了韩国的技术创新、成果转化和经济发展。从绝对数量上看，1997～2007年的10年间，企业的研发支出增加了2.7倍，达到23.9万亿韩元。

2014年，韩国企业提供了75.3%的R&D基金；同时，国家R&D投入中有78.2%流向了企业（见表5.5）。

表5.5　2014年韩国R&D基金与流向　　　　　　单位:%

资金来源	R&D资金				
		在执行部门间的分配			
	R&D资金中的份额	政府	大学	企业	合计
政府[a]	23.3	51.1	31.6	17.3	100
大学	0.7	3.6	92.8	3.6	100
企业	75.3	0.8	1.3	97.9	100
国外	0.7	28.1	9.2	62.7	100

R&D 执行部门					
执行部门	资金来源				
	资金分配	政府	大学	企业	合计
政府	12.7	93.6	0.2	4.7	100
大学	9	81.3	6.7	11.2	100
企业	78.2	5.2	0	94.2	100

注：a 包括个人非政府机构。

资料来源：OECD R&D 统计数据库。

值得注意的是，韩国在将其经费更多投向应用研究及实验发展的同时，基础研究的投入也得到同比例增长，其基础研究经费的投入强度在亚洲国家中排名第一。与大学和公共研究机构更多地投入基础研究不同，企业则更多地投入应用研究（见图5.2）。

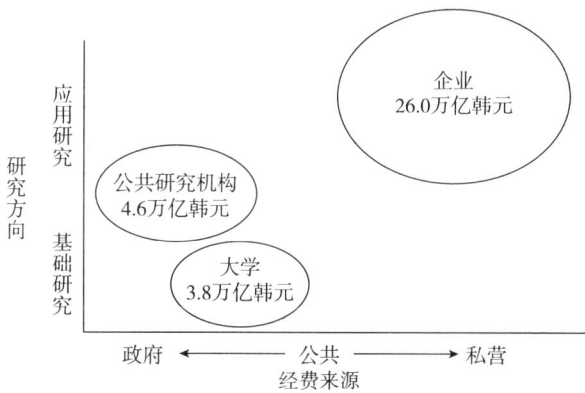

图 5.2 2008 年韩国创新系统各单元在科技创新价值链上的布局

资料来源：韩国教育科学技术部《2009 年研发活动调查报告书》。

在企业成为研发投入主体的过程中，大型企业起着绝对的主导作用。2005 年韩国研发经费投入排名前十位的企业研发投入达 96180 亿韩元，占全部企业投入的 68.7%。其中仅三星电子 1 家，就投入研发经费 54100 亿韩元，占全部企业投入的 38.6%。根据最新的数据统计，2019 年研发费用最多的企业是三星电子，今年一到三季度共投资 15.2877 万亿韩元，同比增长 14.6%。LG 电子、SK 海力士、现代汽车、LG 显示器、NAVER、起亚汽车均超过 1 万亿韩元。可见，大型企业是韩国研发活动投入的主要主体。

据韩联社报道，韩国企业经营评估机构 CEO Score 发布的一项资料显示，韩国大型企业 2019 年一到三季度的研发费用同比增加近 4 万亿韩元（约合人民币 241 亿元）。同期，500 强企业的销售额虽从 1265.0287 万亿韩元减少到 1254.9629 万亿韩元，但研发费用在销售额中的占比反而从 2.79% 增至 3.13%。从各大企业研发费用比重来看，门户网站 NAVER 占比最高，为 25.96%，赛尔群（Celltrion）以 25.57% 排名第二。其后依次为

Netmarble、韩美药品、游戏公司 NC Soft、Kakao、大熊制药、钟根堂、SK 海力士、绿十字。三星电子以 8.97% 排名第 16 位。从行业来看，制药行业 13.16%，其后依次为信息通信和电力电子、服务、汽车和零部件、造船和机械及设备。排名靠后的石化、国营企业、建设、食品、钢铁、运输、流通等行业均不足 1%。①

从企业的开发投入情况分析，每年韩国大型企业的研发投入占民间研发投入的比重均在 75% 左右，在韩国的科技研发活动中发挥着重要的主导作用。

与此同时，虽然韩国国内有 99.8% 的企业是中小型企业，提供了 77.5% 的就业岗位，但其利润却远远低于大型企业（见表 5.6）。

表 5.6　2010 年大型企业与中小型企业的比较

	大型企业	中小型企业	其中		合计
			核心中小型企业	微型企业[a]	
数量（千家）	4.8	3152.9	244.5	2908.3	3157.7
比例（%）	0.2	99.8	7.7	92.1	100
雇员数量（千人）	3803.2	13131.6	6349.4	6782.2	16934.8
比例（%）	22.5	77.5	37.5	40	100
利润（万亿韩元）	181.2	113.5	54.4	59.1	294.7
比例（%）	61.5	38.5	18.5	20.1	100
公司平均利润（亿韩元）	37609	36.0	222.5	20.3	93.3
平均工资（百万韩元）	36.5	15.2	24.5	6.6	20

注：a 表示雇员人数在 5 以下的服务企业和 7 人以下的其他企业。

从企业研发经费所分布的领域来看，信息技术、纳米技术是韩国企业投入比重较大的领域，其中 2008 年企业信息技术投入占比为 39.8%、纳米技术为 14.4%。相应两项公共研究机构和大学投入占比分别为 14.7%、4.6%、15.9% 和 6.9%。

而服务业在 GDP 份额、就业和劳动生产率方面的较低水平则可能是韩国企业创新特征的另一个表现。

三、企业研发队伍及其结构

1988 年韩国科研人员数量为 5.2 万人，根据 OECD 统计，到 2010 年，韩国的 R&D 人员已达每年 33.5 万人年；每万人劳动力中的 R&D 人员则达到 135 人，位居全球第六。其涨幅大大高于发达国家的年均增长率。2000～2008 年，韩国研究人员年平均增长率约为 8.2%，企业界、大学、公共研究机构的研究人员的年平均增长率分别为 8.7%、6.2% 和

① 资料来源：人民网，http://korea.people.com.cn/GB/407889/。

5.5%。可见，企业界研究人员的增长速度最快。

2008 年，韩国共有研究人员 300050 名，其中，企业拥有的研究人员最多（197023 人，占比 65.7%）。从学历结构看，其中拥有本科学历的人员最多（117840 人，占 39.3%），95.9% 分布在企业；硕士学历的人员为 94418，61.7% 分布在企业；73444 人拥有博士学位，而 67.5% 的博士分布在大学。半数以上的科研人员工作在企业，特别是拥有硕士和本科学历以及其他学历的人员占绝大多数，这也反映出韩国企业的科研工作更重视应用能力和实用人才。

培养学习能力是技术后进企业的至关重要的能力。韩国一直以来都十分重视企业学习能力的培养，1974 年，政府通过一部法律规定凡有 300 名工人以上的企业，必须实行强制性的厂内培训。包括三星、现代、大宇等财团在内的大型企业，都纷纷创办或合办企业培训学校、企业大学和研究生院等，强化了企业的培训与教育。韩国浦项制铁在创业初期曾派 1300 多名工程师到海外接受培训。到 1991 年，浦项公司共派出过 20% 的员工到海外学习。至少在 20 世纪 80 年代中期以前，现代公司的研发主要还是学习。这包括科学家和工程师的海外培训，从短期的培训观摩到攻读研究生学位课程。现代公司到海外接受培训的科学家和工程师的数量从 1982 年的 74 名增长到了 1986 年的 351 名。

四、企业专利产出

2010 年 1 月，韩国专利信息院发布了题为《从美国专利了解韩国技术竞争力》（又称《专利记分板 2010》）的分析报告。根据该报告，2009 年韩国在美国的专利授权数量和技术实力排名位居世界第三，前两名分别是美国和日本。

技术实力排名前 1000 名以内的韩国企业、大学、研究机构共有 17 家，其中企业 15 家、研究机构和大学各 1 家。在 15 家企业中，三星电子等三星集团所属的公司有 4 家，LG 电子等 LG 集团所属的公司有 3 家，以上 7 家公司拥有的专利占韩国在美国授权专利数量的 69.3%。由此也可说明，韩国的技术竞争力也是由少数大型企业支撑的。

综上所述，韩国企业已经成为技术创新的主体。企业研发机构特别是大型企业的研发活动仍在创新体系中起主导作用。

第四节　企业与其他创新主体的关系分析

韩国国家创新系统主要由公共研究机构、大学和企业三大部分组成，其中公共研究机构又包括国立研究机构、政府资助研究机构和其他非营利机构。后两者数量相对较少，研究力量相对薄弱，研究领域主要集中在农业和医学。

一、国立研究机构

为了解决技术水平低下企业的需要，以 20 世纪 60 年代成立的韩国科学技术院为母体，分设了船舶、电子、资源、机械等 16 个政府出资的研究所。

为促进科技的发展和产业结构向重化工业的转变，1973 年韩国政府决定建立大德研究学园城（即大德研究中心），这是韩国最大的科学技术研究中心；对集中发挥科学技术力量，提高技术创新效率起到了重要作用，并为满足日益增长的工业技术开发需要起到了积极作用。

20 世纪 80 年代初，政府开始大力建立和资助国有研究机构，给予企业积极的技术扶持，共建立了机械、电子、化工、造船等 10 家研究机构。同时国家还建立和资助科技政策与评价的国立研究机构，为国家科技创新政策制定提供指向。

韩国主要的公共研究机构介绍如下。

1. 韩国科学技术计划评价院

韩国科学技术计划评价院（Korea Institute of Science & Technology Evaluation and Planning，KISTEP）始建于 1987 年，当时为韩国科学技术研究院所属科学技术政策评价中心，是韩国主要的科技计划机构，协调和评价国家 R&D 项目。主要功能有：规范、协调和支持主要的科技政策，包括预测科技发展趋势；分析和评价政府部门提供技术支持和分配 R&D 资金科技相关项目的实施；组织国内和海外研究项目的计划、评价和管理系统；分享 R&D 政策信息和数据。

2. 国家科学基金

国家科学基金（The National Research Foundation，NRF）管理和评价基础科学 R&D 项目，为公开的学术研究组织提供资金，支持国内/国际学术交流，为学术活动提供设备和场所，为教育提供奖学金和借款，组织研究、分析和评价，收集数据以支持和管理大学间的合作研究和交流。

3. 韩国先进技术研究院

韩国先进技术研究院（The Korean Institute for Advanced Technology，KIAT）通过研究和数据分析、趋势和竞争分析、技术路图等落实国家技术政策。还包括评价和管理地区工业支持计划；通过国际合作研究提升创新能力；提升高技术的转移和商业化。

4. 韩国科学技术政策研究院

韩国科学技术政策研究院（Science and Technology Policy Institute，STEPI）于 1987 年成立，在韩国的科技政策研究中发挥了关键的作用，其职责包括：为政府部门和其他组织提供可供选择的政策；为私有部门提供促进技术创新的战略；为大众提供科技政策趋势的信息和数据。[①]

5. 韩国科学技术研究院

韩国科学技术研究院（Korea Institute of Science and Technology，KIST）成立于 1966

---

① 资料来源：OECD (2014) . The Innovation System and the Creative Economy Strategy, in Industry and Technology Policies in Korea, OECD Publishing, Paris. DOI：http：//dx. doi. org/10. 1787/9789264213227 - 5 - en。

年。下设 8 个研究部门，分别是未来交叉研究所、纳米科学研究部、材料技术研究部、智能系统研究部、能源和环境研究部、生物科学研究部、江陵分院和 KIST 欧洲研究院。KIST 在从事研究开发的同时，还与韩国高丽大学、延世大学、汉阳大学等高校联合办学，向在校生提供实习、实践机会，指导学生开展研究和撰写论文。截至 2008 年底，共培养 1211 名硕士生和 335 名博士生。

6. 韩国生命工学研究院

韩国生命工学研究院（Korea Research Institute of Bioscience and Biotechnology, KRIBB），1985 年成立，总部位于大田市。主要从事前沿生物技术和平台的基础研究、开发和技术实用化，是韩国国家级生物资源培养基地、微生物认证机构及实验动物的鉴定机构。承担保健、医疗、人体基因、农业、环境工程等生物技术范畴的前沿科学领域的研发任务，以及原始创新技术的开发与转移，为国内生命科学研究提供基础设施，并培养专门人才。该研究院属韩国教育科学技术部管辖，其总部位于韩国著名的科教基地大田市。截至 2008 年，该研究院共有 344 名研究人员，年度经费预算为 1109 亿韩元，每年申请和授权的国内专利总数超过 300 件。

7. 韩国电子通信研究院

韩国电子通信研究院（Electronics and Telecommunications Research Institute，ETRI）成立于 1976 年，是一个非营利性的政府资助研究机构，已经成功地研发出高密度半导体芯片、微型超级计算机（TiCOM）、数字移动通信系统（CDMA）、无线宽带技术（WiBro）等高端信息技术，成为韩国电信研究机构领域公认的领跑者。

此外，还有韩国工业技术评价院（The Korea Evaluation Institute of Industrial Technology，KEIT）、韩国能源技术评价和规划院（The Korea Institute of Energy Technology Evaluation and Planning，KETEP）等机构。

二、高等院校

21 世纪前，韩国的产业创新体系缺乏大学、研究机构所起的重要作用以及缺乏创业企业集群的支持，与欧美充满活力的小型企业为基础的经济模式不同，在韩国，像三星、LG、现代这样的大财阀才是韩国经济的核心，而通过新创企业、集群以及大学、研究机构的技术转移所起的作用很小。对于大学、研究机构的技术转移以及中小型企业的发展过于忽略，致使韩国在经济发展到一定阶段时，出现了被动的调整局面。

20 世纪 60 年代，为了支持经济的高速增长提供必要的人才，韩国政府将培养人才作为政府发展教育的主要目标。1963～1972 年的 10 年间，理工类学生的增加率较高。当时，师范大学增加率最高，其次就是水产海洋、工学、理学、农林等学科。1963 年，韩国政府开始为大学提供研究津贴。1971 年，韩国政府以产业技术的战略性开发为主导的研究所，如船舶研究所、核燃料开发工团、通信技术研究所、电子研究所等 17 个研究所为依托组建的韩国科学技术院，以解决产业界对高级技术人才的需要。自 1985 年起，相继在大学建立起一些优秀的研发中心，包括科学研究中心、工程研究中心和地区研究中心。其中，地区研究中心更强调地区性大学和产业界的合作研究。90 年代，韩国把科学技术人力政策的焦点放在了培养优秀科学人才上，把提高科学技术人力的竞争力作为科学技术人力政策的重点。

截至 2007 年，韩国有国立大学 43 所，私立大学 177 所，共 220 所。大学主要从事人才培养和基础研究，其基础研究经费所占的比重均高于 40%，远大于其应用和开发研究经费。

自 1985 年起，相继在大学建立起一些优秀的研发中心，包括科学研究中心、工程研究中心和地区研究中心。其中，地区研究中心更强调地区性大学和产业界的合作研究。

1994 年韩国政府制定了《产业技术基础设施促进法》，主要是通过对大学、研究机构和中小型企业的基础设施与技术信息网络建设，构筑"产学研"合作体制。

为促进大学的创新能力和发展，2019 年为应对新挑战，韩国教育部发布了《大学创新改革支持计划》，主题为"地区政府支持和推动作为创新主体的大学改革"，旨在通过大学创新改革培养未来人才，该计划预计于 2022 年前完成。该计划的主要内容包括：改革大学教育以培养未来融合型人才、改革研究体系以支持创新性研究、推进地方大学与地方政府的合作，等等。2020 年，韩国将启动《地方政府—大学区域合作创新项目（暂定）》，届时将以地方政府和大学为主导，建立并推进适合当地条件和环境的发展计划。[①]

三、产学研合作

产学研合作的典型是大德研究开发特区。从 2005 年起，韩国政府开始实施《大德研究开发特区培育特别法》，政府以研究机构密集的大德科技园区为中心，联合高科技产业密集的大德科技谷、大德产业基地及政府其他开发地区建立了大德研究开发特区。通过产学研合作，大德研究开发特区实现了优秀公共研究成果的产业化及风险生态界的建立，逐步从国内最大的研究基地转变成为研究开发和产业生产有机结合的国内独有的研发牵引型创新集群。截至 2007 年 9 月，大德研究开发特区已经汇集了韩国高等科学技术院（KAIST）等 6 所高等院校、70 多个政府和民间科研机构、2000 多家高技术企业。国内理工科博士级研究人员 10% 汇集于此，同时全国科研设施的 23% 集聚在特区内。每年国家研发预算的 35% 被投到大德研究开发特区，通过专业研究机构、大学和企业研究所汇成一体，实现了特区内尖端研究设备资源的共享，特别是能够更便捷地实行产学研合作，把科技成果迅速应用于企业生产。

四、技术创新服务体系

在韩国，社会科技服务体系、科技中介机构和技术交易所的建立和运转，新技术推广会、展览会和洽谈会的举办，都使科技创新成果有了迅速的转化渠道。政府创立的创业保育中心以及与鼓励创新技术相关的贷款和税收优惠政策，也为提升国家的自主创新能力提供可靠的保障与支持。例如：

---

① 季丽云：《韩国教育部发布〈大学创新改革支持计划〉》，《世界教育信息》2019 年第 18 期。

1. 韩国科学技术信息研究院（KISTI）

其前身是韩国科学技术情报中心（KORSTIC）（1962 年成立）。该机构在 1962～1982 年提供韩国科学与技术信息服务，并自行开发了信息处理系统等。1982～1990 年提供在线信息服务，建立了科技信息分发中心和工业化信息中心。从 20 世纪 90 年代开始，该机构开始探讨国际化发展道路，先后成立了韩国产业技术信息研究所（Korea Institute of Industry and Technology Information，KINITI）和韩国研究与发展信息中心（Korea Research & Development Information Center）。2000 年两者完成整合，2001 年正式命名为 KISTI（http：//en. kisti. re. kr/），2005 年成为中美俄环球科教网络合作伙伴，实现了韩国与全球科学家的互通互联，不仅为科学家提供超级计算资源，而且能实现快速交换科学和信息技术数据，这为提高韩国科技信息的国际竞争力打下了坚实的基础。

2. 韩国技术交易所（KTTC）

根据《技术转移促进法》的规定，韩国政府设立并运营韩国技术交易所（Korea Technology Transfer Center，KTTC），其目的是建设公共及民间研究机构间有效的技术转移体系，搞活技术贸易及技术评价，提高韩国的产业技术竞争力。同时，韩国政府还规定每一个公共研究机构（包括政府资助研究机构、大学等）均应成立技术转移办公室（Technology Licensing Office，TLO）。TLO 是公共研究机构内负责知识产权管理、挖掘专有技术、民间技术转让的产业化组织。政府资助机构通过 TLO，向民间机构或产业界提供有关技术，并接受有关委托和技术授权等业务。截至 2008 年 8 月，被调查的韩国 140 所大学中有 90 所设立了该机构，比例为 64.3%。

第五节　企业与政府的关系分析

韩国政府十分注重从宏观层次上把握和调控科技和产业的系统化发展，依法对科技发展实行统一管理，有效地发挥了国家在科技创新中的主导作用。政府的基本角色包括：降低企业交易和价值链提升的成本；在一些重点领域帮助企业建立技术能力；柔性角色：提出设想、创造氛围。

一、韩国的科技创新管理体系

韩国形成了比较完整的科技创新管理体系，以国家科技委员会为最高机构，贸易工业能源部、科学 ICT 未来计划部、教育部和其他部各司其职。韩国的技术和创新系统如图 5.3 所示。其中，韩国基础科学技术研究会（KRCF）和韩国产业科学和技术研究会（ISTK）是科学技术和产业机构研究的具体组织者和管理者。

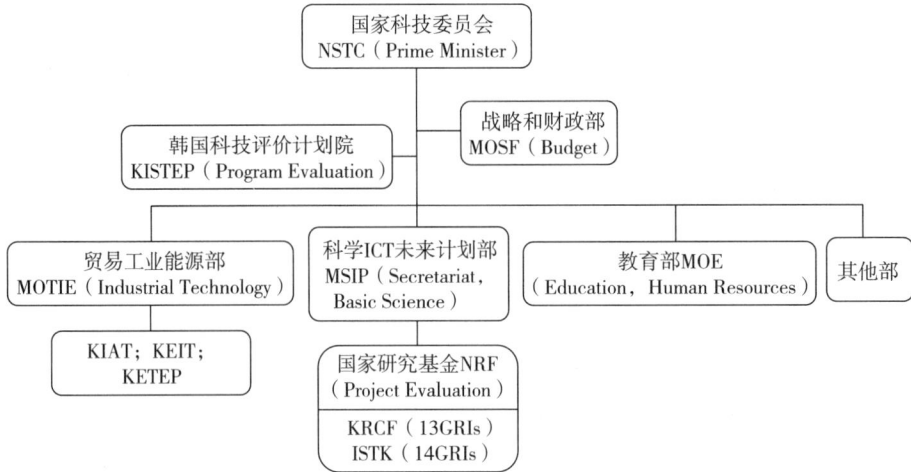

图 5.3　2013 年韩国的技术和创新系统

资料来源：OECD（2014）. The Innovation System and the Creative Economy Strategy，in Industry and Technology Policies in Korea，OECD Publishing，Paris. DOI：http：//dx. doi. org/10. 1787/9789264213227－5－en。

1. 韩国基础科学技术研究会（KRCF）

韩国基础科学技术研究会（Korea Research Council of Fundamental Science and Technology，KRCF），成立于 1999 年，在职员工 21 人。截至 2008 年，其下属政府资助的研究机构 13 个，分别是韩国科学技术研究院（KIST，1966）、韩国基础科学支援研究院（KBSI，1988）、（附属）韩国国家核聚变研究所（NFRI，2005）、（附属）国家数学科学研究所（NIMS，2005）、韩国天文研究院（KAO，1974）、韩国生命工学研究院（KRIBB，1985）、韩国韩医学研究院（KIOM，1994）、韩国科学技术信息研究院（KISTI，1962）、韩国标准科学研究院（KRISS，1975）、韩国海洋研究院（KORDI，1973）、（附属）极地研究所（2004）、韩国航空宇宙研究院（KARI，1989）、韩国原子能研究院（KAERI，1959）。研究经费总预算 15504 亿韩元，其中政府拨款 5906 亿韩元。韩国科学技术研究院（KIST）总预算 1939 亿韩元，其中政府拨款 977 亿韩元，占到总预算的半数以上。

2. 韩国产业科学和技术研究会（ISTK）

韩国产业科学和技术研究会（Korea Research Council of Industrial Science and Technology，ISTK），成立于 1999 年，在职员工 20 人。截至 2008 年，下属政府资助的研究机构 13 个，分别是韩国生产技术研究院（KITECH，1989）、韩国电子通信研究院（ETRI，1976）、（附属）国家保安技术研究院（NSRI，2000）、韩国建设技术研究院（KICT，1983）、韩国铁道技术研究院（KRRI，1996）、韩国食品研究院（KFRI，1987）、韩国地质资源研究院（KIGAM，1976）、韩国机械研究院（KIMM，1976）、（附属）韩国材料研究院（KIER，2007）、韩国能源技术研究院（KIER，1977）、韩国电气研究院（KERI，1976）、韩国化学研究院（KRICT，1976）、（附属）韩国安全性评价研究所（KIT，2002）。

二、政府对创新的政策支持

从 1989 年起，韩国经济企划院（现已改成财政经济院）就责成政府有关部门尽快拟订尖端技术及高科技产业发展七年计划，希望借此协调各有关部门的高科技研究开发活动，充分发挥政府的积极作用，调动一切可利用资源，全力发展高科技产业。为了促进产业转型，政府主要采取了以下措施：

首先，扩大政府在知识密集型高科技研究开发上的投资，使其占国民生产总值的比重，由 1989 年的 2.1% 提高到 1996 年的 3.4%。特别是提高政府对投资的负担比率，将其从 1989 年的 20% 提高到 1996 年的 40%，从而达到高度发达国家的水平。同时，增加对提高高科技产业技术的资金支援，对高科技领域国家重大课题的共同研究，同日本一样，政府至少要负担 50% 的研究经费，以引导合作研究和共同研究，增加政府支出在"国产机械购入基金"以及"中小企业结构调整基金"中的份额。

其次，提供关税、租税及融资等政策上的优惠。通过调整民间企业技术开发准备金的保留额度；对于投资在高科技设备的特定设备投资税额扣除对象予以追加认可；允许民间企业在国外发行可转换债券，以增强引进高科技设备的能力；鼓励企业在发达国家设立高科技研究机构或购买高科技企业；放宽高科技设备进口减免关税的适用范围，并扩大研究开发用品的租税减免范围；鼓励民间企业在内部设立技术研究所，并给予租税减免等优惠待遇；增加设置高科技产业专用的工业园区，并给予交通、通信等基础设施上的支援等手段，对发展面向知识密集型的企业实施优惠。

最后，重新确立政府的技术开发支援体制，制订高科技产业领域的长期综合计划，并确定各部门贯彻执行的体制。对科技产业领域的研究计划的制订和实施，至少每两年进行一次评价，并使之制度化；增设由政府资助的研究机构，并鼓励其积极参与大型课题的研究、开发工作，成为高科技产业大型、长期课题的共同研究中心，以此加强各研究机构间的合作；加强对中小企业高科技产业部门的应用研究与地方企业研究的支援，使之与公共研究机构形成有机的合作体制，甚至形成下属的网状研究体系；加强高科技情报资源的收集，创建技术情报市场，广泛推进不同类别产业间、地区间、国家间的技术转让交流；积极推动韩国与世界其他国家在高科技产业领域的技术合作。

三、技术预见与关键技术选择

1993 年后，韩国每 5 年都要进行一次技术预见工作。截至 2009 年共进行了 3 次技术预见。其中前两次技术预见运用了德尔菲预测法，由韩国科学技术政策研究院和韩国科学技术计划评价院共同完成，而第三次则增加了未来社会与社会需求和未来社会情景描述两种预测方法，由韩国科学技术计划评价院单方完成。

第一次技术预见的调查项目包括知识准备度、重要性指数、技术水平、实现时间、信任度、约束条件等。

第二次技术预见补充了政策措施。

第三次技术预见则补充了领先国家和资助主体两个指标。

这3次技术预见为韩国的科技决策提供了新兴领域的愿景和方向，确定了对国家财富增长和人民生活质量提高极具潜力的新技术。3次技术预见的成果均落实到国家关键技术选择和科技战略的规划中，并指导韩国每隔5年一次的"科学技术基本计划"的制订工作。

四、促进技术转移"4E 战略"

韩国新技术转化为生产力的周期位于世界各个国家前列。韩国对高新技术实行集中咨询和审议制度，根据市场需要确定研发项目，集中力量发展对国家经济拉动作用大和市场潜力大的项目。很多项目在研发初期便与市场挂钩，一有成果就能很快产业化和商品化。例如，韩国 IT 产业的领先产品手机，每几个月就能翻新花样。

2010年，韩国国家科学技术委员会出台了"国立科研机构研究成果转移体系先进化方案"，该方案的"4E 战略"中提出了 TLO 2006～2020 年的三个发展阶段，并提出培育先导性 TLO 的重点促进战略。"4E 战略"即效益（Effectiveness）、效率（Efficiency）、专业知识（Expertise）和环境（Environment）（见表5.7）。

表5.7　韩国国立科研机构研究成果转移体系先进化的战略与管理

4E 战略	10 项政策措施
效益——创新有助于研究成果产出的知识产权管理体系	挖掘和利用国立科研机构有发展前景的种子成果；建立价值创造型、有发展前景的知识产权的获取与管理体系；加强基础技术研究会和产业技术研究会的合作
效率——建立开放型成果利用支撑系统	加强开放型技术转移与产业化合作体系的建设；加强技术转移的事后管理与支撑
专业知识——加强技术转移办公室的运营能力	加强先导技术转移办公室的培育；加强技术转移办公室成果转移的专业力量
环境——形成促进成果转移的配套环境与基础	推广与发展国立科研机构的知识产权管理；完善现有的成果转移规章；加强技术信息和评估系统

五、有关科技的立法

只要是韩国政府认为需要大力发展的事业，就用制定法律的形式突出其地位，保护其特权，为其开辟"绿色通道"，构筑促进技术创新的法制环境①。20 世纪 90 年代，韩国有 800 多部法律，其中关于科学技术的有 90 多部，而加上与科技发展密切相关的法律则有 200 余部②。促进企业技术创新的科技立法有《科学技术基本法》（2001），包括增加企

---

① 李薇薇：《韩国促进企业自主创新的政策法律研究》，《华中科技大学学报（社会科学版）》2008 年第 22 期。
② 金忠植：《韩国的科技立法》，《科技与法律》1996 年第 4 期。

业研发投入、企业设立研究所、实行技术开发准备金制度等。"制定和实施人才提供、税收、金融支援、优先采购等多种支援细则。政府对技术集约型中小企业和新技术创业企业，优先予以支持。"

为促进企业技术的开发和引进技术的消化吸收的立法有《科学技术促进法》（1967）、《技术开发促进法》（1972）、《专门机构促进法》（1973）、《技术评估法》（1972）等。

促进人力资源引进的立法有《国家技术资格法》（1973）、《技术劳务育成法》（1973）、《职业培训特别法》（1974）。这些法律强制规定，拥有500名以上员工的公司必须对员工进行内部技能培训。

促进产学研合作的立法有《产业技术基础设施促进法》（1994），主要是通过对大学、研究机构和中小型企业的基础设施与技术信息网络的建设，构筑产学研合作体制，加强技术人员的培养。

企业技术开发与援助计划的立法有《科学技术创新特别法》。

第六节　韩国技术创新体系的特点分析

从以上分析可以看出，韩国企业在技术创新中的主体角色十分明显，主要表现在企业成为技术投资主体、技术开发主体、成果享有主体、成果转化主体以及员工培训主体。

企业研究开发实力的增强，对科技进步及国家经济发展的促进作用十分明显：一是形成了企业发展和产品竞争的技术支撑，研究开发主体由政府转向民间，使政府的财政投入有可能集中到国家重点技术领域。二是企业在承担大部分产业技术开发的同时，积极参与国家科研计划，进一步充实了国家科研实力，密切了生产与科研的关系，加速了科研成果向实际生产力的转化。三是企业具备消化、改良国外技术的能力，使产业技术迅速接近发达国家水平。四是企业在发达国家建有近百家研究机构，从民间角度进一步拓宽了高新技术引进渠道。企业研究所的总体科技水平和研发能力越来越强，与科研机构之间的关系越来越密切，逐步成为韩国国家创新体系的核心主体，密切了生产与科研的关系，加速了研究成果向实际生产力的转化。

在韩国的企业技术创新体系建设和发展中：政府发挥着从直接干预到间接干预再到政策导向的转变作用。大型企业一直发挥着骨干作用。无论是在科技人员数量、科技投入还是专利成果等方面，大型企业尤其是少数有国际影响的企业都占据着统治地位。作为后发赶超型的典范，韩国的技术创新体系也存在着不尽完善之处。韩国的技术创新及主要社会指标与OECD国家比较如图5.4所示。

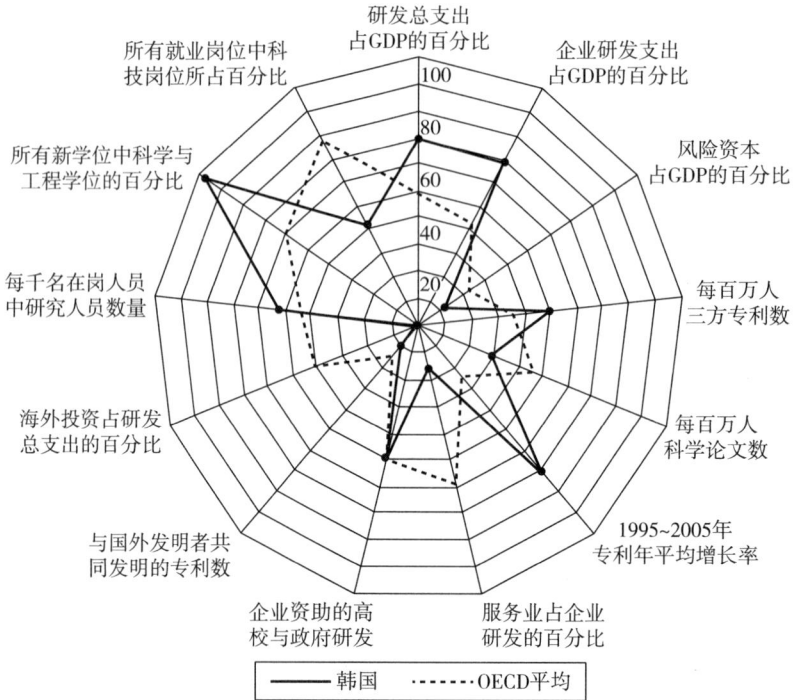

图5.4 韩国的技术创新剖面图及与OECD国家的比较

注：图中刻度为相对得分，设定每一指标最大的国家为100。

  据OECD判断，进入21世纪第2个10年，韩国正经历着一个低增速和低通胀时期。由于制造业和服务业之间、大型企业和中小型企业之间存在着巨大的鸿沟，使得韩国的劳动生产率相对低下；在劳动力市场表现出不公正、贫穷以及对就业的不利影响。

第六章

我国企业在技术创新体系中的现状和问题分析

　　建立以企业为主体（市场为导向、产学研结合）的技术创新体系是多年来我国科技和创新战略、规划、政策等的一贯导向。在这一导向下，近年来我国提出强化企业创新主体地位和主导作用，提升企业创新能力。本章聚焦我国企业在技术创新体系中"主体地位和主导作用"的现状、能力，因为中央企业的重要地位，我们也专门用一节的篇幅来说明技术创新体系中的中央企业。力求回答这样一个核心问题：在中国企业技术创新投入的主要指标和监测指数达到75%（高于OECD的平均水平）以上的情况下，为什么还要强化企业在技术创新体系中的"主体地位和主导作用"？

第一节　我国企业在技术创新体系中的地位

一、关于企业的主体地位和主导作用

　　企业在我国技术创新体系中的主体地位逐渐突显，但由于我国技术创新体系的整体功能水平不高，因此我国企业技术创新主体地位和主导作用还落后于发达国家企业。

　　企业为主体的技术创新体系既是创新系统的一种具体的表现形式，同时又有着区别于创新系统其他部分的特质。这些特质主要包括：一是相对其他主体，企业技术创新规模的扩张。直接表现为创新资源的企业集聚度较高，创新活动的企业专业化程度较高（研发部门专职化、研发体系的全国化甚至全球化、技术创新的激励制度建设等方面）。二是相对其他主体，由企业主导和执行的创新行为的融合。直接表现为合作创新行为，通过一些合作创新组织（如校企合作、产学研合作、产业技术创新战略联盟等），依托与其他主体的合作创新使企业不断提升技术创新能力，同时不断扩展技术创新领域，不断产生新产品、新工艺、新商业模式和开辟新市场。

　　国家"十三五"规划纲要和国家"十三五"科技创新规划纲要关于企业在技术创新体系中的地位和作用，用了"强化"或"增强"企业创新主体地位和主导作用的字

眼。但没有对"主体地位"和"主导作用"分别给予阐释。我们认为这两者既密切联系又有所区别，企业的主体地位是其发挥主导作用的必要条件但还不是充分条件，企业要发挥主导作用还需在产学研合作中发挥主要的和导向性的作用。主体地位首先是指企业技术创新行为的主体性或自主性；其次是指技术创新投入和产出的规模，特别是与大学和科研机构等其他主体比较，其规模较大。主导作用首先是指企业在与大学和科研机构等的关系或合作中发挥主要的和导向性的作用，其次是指企业研发投入委托给大学和科研机构等的规模和数额较大或企业在技术市场交易上的规模或数额较大。

基于上述对企业在技术创新体系中主体地位和主导作用的理解，这里用企业在技术创新体系中的投入和产出强度方面的有关指标来表征其主体地位；用企业 R&D 经费投向高校和科研院所、技术市场交易的有关指标来表征企业的主导作用。

二、企业是我国技术创新的主要投入者和产出者

从 R&D 经费投入看，相比高校和科研机构，我国企业 R&D 经费占全社会 R&D 经费比重已经超过 70%（见图 6.1），已经成为了技术创新的主要投入者。

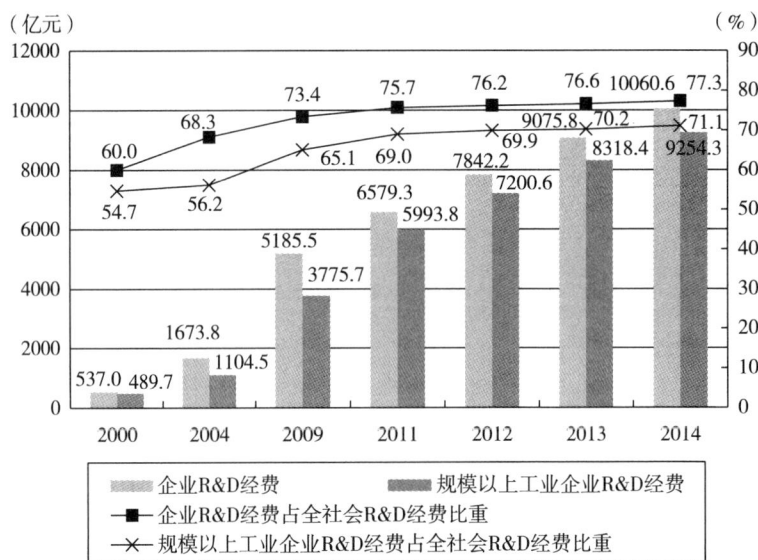

图 6.1 我国企业 R&D 经费投入情况

资料来源：历年《中国科技统计年鉴》。

从企业 R&D 人员投入来看，2014 年企业 R&D 人员占全国 R&D 人员的比重为 78.1%，2009～2014 年企业 R&D 人员占全国 R&D 人员的比重也始终超过 70%（见图 6.2）。《中国科技统计年鉴（2018）》显示，2017 年，我国企业 R&D 人员总量达到 312.0 万人年，占全国的 77.3%。

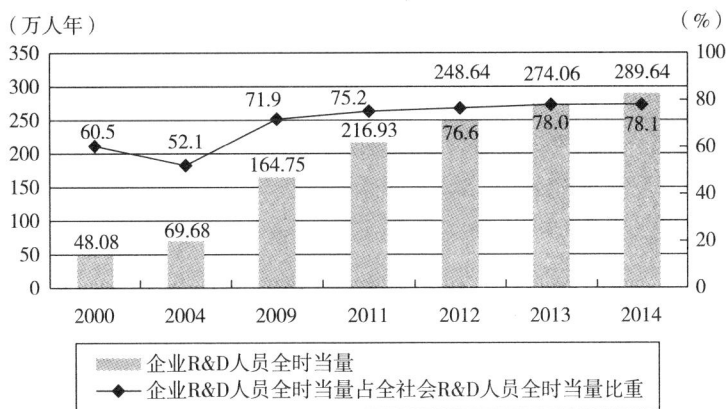

图 6.2　2000～2014 年我国企业 R&D 人员投入情况

资料来源：历年《中国科技统计年鉴》。

从专利授权量来看，我国企业职务发明专利授权量从 2000 年的 8316 件增至 2014 年的 484747 件；职务发明专利授权量占国内职务发明专利授权量的比重由 2000 年的 16.1% 提升至 2014 年的 52.2%（见图 6.3）。

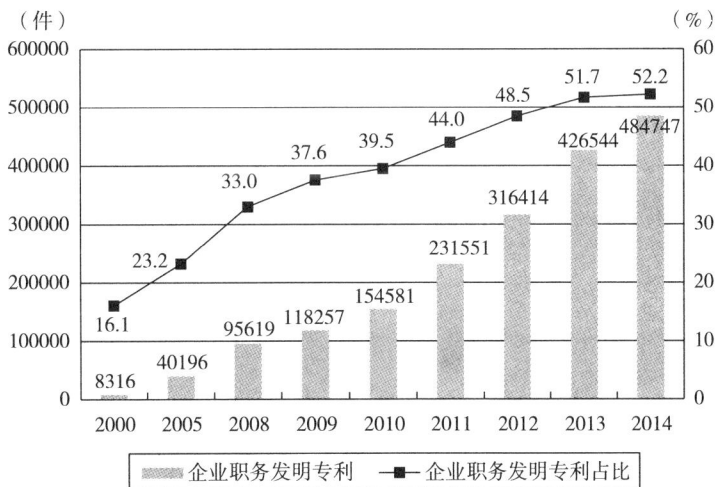

图 6.3　我国企业职务发明专利申请情况

资料来源：历年《中国科技统计年鉴》。

三、企业在我国技术创新体系中的主导作用逐渐提高

根据现有的统计指标，可以用 R&D 经费外部支出、技术市场交易额、高校和科研院所 R&D 经费支出中来自企业资金所占的比例 3 个指标，对我国企业在技术创新体系中的主导作用的现状和问题进行阐释。

据《中国科技统计年鉴（2015）》指标的解释：R&D 经费外部支出是指报告年度

调查单位委托外单位或与外单位合作进行 R&D 活动而拨给对方的经费，通过该指标可以反映企业与高校、科研机构、国内企业和国外企业间的合作创新情况。技术市场交易额是指登记合同成交总额中，明确规定属于技术交易的金额。即从合同成交总额中扣除所提供的设备、仪器、零部件、原材料等非技术性费用后实际技术交易额。

从技术市场成交额看，2007 年以后企业技术市场成交额占国内技术市场成交额的比重始终维持在 85% 以上（见表 6.1），2017 年高达 88.50%。

表 6.1　企业技术市场交易额占全国技术市场交易额的比重

年份	2007	2008	2009	2010	2011	2012	2013	2014	2015	2016	2017
技术市场成交额（亿元）	1920	2332	2626	3342	4119	5571	6436	7516	8477	9881	11875
企业比重（%）	86.20	87.50	86.40	85.50	86.50	86.50	86.20	87.60	86.20	86.60	88.50

资料来源：《中国科技统计年鉴（2018）》。

在我国 R&D 经费外部支出中，企业 R&D 经费外部支出所占比重达到 77.7%。根据《中国科技统计年鉴（2015）》的统计，2014 年我国 R&D 经费外部支出 95.1 亿美元，主要流向国内研究机构（42.1 亿美元）、国内高校（16.5 亿美元）、国内企业（23.9 亿美元）和国外企业（11.5 亿美元），其中来自企业的经费占比分别为74.00%、78.30%、77.80% 和 95.90%（见表 6.2）。根据《中国科技统计年鉴（2018）》的统计，2017 年按执行部门看，企业 R&D 支出占 77.6%；按经费来源看，来源于企业的 R&D 经费占 76.5%。《2018 年全国科技经费投入统计公报》的数据显示，企业的 R&D 经费支出占比为 77.4%。来自企业的经费占比如此之高表明企业在各类主体的合作中主导作用很强。

表 6.2　2014 年我国 R&D 经费外部支出在各类主体间的分配情况

指标	R&D 经费外部支出	国内研究机构	国内高校	国内企业	国外企业
全国（亿美元）	95.1	42.1	16.5	23.9	11.5
企业（%）	77.70	74.00	78.30	77.80	95.90
其中：规上工业企业（%）	71.30	68.20	72.20	68.50	93.80

资料来源：《中国科技统计年鉴（2015）》。

企业 R&D 经费外部支出分别流向国内科研机构、高校、国内企业和国外企业。2014 年，我国企业 R&D 经费外部支出流向国内研究机构的占比达到 42.2%，国内高校为 17.5%、国内企业为 25.2%、国外企业为 15.0%（见表 6.3）。到 2017 年，我国企业 R&D 经费外部支出流向国内企业的比重提高到 39.8%，高校和研究机构占比有小幅下降（见表 6.4）。我国企业 R&D 经费外部支出 85% 流向国内科研机构、国内高校和国内企业，表明我国的产学研合作主要是国内各主体之间的合作。

表6.3　2014年我国各类主体的R&D经费外部支出的分配情况

指标	R&D经费外部支出（亿美元）	国内研究机构（%）	国内高校（%）	国内企业（%）	国外企业（%）
全国	95.1	44.3	17.4	25.1	12.1
企业	73.9	42.2	17.5	25.2	15.0
其中：规上工业企业	67.8	42.3	17.6	24.1	15.9

资料来源：《中国科技统计年鉴（2015）》。

表6.4　2017年我国各类主体的R&D经费外部支出的分配情况

指标	R&D经费外部支出（万元）	国内研究机构（%）	国内高校（%）	国内企业（%）	国外企业（%）
全国	1119.0	36.0	11.1	39.8	10.8
企业	853.8	33.6	9.2	43.5	13.7
其中：规上工业企业	698.4	39.0	10.0	35.2	15.8

资料来源：《中国科技统计年鉴（2018）》。

从大学和科研院所R&D经费支出中来自企业资金所占的比例看，2008年以后，大学和科研院所R&D经费支出中来自企业资金所占的比重维持在33%以上（见表6.5），研究机构研发资金的80%以上来源于政府，高校研发经费的55%以上来自政府。高校和科研机构的研发以政府科技项目为主要导向，以服务企业创新需求为次要导向。这里需要指出的是，与美、欧、日等发达国家相比，我国大学1/3左右的研发经费来自企业，是非常高的比例，前者该比例为5%～10%。

表6.5　大学和科研院所R&D经费支出中来自企业资金

年份	2008	2009	2010	2011	2012	2013	2014
R&D经费内部支出（万元）	390.2	468.2	597.3	688.8	780.6	856.7	898.1
来自企业资金（万元）	134.9	171.7	198.5	242.9	260.5	289.3	302.7
企业所占比重（%）	34.6	36.7	33.2	35.3	33.4	33.8	33.7
研究机构：政府资金比重（%）	82.8	85.3	87.4	84.6	83.5	83.1	82.1
高校：政府资金比重（%）	57.9	56.0	60.1	58.8	60.7	60.3	59.7

资料来源：历年《中国科技统计年鉴》。

第二节　我国企业的技术创新能力

一、有R&D活动的企业比重还较低

2017年我国规模以上工业企业数量达到372729个，比2000年增长了2.29倍，其中有 R&D 活动的企业数量增长了 5.92 倍，快于规模以上工业企业数量的增速。然而，有 R&D 活动的企业占规模以上工业企业比重仍然较低，2016 年才首次超过 20%。在我国企业中，有 R&D 活动的企业比重较低（见表 6.6）。

表 6.6　有 R&D 活动的企业占全部企业的比重

年份	2000	2004	2009	2011	2012	2013	2014	2015	2016	2017
企业数量（个）	162885	1526143	2608401	1867789	1975570	2140016	2192362	383148	378599	372729
有 R&D 活动企业数（个）	17272	17075	36387	37467	47204	54832	63676	73570	86891	102218
有 R&D 活动企业所占比重（%）	10.6	6.2	8.5	11.5	13.7	14.8	16.9	19.2	23.0	27.4

资料来源：历年《中国科技统计年鉴》、《中国统计年鉴》。

二、有 R&D 活动企业的研发投入强度不高

尽管我国企业研发经费支出占全社会比重超过 70%，但企业研发经费投入强度（企业 R&D 经费支出占主营业务收入的比值）较低（见表 6.7）。2017 年我国企业研发经费投入强度为 1.06%，较 2000 年提高了 0.48 个百分点，但仍处于较低水平。

表 6.7　我国企业 R&D 经费支出占主营业务收入的比值　　　　单位：%

年份	2000	2005	2010	2011	2012	2013	2014	2015	2016	2017
企业 R&D 经费内部支出与主营业务收入之比	0.58	0.56	0.69	0.71	0.77	0.80	0.84	0.90	0.94	1.06

资料来源：历年《中国科技统计年鉴》。

中国企业 500 强研发投入强度有待加强。2014 年中国企业 500 强（426 家）共投入研发资金 999.52 亿美元，同比增长了 9.37%，占 2014 年全国企业研发经费支出的 46.6%。426 家企业平均研发强度为 1.28%，高于规模以上工业企业平均水平（0.84%）。

2014 年世界研发前 20 强共投入研发经费 1426.2 亿美元（2014 中国企业 500 强研发经费共 999.52 亿美元），中国研发前 20 强共投入研发经费 220.9 亿美元，占中国企业 500 强的 20.1%（见表 6.8）。包括华为，从事互联网、电子、汽车等前 20 强企业研发经费支出为 140.5 亿美元，低于德国大众和韩国三星两家企业的总额。

表6.8 2014～2015年世界研发支出全球20强和中国20强 单位：亿美元

排名	企业	金额	行业	排名	企业	金额	行业
1	德国大众	131.2	汽车	15	中国华为	54.4	电子、互联网
2	韩国三星	121.9	电子、互联网	71	中国石油	17.0	电子、互联网
3	美国微软	99.2	电子、互联网	83	中兴	13.9	电子、互联网
4	美国英特尔	95.0	电子、互联网	91	中国中铁	13.1	交通运输
5	瑞士诺华	82.2	制药	102	中国铁建	11.7	建筑和工程
6	美国谷歌	81.0	电子、互联网	128	联想	9.6	电子、互联网
7	瑞士罗氏	74.2	制药	131	百度	9.4	电子、互联网
8	美国强生	70.0	制药	132	腾讯	9.3	电子、互联网
9	日本丰田	68.6	汽车	135	上海汽车	9.2	汽车
10	美国辉瑞	68.4	制药	156	中国建筑	7.6	建筑和工程
11	美国通用	61.0	汽车	159	中国石化	7.6	石油化工
12	美国默克	60.6	汽车	169	中国中车	6.9	运输设备
13	美国福特	56.8	汽车	210	招商银行	5.2	金融
14	德国戴姆勒	56.5	汽车	237	中国交建	4.5	建筑和工程
15	中国华为	54.4	电子、互联网	248	比亚迪	4.3	汽车
16	美国思科	51.1	电子、互联网	273	上海电气	3.8	装备制造
17	德国博世	50.4	汽车	292	长城汽车	3.5	汽车
18	美国苹果	49.8	电子、互联网	294	江淮汽车	3.4	汽车
19	法国赛诺菲	48.1	制药	299	奇虎360	3.3	电子、互联网
20	日本本田	45.8	汽车	321	东风汽车	3.2	汽车

资料来源：欧盟委员会下属调研公司IRI（Institute for Research Innovation）。

　　我国企业R&D人员投入强度有所提高，但与世界主要发达国家相比，研发人员总量还较低，导致我国企业整体研发人员投入强度低于世界发达国家。2000～2014年，我国企业R&D人员全时当量占就业人员比重从0.79%上升到2.65%（见表6.9），但与世界主要发达国家相比，我国每万就业人员中从事R&D活动人员数量和研究人员数量还较低（见表6.10）。

表6.9 我国规模以上工业企业R&D人员占从业人员的比重

年份	2000	2005	2010	2011	2012	2013	2014
从业人员数（万人年）	5559.4	6905.0	9544.7	9168.8	9674.1	9788.5	9973.2
研发人员全时当量（万人年）	43.9	54.2	144.7	193.9	224.6	249.4	264.2
研发人员投入强度	0.79	0.78	1.52	2.11	2.32	2.55	2.65

资料来源：《中国科技统计年鉴（2015）》、历年《中国工业统计年鉴》。

表 6.10　2014 年我国研发人员投入强度与世界主要国家的比较

指标	中国	法国	德国	日本	韩国	英国	美国	俄罗斯
	2014 年	2013 年	2013 年	2013 年	2012 年	2013 年	2011 年	2013 年
企业从事 R&D 活动人员占全部的比重（%）	78.1	59.4	62.0	67.5	71.1	45.8	—	51.3
每万人就业人员中从事 R&D 活动人员（人）	69	156	143	134	160	121	—	116
其中：研究人员（人）	30	98	85	102	128	87	88	62

资料来源：《中国科技统计年鉴（2015）》。

三、有 R&D 活动企业的经费投入结构有待优化

2014 年我国企业基础研究经费占 R&D 经费的比重仅为 0.10%，应用研究经费比重仅为 3.13%，实验发展比重为 96.77%，这种状况自 2009 年以来并未得到有效改善（见表 6.11）。

表 6.11　我国企业基础研究和应用研究经费占企业 R&D 经费的比重　　单位：%

年份	2009	2011	2012	2013	2014
基础研究经费占企业 R&D 经费比重	0.10	0.11	0.09	0.09	0.10
应用研究经费所占比重	2.00	2.90	3.05	2.75	3.13
实验发展所占比重	97.90	96.99	96.86	97.16	96.77

资料来源：历年《中国科技统计年鉴》。

2017 年我国企业消化吸收经费占技术引进经费的比重仅为 29.7%，较 2000 年提升了 23 个百分点，但该比重仍很低，且近几年消化吸收经费的绝对量还有所下降（见表 6.12）。

表 6.12　企业消化吸收经费与技术引进经费支出的比值

年份	2000	2004	2009	2011	2012	2013	2014	2017
消化吸收经费支出（亿元）	22.8	61.2	182.0	202.2	156.8	150.6	143.2	118.5
技术引进经费（亿元）	339.4	479.8	625.6	669.5	595.6	608.3	601.0	399.3
消化吸收占技术引进比重（%）	6.7	12.8	29.1	30.2	26.3	24.8	23.8	29.7

资料来源：历年《中国科技统计年鉴》。

四、有利于支撑企业创新的环境有待改善

1. 创新投入规模与经济和人口的大国地位不匹配

（1）研发投入规模与经济体量不匹配。尽管我国整体研发经费投入强度（R&D 经费占 GDP 的比例）逐渐提高，从 2000 年的 0.90% 提高到 2016 年的 2.11%，但与 OECD 国家（2.49%）和世界平均水平（2.23%）还有一定的差距；与日本、韩国、德国、美国等发达国家相比，也存在很大差距（见表 6.13）。

表 6.13 世界主要国家和地区研发经费占 GDP 比重情况 单位：%

年份	2000	2005	2010	2011	2012	2013	2014	2015	2016
中国	0.90	1.32	1.73	1.79	1.93	2.01	2.05	2.06	2.11
德国	2.39	2.42	2.71	2.80	2.87	2.83	2.87	2.92	2.93
法国	2.08	2.04	2.18	2.19	2.23	2.24	2.26	2.27	2.25
英国	1.72	1.63	1.69	1.69	1.62	1.66	1.70	1.67	1.69
日本	3.00	3.31	3.25	3.38	3.34	3.47	3.58	3.28	3.14
韩国	2.18	2.63	3.47	3.74	4.03	4.15	4.29	4.22	4.23
美国	2.62	2.51	2.74	2.76	2.70	2.73	2.76	2.74	2.74
中高等收入国家	0.68	0.89	1.20	1.24	1.34	1.48	1.57	—	1.62
高收入国家	2.34	2.25	2.43	2.44	2.47	2.46	—	—	2.49
经合组织成员平均	2.30	2.22	2.38	2.41	2.44	2.42	—	—	2.49
世界平均	2.08	1.99	2.06	2.05	2.13	2.12	2.12	2.11	2.23

注：世界银行 2015 年的最新收入分组标准为：人均 GDP 低于 1045 美元为低收入国家，1045~4125 美元为中等偏下收入国家，4126~12735 美元为中等偏上收入国家，12736 美元及以上为高收入国家。

资料来源：世界银行、《中国科技统计年鉴（2018）》。

（2）研发人员规模与人口体量不匹配。我国研发人员的投入强度，即每百万人口研发人员数量也与世界主要国家的情况存在一定差距。2014 年我国每百万人口研发人员为 1113 人，而美、德、法、英、日、韩等发达国家都在 4000 人以上，特别是韩国达到 6899 人（见表 6.14）。

表 6.14 世界主要国家和地区每百万人研发人员数量情况 单位：人

年份	2000	2005	2010	2011	2012	2013	2014	时间均值
中国	547	857	903	978	1036	1089	1113	932
德国	3149	3350	4078	4211	4379	4400	4381	3993
法国	2897	3307	3868	3940	4073	4170	4201	3779
英国	2897	4129	4091	3979	4029	4186	4252	3938
日本	5151	5360	5153	5160	5084	5201	5386	5214
韩国	2345	3777	5380	5853	6362	6457	6899	5296
俄罗斯	3459	3235	3088	3125	3094	3073	3102	3168
美国	3476	3718	3867	4011	4019	—	—	3818
中高等收入国家	726	894	950	1012	1130	1224	1264	1029
高收入国家	3118	3552	3836	3911	3975	—	—	3678
经合组织成员平均	2720	3098	3344	3422	3834	—	—	3284
世界平均	1083	1207	1282	—	—	—	—	1191
人口红利后期国家	794	1003	1044	1135	1203	1232	1317	1104

注：人口红利指的是在一个时期内生育率迅速下降，少儿与老年抚养负担均相对较轻，总人口中劳动适龄人口比重上升，从而在老年人口比例达到较高水平之前，形成一个劳动力资源相对比较丰富，对经济发展十分有利的黄金时期。

资料来源：世界银行。

2010 年，我国每单位 GDP 中企业研发支出得分为 107.8，超过了 OECD 国家的平均水平，但与美国、日本、韩国等国家尚存较大差距。

2010 年，中国每单位 GDP 中企业 500 强发明专利得分仅为 24.8，与 OECD 国家均值存在较大差距。

2. 公共部门的研发能力不强

从投入来看，2010 年，我国每单位 GDP 的公共研发支出得分为 55.1，低于金砖国家中的巴西、印度，略高于俄罗斯，也低于 OECD 国家平均水平（见表 6.15）。

从产出来看，我国每单位 GDP 的大学和实验室专利数量（22.3）与 OECD 国家的平均水平存在较大差距。

表 6.15　2010 年中国与 OECD 国家创新环境的比较

国家	科学基础			企业创新		创新创业	
	单位 GDP 的公共研发支出	企业资助的公共研发支出（GDP）	大学和实验室专利	单位 GDP 的企业研发支出	500 强企业发明专利与 GDP 比重	专利申请不到 5 年的公司数量与 GDP 比重	创业便利指数
巴西	66.8	—	12.2	20.9	19.1	—	43.3
中国	55.1	118.9	22.3	107.8	24.8	4.0	−34.9
法国	129.3	72.4	127.8	110.9	124.6	83.5	103.2
德国	147.6	173.7	100.0	133.6	120.2	103.2	98.7
印度	60.3	—	12.8	9.9	20.5	0.1	−21.8
日本	98.3	20.8	121.5	157.5	147.5	20.1	94.1
韩国	136.3	116.9	131.5	170.2	107.2	—	133.3
俄罗斯	52.6	126.2	−0.7	56.9	7.4	—	59.3
英国	86.3	72.2	113.8	95.6	116.9	111.1	200.0
美国	102.2	45.2	123.2	138.5	115.8	109.2	113.3
欧盟	101.4	106.1	103.1	102.0	111.4	—	—
OECD 平均	100.0	100.0	100.0	100.0	100.0	100.0	100.0

资料来源：OECD。

3. 创新体系的国际开放度不高

从国际合作发表论文数比重和国际合作申请 PCT 专利比重两项指标的得分来看，2010 年我国该两项指标分别为 −9.3% 和 38.3%，不仅低于金砖国家，还低于 OECD 国家平均水平（见表 6.16）。

表 6.16　2010 年国际比较——面向创新的互联网应用和国际合作创新

国家	面向创新的互联网应用			国际合作创新	
	固定宽带用户（Perpopulation）	无线网络用户（Perpopulation）	电子政务成熟指数	国际合作发表论文数比重（%）	国际合作申请 PCT 专利比重（%）
巴西	−21.2	47.2	32.6	32.3	70.4
中国	−4.1	—	2.9	−9.3	38.3

续表

国家	面向创新的互联网应用			国际合作创新	
	固定宽带用户（Perpopulation）	无线网络用户（Perpopulation）	电子政务成熟指数	国际合作发表论文数比重（%）	国际合作申请PCT专利比重（%）
法国	164.2	86.2	149.5	99.5	87.1
德国	155.0	65.6	106.1	98.3	69.1
印度	−59.9	—	−53.4	4.0	103.9
日本	112.6	164.9	101.4	25.6	0
韩国	181.3	200.0	200.0	28.6	5.2
俄罗斯	6.2	—	75.9	45.2	92.2
英国	155.3	100.4	174.8	90.8	104.5
美国	115.1	138.6	153.5	41.6	43.8
欧盟	109.9	−1.1	—	—	37.8
OECD平均	100.0	100.0	100.0	100.0	100.0

资料来源：OECD。

我国国际知识产权交易费用全球占比从2000年的0.8%上升到2015年的3.5%，但与世界第二大经济体的地位不匹配。中国国际知识产权交易一直处于逆差状态，且逆差一直在扩大。从2000年的−12.0亿美元上升到2015年的−209.3亿美元，国际收支账户不平衡（见图6.4）。

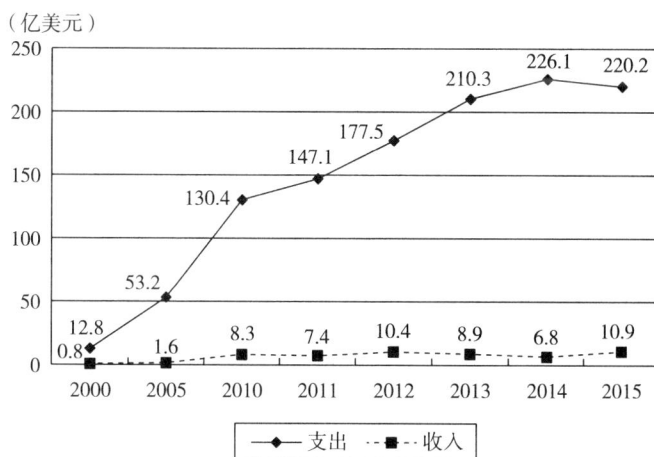

图6.4　2000～2015年中国国际知识产权使用费的收入和支出情况

资料来源：世界银行。

美国和欧盟一直是全球知识产权交易最活跃的地区。2015年美国国际知识产权交易总额为1641.6亿美元，占世界比重为24.6%；欧盟地区为3104.5亿美元，占世界比重为46.5%。全球知识产权交易中心由美国向欧盟转移。比较2000年和2015年的数据发现，美国国际知识产权交易占世界比重从2000年的41.3%下降到2015年的24.6%，而欧盟地区的国际知识产权交易比重则从2000年的27.2%上升到2015年的46.5%（见表6.17）。

表6.17 世界主要国家和地区国际知识产权使用费收入和支出情况 单位：亿美元

国家	2000 年				2015 年			
	支出	收入	收支总额	差额	支出	收入	收支总额	差额
巴西	14.2	1.3	15.4	-12.9	52.5	5.8	58.3	-46.7
中国	12.8	0.8	13.6	-12.0	220.2	10.9	231.1	-209.4
俄罗斯	0.7	0.9	1.6	0.2	56.3	7.3	63.6	-49.1
印度	2.8	0.8	3.7	-2.0	48.5	6.6	55.1	-41.9
法国	44.2	39.7	83.9	-4.4	139.2	148.9	288.0	9.7
英国	71.5	100.2	171.7	28.6	124.3	175.4	299.7	51.1
日本	110.1	102.3	212.3	-7.8	169.9	366.3	536.2	196.4
美国	166.1	518.1	684.1	352.0	395.0	1246.7	1641.6	851.7
欧盟	230.1	220.4	450.5	-9.8	1898.4	1206.1	3104.5	-692.3
世界	743.5	913.0	1656.5	169.6	3507.7	3165.8	6673.5	-341.9

资料来源：世界银行。

4. 市场环境有待提高

从营商环境、创办企业天数和程序以及法律完善程度看，我国与世界平均水平和经济合作组织平均水平相比，还有一定的差距（见表6.18）。

表6.18 世界主要国家企业技术创新的市场环境情况

国家	营商便利指数		创办企业所需时间（日）		企业注册启动程序（道）		法律权利力度指数	
	2015 年	2016 年	2015 年	2016 年	2015 年	2016 年	2015 年	2016 年
巴西	121	123	83	80	11	11	2	2
中国	80	78	31	29	11	9	4	4
欧盟	29	30	11	10	5	5	6	—
印度	131	130	28	26	13	13	6	6
日本	32	34	11	11	8	8	4	4
韩国	4	5	4	4	3	2	5	5
经合组织成员	26	27	9	8	5	5	6	—
俄罗斯	36	40	11	10	4	4	6	6
美国	7	8	6	6	6	6	11	11
世界	95	95	21	21	7	7	5	—

注：营商便利指数（1 = 最有利于营商的法规）。营商便利指数从1到189为经济体排名，第一位为最佳。排名越高，表示法规环境越有利于营商。该指数对世界银行营商环境项目所涉及的10个专题中的国家百分比排名的简单平均值进行排名。

启动程序即创办企业的必要程序，包括为了获取必要的许可证和执照以及为了完成开展经营活动所需的注册、验资、通知等工作所进行的接触活动。该数据用于统计具备特殊所有权特征、规模及生产类别的企业。

创办企业所需时间是指完成合法经营企业所需程序的历日数。如增加成本可加快进程，则不考虑成本因素直接选择最快程序。

法律权利力度指数（0 = 弱，12 = 强），法律权利力度指数衡量的是担保品法和破产法通过保护借款人和贷款人权利而促进贷款活动的程度。指数范围由0至12，数值越高表明担保品法和破产法越有利于获得信贷。

资料来源：世界银行。

第三节　技术创新体系中的中央企业

一、中央企业技术创新的现状

1. 中央企业在技术创新体系中的地位

（1）中央企业技术创新体系是国家创新体系的重要组成部分。中央企业是我国技术创新能力积累时间最长、技术创新制度建设和基础设施最为完善、总体技术创新能力最强的一类企业。

1）积累了雄厚的创新资源。经过政府和企业长期的、大量的投入，尤其是改革开放后参与市场竞争的锤炼，中央企业已经形成了由数量众多的研发机构、较为扎实的研发平台、持续增长的科研投入和日益壮大的科研人才队伍等构成的丰富创新资源，具有巨大的创新潜力。中央企业落实人才强企战略，持续推进科研人才培养和队伍建设，培养和凝聚了一支高素质的科技人才队伍。截至 2019 年底，中央企业共拥有中国工程院院士 213 人，占全国的 23.1%；中国科学院院士 53 人，占全国的 6.8%。2016 年中央企业拥有国内外研发机构总计 3100 多个，其中国家级创新平台超过 630 个。

2）中央企业对科技活动和研发的投入在全国科技投入中占有举足轻重的地位。2015 年中央企业拥有国家级研发机构 1351 个，其中国家级重点实验室 47 家，占全国的 47%；国家能源研发（实验）中心 52 个，占全国的 73%；国防科技重点实验室 64 个，占全国的 62%。这些高水平研发平台的建立，为中央企业技术创新提供了强有力的支持。

3）中央企业在国家重大创新领域作用突出。中央企业牵头或参与了多个国家重大科技专项任务，取得了一大批创新成果，2019 年"鹊桥"中继星顺利进入使命轨道运行、"嫦娥四号"实现人类探测器首次月背软着陆、大型水陆两栖飞机 AG600 水上首飞、"天鲲号"重型自航绞吸船出港海试、参与制定的首个国际 5G 标准正式发布、港珠澳大桥正式建成通车、北斗卫星导航系统全球组网迈出坚实的步伐、台山核电 EPR 机组具备商业运行条件，这些都标志着我国在相关科技前沿领域取得积极成果。

4）中央企业积极推进重大科技专项、开展基础研究和高技术研究，有力支撑国防安全和国家重大战略，推动我国创新发展。中央企业积极承担 973、863 等国家重点科技计划任务，集中力量开展应用基础研究和产业核心关键技术研发，在推动产业转型升级方面取得了丰硕成果。

5）中央企业在推进引进消化吸收再创新过程中发挥了重要作用。依托国家重大工程项目，通过引进国外先进技术，实施国产化并再创新，中央企业在多个领域形成了多项具有自主知识产权的重大创新成果，如高铁、特大型水轮发电机组、人乙烯项目等，打破了国外技术垄断，实现了部分关键技术从过去的单纯跟随向引领发展的历史性跨越。

6）中央企业的专利数量大幅增加。2015 年，专利申请数为 10.49 万件、授权数 6.91 万件。其中，中央企业的发明专利申请量在全部专利申请量中的比重达到 53.1%，高于全国 34.7% 的平均水平；发明专利授权量在全部专利授权量中的比重也达到了 28.1%，高于全国 15.8% 的平均水平。2019 年第 21 届中国专利奖获奖单位中，有 10 家中央企业获专利金奖 10 项，占该奖项总数的 33%，充分展示了中央企业的技术创新实力和成果质量。

7）中央企业是国家级技术创新成果奖项的主要获得者。2016 年中央企业获得的国家科技进步奖和技术发明奖，占到了获奖总数的 1/3，在特等奖和一等奖中占比更高。获国家技术发明奖、国家科技进步奖共计 424 项，约占同类奖项总数的 1/3，其中获得全部 14 项国家科技进步特等奖中的 12 项。2018 年中央企业获得国家科技技术奖励 98 项，占奖项总数的 40.8%，取得了丰硕的创新成果。中央企业获得国家科技奖励的范围主要分布在军工、石油石化、电力等关系国家安全和国民经济命脉的重要行业和关键领域，以及建筑、装备制造、通信和电子信息等重要行业，体现出中央企业自主创新能力进一步增强，在国家科技创新中的骨干带头作用更为突出。在中央企业获得奖项中，多家单位协同创新的项目占很大比重，充分说明在技术创新活动中，中央企业进一步加大了与高等院校、军队、中科院等有关科研机构及民营企业之间的合作，形成了产学研用结合、产业链上下游合作的良好机制，在加强协同创新，完善技术创新体系方面取得了明显成效。

（2）中央企业技术创新引领行业发展。中央企业充分利用和挖掘自身在技术创新体系建设上的优势，在建立和完善产业体系、规范行业发展、填补空白、缩短差距、打破国际垄断、占领国际科技竞争制高点等方面发挥了不可替代的作用。

1）突破关键技术、填补空白、缩短差距。中央企业突破了一批制约行业发展的技术瓶颈，掌握了一批关键核心技术，部分技术达到了世界领先水平。中国南车攻克高速动车组、大功率机车等一批核心技术，打破国外公司长期垄断局面，提升了我国轨道交通装备行业整体水平。航天科技集团建设我国首个北斗全球"厘米级"定位系统——"羲龙系统"。羲龙系统通过计算从全球多达 300 个以上的多系统卫星导航参考站所获取的观测数据，对传统的卫星导航定位中对于定位精度影响较大的轨道误差、时钟误差等参数进行精密修正，并通过 5 颗地球同步轨道卫星和 60 颗以上的低轨通信卫星星座，向卫星导航终端播发相关修正参数，将卫星导航终端定位精度提高到"厘米级"。羲龙系统提供 OS、SP、GP、Air 共 4 种数据信号，分别提供亚米级、亚分米级、厘米级、航空安全服务。随着羲龙系统建设及运营工作的逐步推进，我国工业界将拥有一把"以厘米为刻度感知世界的天尺"，全面提升定位水平。

2）制定行业标准、规范产业发展。中央企业积极主导或参与行业标准的制定，不断加强标准与知识产权的结合，推动标准与知识产权的良性互动，加快新技术的标准化速度，发挥标准的引领作用，规范行业的发展。中国移动通过自主创新和联合创新，在国际主流标准组织已主导完成核心标准上百项，推动 TD - SCDMA 及其后续演进技术成为全球主流标准，国际标准话语权跻身全球运营商第一阵营，改变了我国通信技术长期受制于欧美的局面。中央企业标准化研究机构每年发布行业标准和国家标准数量在增长，并在国际性标准方面不断有突破。例如，2016 年在冶金工业信息标准研究院方面，经过 5 年多谈判，11 个成员国单位投票一致同意，由攀钢牵头代表中国负责修订的钢轨国际标准 ISO5003：2016《43kg 及以上对称平底钢轨》获得正式颁布实施。

（3）中央企业技术创新的外溢和带动效应显著。中央企业通过自身产业链和创新链的建设和延伸，其创新活动和成果已渗透到整个国民经济体系之中，带动了相关产业的发展和技术创新水平的提高。通过技术扩散和人员流动，中央企业向其他企业和组织提供了大量的技术人才、创新管理经验，在提升国家整体技术创新能力和完善国家创新系统方面发挥了重要的作用。

航天科工 2016 年 4 月表示将在航天云网发布超 400 亿协作采购需求。这些需求包含生产加工、研发设计、试验、计量检测等五大类，覆盖金属、装备、电工、电子等制造行业。航天科工致力于打造中国首个工业互联网，通过航天云网平台发布企业协作配套采购需求，一方面实现采购公开化、交易透明化，寻求到价格更低、质量更优、服务更好的供应商；另一方面发挥中央企业的示范带动作用，运用互联网思维推进采购机制改革，推动自身产业升级、企业转型、提质增效。多家企业为航天载人飞行任务提供多台套单机产品、大量工业基础件、电子元器件产品及软件测评服务，技术创新的外溢和带动效应都很明显。

2. 中央企业技术创新的组织与管理

分析中央企业技术创新组织体系建设现状，需要综合分析中央企业的经营管理体系。

（1）组织体系综合特点。

1）中央企业管理层级多、链条长。中央企业大都属于大型企业集团。以 2015 年主营业务收入规模来看，收入规模在百亿元以下的中央企业占比为 14.7%，在百亿到千亿元的中央企业占比为 35.8%，在千亿到万亿元的占比为 46.8%，在千亿元以上的中央企业占比为 2.8%。可见，80% 以上的中央企业主营业务收入在百亿元以上。此外，绝大多数中央企业从业人员规模在万人以上，超过一半的中央企业研发投入在 10 亿元以上。中央企业管理层级多、子企业数量大。根据《中国国有资产监督管理年鉴（2015）》，2014 年 104 户中央企业通过多层母子公司形式控制了 19684 家子企业，平均每家中央企业拥有一级子企业为 30 户、二级子企业约 80 户、三级及以下子企业为 42 户。

近年来，中央企业大力推动"瘦身健体"，截至 2019 年 5 月，中央企业累计减少法人 11131 户，减少比例达 21.3%。

2）中央企业业务多元、管控模式多样。中央企业业务构成呈现多元化特点。调查显示，中央企业集团公司主要业务构成模式分布情况为：单一业务为主型的中央企业占 35.3%，相关多元化占 56.9%，非相关多元化占 7.8%。对于多元化企业而言，如何构建符合不同业务行业特征，同时又便于公司总部统一管理的科技体系；如何平衡分配不同业务之间的科技资源，以达到中央企业整体利益的最大化；如何加强不同业务之间科技资源的协同，都是科技管理工作中绕不开的难题。中央企业集团管控模式多样。受集团业务特征、集团规模、发展战略、产权关系、领导人风格等因素影响，不同中央企业选择了不同的集团管控模式。根据调查数据，50.0% 的中央企业以战略管控为主，总部对集团核心业务板块主要实行发展方向和绩效的管控；34.3%的中央企业偏向于财务管控，总部主要以财务指标对集团成员企业进行考核和控制，关注投资回报；13.7%的中央企业偏向于运营管控，总部通过业务管理部门和专业职能部门对下属企业日常经营运作进行管理。此外，有一些企业选择的是混合型管控，如兵装集团对军品采取运营管控，对民品采取战略管控。不同的集团管控模式导致企业在创新体系建设上有显著区别。例如，航天科工属于战略管控，仅对业务单元影响集团整体发展的关键事项进行管控，所属科研机构自主运营管理的空间较大。而偏向于运营管控的国家电网公司，对所属科研机构的控制力度大，科技资源调配与整合能力更强，使得所属科研机构自主运营的空间更小。

（2）科技管理与研发体系现状。

1）中央企业科技管理体系架构基本健全。中央企业不断完善科技管理体系，规范科技管理工作。多数中央企业集团层面设立了行使科技管理职能的专业部门（如科技部），并在子公司层面，根据子公司组织设置情况建立了对口部门与专职科技管理人员。少数企业在集团层面没有专职常设的科技管理职能部门，仅在综合业务部门中下设科技管理处，负责统筹规划协调整个集团的科技管理工作，这些企业主要集中在商贸服务类企业以及主营业务多元化程度高的企业。个别企业将中央研究院作为集团科技管理部门的支撑或执行机构，具体负责统筹规划协调工作。在不同层级管理职能上，集团和下属子公司科技管理部门分工明确。集团科技管理部门通常负责制定公司科技创新战略、科技规划和计划，组织重大科研项目实施和成果转化与应用，组织实验室体系、知识产权体系、制度体系和科技人才队伍的建设，开展科技奖励，考核监督指导各单位科技管理工作。子公司科技管理部门在总部的统筹领导下，通常负责组织科技规划和项目建议计划编制，组织科技项目的实施和新技术推广应用，开展技术需求分析，负责所属实验室、技术标准、知识产权、科技成果的管理等。

在集团科技管理部门的定位上，主要有两类典型模式。一是科技管理主体，多数中央企业集团科技部的定位是科技管理主体（属于职能管理主体），统筹协调集团科技管理工作。二是科技管理主体＋事业部管理主体，典型范例是中石化，集团科技部既承担统筹规划协调全系统科技管理工作，又归口管理直属研究院、海外研发中心、催化剂有限公司、科技开发公司，也即承担科技业务的事业部管理职能。在集团科技部机构设置上，不同企业由于管理重点不同也存在差异。

2）中央企业研发体系呈现层级多且分散的特点。企业普遍拥有多层级的研发体系。受到集团管理层级多的影响，多数企业建立了多层级的研发组织架构，即在总部层面建立开展共性关键技术研究的直属研究院，在一级产业子公司内部设立支撑业务发展需要的研发机构，甚至有三级、四级子公司的研发机构。当然，有一部分中央企业将研发机构分散在下属的各产业子公司内部，在集团总部层面没有建设直属研究院，商贸服务和原材料等领域企业较多采取了这种结构。企业研发机构设置总体分散。根据调查数据分析发现，集团层面不拥有直属研究院的企业有47家，有1家直属研究院的企业有19家，有2~5家直属研究院的企业有23家，有6家及以上直属研究院的企业有21家，少数企业甚至拥有10多家直属研究院。较多企业拥有多种类型的研发机构。除从事技术研发工作的"硬科学"科研单位外,较多企业还设立了从事经济技术研究或战略研究的软科学研究单位,从事信息收集的信息研究中心,从事设计业务相关的规划设计研究院、勘探设计院等。

3)中央企业海外研发平台建设刚刚起步。企业"走出去"建立研发机构的企业数量少,分布的国家和地区有限。截至 2015 年底,共有 37 家中央企业在海外建立了研发机构,研发机构总数为 30 家,主要分布在 13 个国家和地区(主要集中在美国、英国、德国3 个国家)。建设方式有自建、合资和并购三种模式,其中 30% 为自建,40% 为并购建立,其他主要是合作建立。不同领域中央企业"走出去"的步伐存在差异。

4)中央企业技术创新体系建设参差不齐。由于发展阶段、现实基础和实践经验的不同,以及对创新的意识和重视存在差异,使得企业技术创新体系建设呈现参差不齐的状态。一批企业已经建立了比较完善的技术创新体系,拥有了分工明确、定位清晰的技术创新组织结构,如航天科技、中国兵器、国家电网和宝钢等。一批企业拥有良好的创新资源基础,但技术创新体系还不完善,存在创新资源分散和重复建设的问题,如国机、中国化工等。还有一批企业创新体系建设刚刚起步,其创新基础薄弱,研发平台缺乏,创新资源不足,如国航等。对不同基础和条件的企业,其技术创新体系建设的重点存在较大差异。有的企业只需要在现有组织架构的基础上,完善技术创新机制;有的企业还需要加快资源整合,建设适合企业特点的技术创新组织架构;有的企业还需要大力加强科研平台建设。

3. 中央企业技术创新运行机制

(1)创新决策机制。中央企业普遍设立了科学技术委员会、科技咨询委员会或专家委员会,建立了创新决策主体、决策咨询机构,并制定了科技发展规划,不断完善创新决策机制。建立了创新决策主体。多数企业以科学技术委员会等组织形式,建立了集团战略决策机构,负责重大事项的集体决策;部分企业甚至在各层级建立科技领导小组,作为各级技术创新重大问题的决策机构。设立了决策咨询机构。多数企业设立了技术咨询委员会,由内外部专家组成专家团队,对重大事项开展调研研究,提出咨询意见和建议。部分企业在技术咨询委员会的基础上,按领域组建专业分委会,为公司各类技术决策提供咨询意见,支撑公司科学决策。制定了企业科技发展规划。多数企业制定了科技发展规划,通过制定企业的科技发展规划,确定技术创新工作重点、战略部署和重大科技专项,明确科技发展优先领域以及近期、中期和远期的发展方向,并对科技投入、体制机制、知识产权、人才保障等方面提出明确的发展规划。

(2)创新投入机制。中央企业通过绩效考核、激励政策、专项基金、多渠道融资等举措,逐渐建立了促进创新投入不断上升的保障机制,近年来实现了创新经费支出的稳步增长。纳入绩效考核。多数企业将研发投入纳入企业负责人绩效考核,将各子公司科技投入完成情况纳入年度子公司经营考评指标,对企业技术投入比率是否达到年度指标进行考量和评价。实行预算制度。通过将科研投入纳入年度预算,对下属企业提出了投入比例的明确要求,确保研发资金投入,并且通过将科研投入纳入全面预算体系,保障对科研投入的管理规范。制定激励政策。少数企业将研发投入视为利润,鼓励下属企业加大对研发的投入。设立专项基金。部分企业设立集团级的科技专项基金,用于面向前瞻性、基础性的研究,保障特定技术研发领域的经费投入。规范资金投向。部分企业对研发资金投向做出了明确的规定，如在年度预算中固定投入研发资金，支持开展战略性、共性、前瞻性的应用基础研究、产品开发和技术开发项目。

（3）研发项目管理机制。中央企业对科研项目普遍遵循统筹规划、分层管理的原则，制定完善的相关管理制度，部分企业采取了项目分类管理，少数企业建立了严格的项目流程控制机制。主要有以下做法：

1）实行项目的分层分类管理。将项目划分为多种类别，对不同科研项目实行差异化管理。部分企业选取其中重大项目由集团统一重点管理，其他项目按产业板块由相应产业产品研发中心或直属研究院进行统一管理；还有一些企业将科技项目分为三类，即政府科技计划项目、基础研究与技术开发项目、产品研发项目，对不同类别的项目采用差异化的管理方式，确保项目质量。

2）强化产品研发流程管控。部分企业建立了科学的产品研发流程控制机制，减少科技资源浪费，提高研发投入产出效率。例如，按照产品线规划、形成概念、可行性评估及确认、设计、验证、量产、上市、评估8个步骤进行管理。通过强化研发过程多部门参与的技术先进性、市场适用性、产品可靠性、成本经济性和技术标准化等综合目标评审，确保研发质量。

3）探索项目经理负责制。通过对项目经理的充分授权，探索推行项目经理负责制，强调突出项目经理的地位和作用，提高项目研发管理效率。部分企业明晰项目负责人权利和对应的责任，赋予在团队组建、资源调配、内部考核和跨部门考核建议等方面职责，充分发挥项目负责人作用。部分企业授予项目经理对项目的全面计划、组织、协调、奖励的权利，协调项目技术、人力、经费等相关资源，对研发目标承担总体责任。

4）完善项目管理制度。多数企业制定了科技项目管理办法，明确了立项、审批、验收全过程的管理要求，规范项目管理流程，确保科研项目有序开展。其中，部分企业建立项目计划管理、项目过程管理、项目知识产权管理、项目成果管理、项目经费管理、项目考核评估管理等制度体系；部分企业完善项目全流程管理制度，从项目立项、计划、执行、验收、后评、奖惩等各个环节的管理机制，细化了每个环节的具体操作步骤。

（4）成果转化机制。为促进科技成果共享及转化，提高科技成果推广应用，中央企业积极探索成果转化机制建设，如制定科技成果转化的相关制度、建立成果转化个体激励机制、建设科技成果转化内部市场、强化研发全过程闭环管理、跨部门、跨单位协同推进成果转化等。

1）制定科技成果转化的相关制度。较多企业都制定了科技成果转化制度，通过制定颁发相关制度，规范成果转化职责、流程及绩效规定成果转化的条件、机制、指标、程序。

2）探索建立成果转化激励机制。少数企业实行了从项目净收益中提取一定比例奖励给相关科技人员，或以利润提成、专利分红等方式促进科研成果有偿转化，或者产品销售提成奖、专利贡献奖等做法，科研成果转化及市场开拓与个人收益挂钩，调动科技人员成果转化的积极性。

3）建设科技成果转化内部市场。少数企业建立内部技术市场，推动技术有偿使用，规范内部技术贸易；或者针对不同类型科技成果，构建差异化的评估标准，制定成果评估办法，在系统内实现市场化的成果交易。

4）强化研发全过程闭环管理。部分企业将成果转化纳入企业研发活动的全过程进行管理，通过产品生命周期阶段决策评审流程推动项目成果转化，或者实行成果评审发布、学习交流、推广应用、后评估的闭环管理流程，提高成果转化效率。

5）跨部门、跨单位协同推进成果转化。加强部门合作，科技部门统筹管理，各专业部门协同推进，促进成果转化落实；或者将科研、设计、设备制造、工程建设和生产应用等各方面的力量有效组织起来，跨单位合作推进重大科技攻关及产业化。

（5）培养与激励机制。在技术创新人才的引进、培养和激励方面，中央企业积极探索实践，如创建科技奖励机制，完善职业发展通道，构建集团内部的人才流动机制，推行分红和股权等中长期激励政策等，不断完善人才培养与激励机制，塑造良好的人才发展环境。

1）科技奖励。多数企业推行了科技奖励的政策，通过对下属企业、研发团队或个人实行科技奖励，激励人才创新动力。

2）职业通道。部分企业通过搭建管理、专业、技能多职业发展通道；设立院士、首席科技专家、科技带头人等，激励科研关键人才；或者建立创新贡献积分机制，将贡献、绩效及职业发展相结合；或者依托科学化、标准化的管理工具，完善人才职业发展通道。

3）内部流动。部分企业积极探索建立合理的人才内部流动机制，鼓励科技人才合理流动和有效配置，使现有人才与岗位之间达到较好组合。

4）中长期激励。部分企业积极探索股票期权、岗位分红权等中长期激励计划，在企业内部一定范围内激励科技骨干人员。

（6）考核评价机制。中央企业普遍将技术创新纳入了企业经营绩效考核范围，部分企业在考核的基础上还专门开展了技术创新评价工作，并建立配套的考核评价制度体系。

1）纳入企业负责人绩效考核。企业通过将技术创新列入对企业领导班子的考核内容，与业绩、收入挂钩，加强科技创新领导责任导向，将一把手责任由以前的保证重点项目完成转变到对技术发展和预研工作的整体关注和支持上来。

2）开展技术创新评价工作。部分企业制定了专门的技术创新评价办法，根据企业实际，建立了相应技术创新评价指标体系，对下属单位技术创新工作进行更全面系统的评价，或者针对技术创新能力进行评价，并且每年度发布技术创新能力评价报告。

3）开展科研人员绩效考核。采用个人岗位目标责任制，对于创新团队的负责人和团队成员设置不同的绩效考核目标。通过对项目组所取得的创新成果以及将科技成果进行市场推广应用的业绩情况来考核项目经理。对科研人员的考核采用关键绩效指标与工作目标相结合的方式，既关注量化的结果，也关注难以量化的结果和过程性工作内容。

（7）协同创新机制。中央企业日益认识到协同创新的重要性，不断加大了协同创新的力度，合作形式有签署战略合作协议、成立技术创新联盟、建立实体合作研发平台等形式，合作对象囊括了国内外的高校、科研院所、产业链上下游企业。

1）开展联合研发。大部分企业以合作项目为纽带，与国内外优秀大学和科研机构开展合作研究，并在合作研究基础上，联合申报国家课题。部分企业签署了战略合作协议，或建立了长效合作机制。

2）共建研发平台。部分企业与高校、科研院所、企业建立共同研发平台，设立联合研发中心、联合实验室，从事涉及行业关键共性技术工作。国际交流与合作。大部分企业以开展国际技术合作项目为纽带，进行国际交流与合作。部分企业与国外机构建立了国际联合研究中心，以此为平台，加强国际合作深度。

3）产业链协同创新。部分企业通过与上游资源企业、下游战略客户，以及与高等院校、科研院所和兄弟企业签订战略合作协议等方式，构建"产学研用"产业链创新体系。

4. 中央企业技术创新的一些新态势

在大数据、"互联网+"等新的信息技术形势下，中央企业在技术创新中不断发展新载体、新模式。

中央企业已经构建了 247 个创新创业平台。它们主要是运用互联网及现场服务，整合产业链上下游及创投平台、众创空间、孵化空间等资源，为各地的初创公司带来智能硬件领域的前沿信息和技术服务。随着创新驱动发展战略的推进，中央企业积极鼓励创业创新，并与地方共建平台，一起开展技术创新活动，通过采取探索创业孵化、创投基金、研发资源共享、技术服务支撑等多种形式，开展双创活动。

许多央企运用信息技术，积极构建工业物联网，提高创新效率。航天云网（包含国内和国际版）是面向全社会的工业互联网平台与面向全球的国际工业互联网平台，秉承"信息互通、资源共享、能力协同、开放合作、互利共赢"的发展理念，通过与社会企业和国际企业相互开放资源、开放需求、开放能力，打造适合企业持续发展的商业环境，利用优势技术，吸引优势人才，创新企业业务，拓展企业发展空间，实现"企业有组织，资源无边界"以及"制造与服务相结合、线上与线下相结合、创新与创业相结合"的新业态目标。航天云网自 2015 年 6 月上线运行以来，已经吸引国内外约 9.4 万家企业入驻，实现业务合作 2.8 万多项，合同金额超过 16 亿元。

航天云网"众创空间"自 2015 年 9 月上线以来，吸引创业项目 200 多个，80 余个创业者接受了 5 个投资机构的投资服务，涉及智能设备、工业制造、军工、互联网、环保技术、金融服务等多个领域。随着平台功能的不断完善，航天科工将持续加大航天云网的建设力度，围绕航天云网的需求发布、供需对接、合同签订等过程，增加全流程、可视化、可统计、可分析功能，增强网站互动性，既安排专人与用户进行互动，又有专家团队解决用户提出的问题，既打通航天科工与社会资源乃至国际资源的对接通道，又开辟社会力量乃至国际力量的广阔空间。2019 年中国航天科工集团有限公司内数百家企业入驻云网，外部央企国企数千家，每年千亿需求发布，扩充供应商市场资源。

二、中央企业在技术创新中的问题

1. 组织结构和战略定位有待优化

中央企业拥有多层级的技术创新组织体系，总体具有较强的科技研发实力。但是，中央企业技术创新组织架构还有待进一步优化完善，主要存在以下问题：一是创新主体分工与定位有待优化。从创新链条来看，科研单位大多集中在产品研发及产业化的中后端环节，开展前端环节的前瞻技术研究不足。也就是说，研究与开发工作没有合理分开，研究院干的很多是开发的工作，真正的技术研究工作投入不足。从科研业务布局来看，研究院之间存在科研工作雷同，资源重复建设的问题。二是科技研发力量分散，缺乏协同。较多企业科技资源布局分散，缺乏有效的统筹管理，各领域、业务单元之间科技资源和研发力量没有形成一个整体，专业互补优势不能充分发挥，对集团重大科技项目的协同支撑能力较弱。同时，"散"而"碎"的研发成果难以发展成高附加值的系统技术。三是企业内部科研院所的考核不合理，导致这些院所迫于生计发展产业，出现"小而全"的研发，开发自己盈利的产品，对集团内业务单元的科技支撑弱，甚至部分企业研究院难以称之为真正意义上的研究院。

企业科技战略定位不够清晰，中长期发展规划指引性不够强。一些企业不能持续跟踪全球行业、市场及科技发展动态，对未来趋势把握和预判不够，也未能结合企业发展实际明确科技战略定位及技术发展路线，技术创新理念、目标等往往停留在概念和口号层面，缺乏具体的实施举措。特别是不少企业提出了要成为技术领先者、领跑者，但对于国际领先水平缺乏清晰的认识和理解，对如何实现国际领先更是缺乏战略谋划和设计。尽管企业普遍重视编制中长期科技发展规划，但前期的基础性研究不够扎实，规划的战略性、前瞻性、系统性、滚动性不够强，一些规划编制之后就被束之高阁，没有真正发挥规划对实际工作的指导作用。

2. 决策效率有待提高

目前，中央企业创新决策机制主要还存在以下不足：

（1）决策信息支撑能力不足。较多企业没有建立密切跟踪全球科技及竞争者动态的研究支撑队伍，缺乏对行业、市场及技术发展的持续研究，对发展趋势的预判能力较弱，不能为公司创新决策提供全面准确的信息支撑。

（2）创新决策需要加强协调。集团技术创新往往涉及多个领域、多个部门甚至多个内部创新主体，但部门之间、主体之间在创新决策上协调不够，阻碍了技术创新的有效推进，带来创新资源投入产出效益不高的问题。

（3）决策链较长。管理自主权和自主决策权有限，有些问题通过不同层级的集体决策，时间较长。决策的准确性不一定需要很长的流程，想获得全面的信息，就要付出时间和资源上的代价。快速安全的决策一定要抓住关键信息。目前还是通过尽量获取全面信息来避免风险，劣势是时效性差、有些市场机会转瞬即逝。

3. 技术创新投入动力不足

（1）技术创新投入资源在中央企业分布不均衡，并不是大多数企业都十分重视技术创新。中央企业 R&D 投入的增长主要来源于一些超大型企业集团，但还有相当多的企业研发投入较低。创新主体资金配置不科学。研究院资金来源主要有集团总部投入与产业子公司，普遍存在现象是，集团直属研究院的科研经费主要来源于集团总部及自营利润，研究院与产业子公司之间缺少基于合同的研发经费投入，使得研究院往往以集团总部经费获取及经营利润为导向，没有建立起科研与产业之间的联结机制，制约了科研与产业之间的协同，不能充分发挥资金配置对科研活动的引导与激励功能。研发领域选择重用轻研。在技术研发领域选择上重用轻研，研发方向大多集中用于相对短期见效的、应用型技术的研究开发，而非发展具有长期战略意义的、基础性或战略性技术的研究开发，尚未形成从基础前瞻性研究、关键技术研究、应用技术研发、产品开发及产业化推广等创新链条各环节的合理投入配比。

（2）科技投入不足不稳定，资金使用效率不高。按照《国家中长期科学和技术发展规划纲要（2006—2020年)》要求，到2020年，全社会研究开发投入占国内生产总值的比重提高到2.5%以上；2012年出台的《关于深化科技体制改革加快国家创新体系建设的意见》中明确提出，在"十二五"期间，我国大中型工业企业平均研发投入强度提高到1.5%。多数中央企业的研发投入度达不到1.5%，与国外同类先进企业相比也存在着一定差距。同时，科研投入资金的使用结构不合理、效率不高，特别是管理不严、用途分散，有相当部分被用于非科研活动。造成中央企业科技投入不足的原因是多方面的。目前，中央企业的科研经费来源渠道相对单一，主要依靠企业自筹，容易导致科技投入的不稳定，即企业经营情况好时投入较多，反之就减少科技投入。一些中央企业对所属科研单位的科研投入采取全成本核算，造成部分科研经费被用于非科研性活动。另外，现行的中央企业业绩考核指标体系，缺乏对技术创新的刚性指标，也在一定程度上影响了科技投入强度。

4. 研发管理缺乏科学性

中央企业在研发管理机制上还存在以下问题：

（1）研发任务难以有效地反映客户需求。仅仅是被动地接受客户提出的需求，或者是竞争对手发布新产品后，才去收集或者发现需求。客户需求的收集不是例行工作，需求收集途径和渠道有限，对收集到的需求缺乏良好的管理，对需求的分类、优先级、是否有必要等缺乏判断，而且对需求实现缺乏有效的跟踪，无法在开发过程对需求的实现进行跟踪和度量，等到产品交付才发现和暴露问题。

（2）缺乏主动前瞻的研发规划。企业开展的技术规划或产品规划存在走过场的形式化，缺乏积极主动和基于充分市场的研究，缺少真正在市场动态研究基础上的科学预判，制定的研发路线图发挥的指导作用有限。

（3）研发流程管理机制不健全。缺乏技术研发与产品研发差异化的流程管理，已经建立的流程往往研发阶段划分不清晰，对项目的研发过程状态不做明确的定义，对各阶段需要完成什么工作、交付什么成果没有明确统一。

（4）缺乏项目关键节点决策评审。企业普遍缺乏把产品开发作为一项投资来管理的意识和活动，尤其是产品立项后未进行业务决策评审的投资管理活动。对于具有很大业务风险、难以带来投资价值的项目，没有在过程中发现并及时砍掉，导致大量产品上市后失败，造成研发资源的巨大浪费。

（5）跨部门团队协作研发困难。在运作上职能化特征明显，各部门小集体的利益设置屏障，存在"部门墙"，沟通协调困难。各部门缺乏一致的目标是带来跨部门协作困难的根源之一，如技术部门认为产品顺利转入测试就是成功，测试部门只关注产品检测与执行测试任务，市场部门则只关注产品何时上市。缺乏有效的跨部门协同机制是另一个重要原因，每个部门却是各有所规，各有各的服务流程和工作规范，如果没有与营销、项目管理、测试、质保等部门建立有效的协同机制，对客户、市场的响应就会比较慢。

5. 科技成果转化障碍较多

总体来看，中央企业科技成果转化效率不高，较多科研成果仅仅停留在项目验收或获得科技奖励阶段，没有实现产业转化，造成科技资源投入产出效益不高，这充分表明中央企业成果转化机制还有待进一步完善。目前，中央企业成果转化机制主要存在以下问题：

（1）科研与产业的协同较弱。科技成果远离产业需求往往成为了科技成果转化的主要障碍。在科研立项时，与生产需求的结合不够；在研发阶段，跨部门团队协作不足，科研单位不能及时针对现场问题开展研究，导致较多企业内部科研单位与产业单位存在"两张皮"问题，科研成果与需求脱节，各环节协同性有待加强。

（2）转化激励约束机制不健全。在组织层面，成果转化的考核体系与激励机制不健全，对各单位协同推进科技成果转化的引导和激励作用不大。在员工层面，缺乏科技人员分享科技成果转化收益的机制，个体促进成果转化的动力不够强。

（3）成果转化渠道不够畅通。一方面，科研单位与产业单位缺少建立行之有效的多元化成果转化渠道；另一方面，对专利许可、技术转让、技术折股等方式实现外部转化应用重视不够，许可或转化收益较低，造成较多有市场前景的科技成果处于"沉睡"状态。

6. 人才培养与激励机制不健全

中央企业科技人才队伍建设还有待加强，人才队伍结构不合理，高端创新人才不足。这些问题始终没有得到解决，主要源于科技人才的培育与激励机制不健全。总体来看，中央企业科技人才培养与激励机制存在以下问题：

（1）人才激励总体偏低。首先是薪酬结构简单，薪酬体系还是采用传统的方法（薪酬由基本工资、津贴、奖金与福利保险四部分组成），无论是管理人员、专业技术人员还是操作人员，只要职位或岗位相同就享受同样的薪酬。其次是薪酬激励不足。由于历史原因影响，工资总额受其上级主管部门的控制，在制定分配制度及激励机制时困难重重，与行业内领先企业相比，关键技术骨干力量的薪酬水平较市场明显偏低，对外缺乏竞争力，这不仅扼杀了企业员工的创新热情，也导致了技术骨干和部分关键管理人员的流失。

（2）职业发展通道不健全。虽然较多企业建立了科研人员职业发展通道，但是不能发挥有效的激励作用。这主要有两个方面的原因：首先，"官本位"制度在科研单位管理中根深蒂固，许多科技人员最强烈的追求依然是行政职务的提升，难以形成让科研人员安心走科研或专业发展通道的环境。其次，科技人员在评定专业技术职称中，论资排辈，采用国家严格规定的全国统一的专业技术职称制度，无法适应企业面向市场的要求。

（3）激励机制不到位，科研人员的积极性有待进一步提高。在中央企业内部，科技人员的地位和待遇比起行政管理人员仍然有一定的差距，科研管理存在比较严重的行政化倾向，"项目长负责制"形同虚设，在一定程度上影响了科研人员的积极性。薪酬激励不足。由于受现有分配制度特别是工资总额政策等的限制，存在着平均主义"大锅饭"的现象，对于关键技术骨干和有突出贡献的领军人才的激励力度和手段有限，容易抑制科研人员的创新热情甚至导致核心技术人员流失。

（4）中央企业双创平台也在这些领域有了一定的探索。例如，允许骨干员工持股，且员工持股原则上不能超过20%。不管是股权期权激励还是投资上，创新的很多模式把华为当初创业的模式和 Google 的经营模式进行结合，大致等同于员工的股权激励。

7. 协同创新意识不强

在中央企业现有的技术创新体系建设中，过于强调企业内部创新资源的开发建设，而开放式创新意识不强，许多企业缺乏在全球范围内配置创新资源的经验与能力，技术合作及技术获取方式比较单一。中央企业在协同创新方面主要存在以下问题：

（1）缺乏协同创新的战略谋划。较多企业对外部创新资源尚未真正纳入企业的技术创新体系，对外部创新资源的获取利用没有上升为一种战略手段，缺乏有计划有策略地识别、获取与整合利用外部知识和技术，也缺乏建立自身在成果不同阶段的合作对象、合作模式的选择策略，更不用去谈构建开放式的外部创新网络，以及实现与世界科技前沿的对接。

（2）缺乏开放共赢的合作理念。一方面，自身的对外开放不够，内部实验室等资源基于市场机制的对外共享不足；另一方面，外部合作呈现出获取为先、互惠为次的特点，看重眼前利益而不是长远的共赢。在协同创新上，企业必须要树立大开放、大合作观念，扬长补短，互利互惠，以市场为导向，吸引国内外科技研发机构、优秀人才或项目，在合作创新中实现共赢。

（3）缺乏可持续的协同创新模式。主要还局限在短期项目的"点对点"合作，缺乏实质性的战略合作，以共建平台的方式实现长期的战略合作少；关注短、平、快的科技成果；委托研究开发的比例偏高，联合研究和专利互换等高水平技术合作不足，产学研用间的互动不够。

（4）缺乏合适的外部主体合作定位。大学/科研机构主要从事基础研究、开展教学活动，不直接面向市场，与企业有着不同的价值导向。较多企业对这类主体寄期望于获取可立即转化应用的科技成果，而不是建立探索性研究合作群落，不是去获得新知识、创意以及中长期的技术产业化机会，也就无法实现企业与大学/科研机构之间的紧密结合。

8. 技术创新动力缺乏

中央企业所在行业分布，在军工、电网电力、石油石化、交通运输、电信、煤炭等企业的占比达到80.1%，大都属于关系国家安全、国民经济重要行业和重大基础设施等，具有行业优势地位，掌握着资金、人才、自然资源等优势资源，垄断地位带来超额利润，而不是通过创新获取超额利润。

　　国家对中央企业的考核评价中对创新的重视不足。国家对中央企业的经营绩效考核中，最核心的依然是国有资产的保值增值，技术创新占有很小的权重，影响中央企业及下属单位对技术创新的重视程度。

　　中央企业经营者的权益和技术创新联系不紧密，技术创新具有长期投入特征，经营者任期内积极性不高；中央企业员工对技术创新的参与度也不高。这些因素都造成中央企业的技术创新动力不足。

第七章

构建以企业为主体的技术创新体系面临的深层次问题

多年以来，各级政府围绕"着力构建以企业为主体、市场为导向、产学研相结合的技术创新体系"推出了一系列政策，就我国现实情况而言，企业作为技术创新主体的作用还未充分发挥。部分企业是因为自身发展阶段、能力基础等条件的限制，而更多企业是因为受到创新环境的制约。本章从不同所有制企业出发，考虑企业自身发展，以及政府、环境等因素，研究以企业为主体的技术创新体系面临的深层次问题及成因。

第一节　国有企业创新面临体制性障碍

根据国内专家和学者研究的共识，国有企业创新绩效明显低于民营企业，国有企业创新动力明显受到制度性约束，创新动力明显不足。不仅各级政府受到任期内绩效考核制度的影响，从而会对国有企业的创新行为进行诸多干预，而且国有企业治理制度约束了国有企业的创新行为和创新动力。

一、国有企业经营管理行政化

尽管经过了多次国有企业改革和国资改革，国有企业已经成为独立的法人主体，但从外部看，国有企业对政府部门依然有很强的隶属关系，缺乏自主经营权，受到大量的行政管制；从内部看，国有企业内部组织行政化，参照行政机构设置内部结构，企业管理的各项制度内容无法完全实现"权责清晰"、"政企分开"，组织制度、激励制度和考核制度等不完善约束了国有企业的创新。

1. 企业经营受到较强的行政干预

国有企业隶属各级政府下的国资委，在企业发展战略、市场定位、经营规模、工资总额、人事制度等诸方面都受到政府不同程度的干预，大大约束了国有企业自主创新的活力。各级政府 GDP 导向的考核机制和要求国有资产保值增值的硬性指标导致了国有企业追求数量增长而不重视质量，追求短期利益而不关注长远发展，不遵循市场规律而是简单服从行政导向，追求任期内更多地创造利润和税收，而对时间跨度较长、风险较大的长远创新投资并不支持，对长远的创新规划、核心技术研发投入缺乏兴趣，致使国有企业创新动力不足。

各级政府在创新环境营造方面还有严重不足。随着《中共中央国务院关于深化体制机制改革加快实施创新驱动发展战略的若干意见》（中发〔2015〕8 号）在各级政府的深入贯彻和推行，政府已经在一定程度上认识到了创新的重要性，但是，对国有企业创新决策或经营管理决策的放权和鼓励还极为有限。在原有追求税收、投资、GDP 的驱动下，政府仍然偏重于给国有企业以资金、土地等资源性优惠政策支持，而不是通过创新获得核心竞争力，导致很多国有企业实际上并未真正成为市场主体，未能在创新中找准自己的位置，很多有关创新的投资最后转化成企业扩张、追求规模的行为。

2. 经营范围受行政保护导致创新动力下降

国有企业在诸多产业占据支配地位，尤其在制造业中垄断优势明显，导致在很多国有企业垄断行业缺乏有效竞争，企业不必回应市场压力，从而丧失了创新意愿。国有企业在电信、石油、烟草、钢铁、汽车、电力电网和燃气等行业中，所占总资产份额、产值和营业收入都超过一半以上，由此，受管制的自然垄断行业、基础设施和战略性制造业政策主要由国有企业执行，对于资本和技术等都占据垄断和支配地位，更是缺乏外部市场压力，没有动力进行风险大、收益不确定性高的创新活动。

国有企业内部占据大量资源，具有产业基础雄厚、人才储备丰富等优势，这些资源优势确保国有企业在行业内保有一定的垄断优势，导致创新意愿不足。从资本资源来看，国有企业获取了大量的银行贷款和政府财政补贴，低成本资金优势下无力创新。从国有企业的利息支出变化情况来看（见图 7.1），国有企业的银行贷款规模正在呈现大幅上涨。与此同时，国有及控股企业获取的政府补贴规模大幅增长。根据财政部对国有及控股企业营业外收入的统计数据来看，2007 年国有及控股企业获取的政府补贴为 710.94 亿元，2008 年政府补贴飙升至 1581.95 亿元，增长了 1 倍多。而后几年，虽然没有公开的数据对国有及控股企业获取的政府补贴进行统计，但从国有及控股企业的营业外收入变化情况中可以看出，国有及控股企业的营业外收入规模持续攀升。从土地资源占有来看，国有企业享有土地的优先获取权。以上海为例，2012 年底，上海

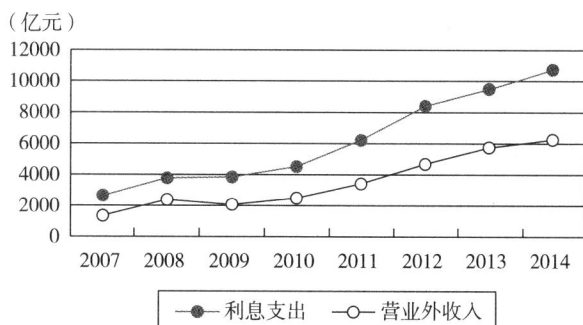

图 7.1　国有及控股企业利息支出及营业外收入

资料来源：国家统计局、财政部。

市有建设用地 3034 平方公里，其中属于上海市国资系统企业的土地约有 700 平方公里，占比相当可观，其中仅上汽集团就拥有土地 1500 万平方米。其中国有企业的土地大部分为未缴纳出让金的无偿划拨土地和空转地，占上海国有企业土地资源的 60%。

3. 企业内部治理的行政化

国有企业虽然成立了董事会，但董事会制度功能未能得到充分发挥，董事会并未起到实际作用，人事任命由上级决定。目前国有企业负责人往往是行政化任命的，任期内的绩效考核具有明显的行政化、政治化色彩，因此大部分国有企业领导人是"本朝"不理"前朝"之事，甚至对于"后朝"之事更是不能顾及也没必要顾及。因此，即便企业发展需要创新，也往往出于任期内政绩考虑，以预防创新失败风险、国有资产流失风险为由而不予响应。任期内公司实际领导人的行政化考评限制了企业追求创新的勇气。以现代公司治理为依据，国有企业的治理应该依靠董事会完成，决策应该代表股东的利益。然而，现实情况下，由于国有企业的董事会制度功能并没有得到充分和完善的发挥，并且公司实际负责人实质上并不对董事会负责，而是对上级组织部门和国有资产管理部门负责，而这两个部门并不能真正代表股东利益，这就必然导致公司负责人不愿意去追求企业长期经济利润。对于耗时较长、投入较高、风险较大的创新，特别是重大技术创新，往往是前人栽树后人乘凉，因此，现任的国有企业负责人是在很大程度上缺乏进行重大技术创新动力的。

国有企业内部机构设置基本参照政府内部机构来设置，并对应政府相应的行政级别。国有企业管理人员的行政级别套用国家机关公务员的行政级别。根据企业的归属地及规模大小和重要性，比照政府部门定出企业的级别。中央国有企业由国资委直接领导，地方国有企业隶属于地方政府或者中央部委，级别有正部级、副部级、正厅级、副厅级、正处级、副处级、正科级和副科级。

国有企业这样的治理机制造成的结果是对上级主管部门负责，对政府负责。国有企业的生产经营管理、管理人员的责任追究全都以对政府负责为核心，市场调节机制弱化，创新动力不足。

二、国有企业考核机制不合理

对国有企业的绩效考核长期以领导人任期内"保值增值"业绩为导向，虽然近年增加了创新考核，但创新发展业绩没有成为主要导向的考核指标，导致企业只注重规模扩张，用垄断市场、垄断价格、垄断资源等方式来谋求数量扩张，而不重视发展质量及技术创新，使国有企业技术投入不足，大而不强。例如，大唐电信一度将主要资源投向自主创新，最终 TD-SCDMA 技术成果被国际电联认可为 3G 国际标准。这是我国在无线通信技术上的重大突破。但其在中央企业年度业绩排序中却非常靠后，使企业创新的热情受到极大影响。

对国有企业领导人的考核机制具有明显的行政化特征，抑制了企业家精神的发挥。从理论上讲，国有企业具有企业的市场属性，国有企业的领导人需要以企业家精神和利益最大化回应市场竞争压力；但是，国有企业还承担一些国家任务，不是以政府采购等按市场规律办事的形式，而是无偿的政治任务，因此，国有企业的领导者面临市场竞争和分担政府绩效考核责任的双重压力，内在企业家精神与国家考核的压力叠加，会最终影响企业家的创新意志，从而影响企业的创新动力。从现实来看，对国有企业及领导人的绩效考核机制实际上还是以企业规模为导向的，特点是行政化、政治化，而非市场化，这严重影响了国有企业的创新动力。

三、国有企业创新缺乏激励机制

上述考核机制不合理，创新业绩并未占据主导，反而强调国有资产流失风险，缺乏对创新的激励。国有企业与国有资产是两个不同的概念，国有企业的创新决策受到企业内部机制、所在领域、企业家能力等多种限制，并不能要求所有的国有企业都实现以创新驱动发展。但是，国有资本在创新中发挥作用，是国家公共政策层面和国家宏观层面的决策，应该在创新驱动发展的转型过程中发挥应有的作用。但是，目前对于国有企业和国有资产存在很多认识上的误区，从而导致国有资产未能在创新中发挥应有的作用。

对国有资产的保护过于强调避免"国有资产流失"，这导致国有企业领导人对利用国有产权进行创新持消极态度。由于国有产权与产权交易主体的利益关联度低，以及国有产权不清晰、产权交易的中介机构素质较差等原因，在国有产权改革过程中还存在着国有产权流失、暗箱操作的情况。创新是耗时长、投资大、收益不确定的投资行为，国有企业的创新有赖于利用国有资产，而一旦发生创新失败等情况，国有企业官员将有很大风险面临着国有资产流失的指控。目前我国刑法对"国有资产流失罪"界定了一系列罪名，随着国有企业改革和贪腐治理的深入推进，无论是国有企业还是政府单位，都非常害怕承担"国有资产流失"的责任，很多国有企业的领导人为免受有关国有资产流失的风险，对创新采取消极态度。

"国有资产保值增值"影响了创新成果的推广和应用。国有企业部门之间缺乏激励机制，生产部门不愿使用研发部门的成果，因为一旦使用不当或出现问题就需要生产部门承担相应责任，创新成果转化受阻，科技部门的研发工作通常因投入大且不一定能实现保值增值而不被认可，导致分管科技的部门和人员在企业中没有地位、不受重视，创新热情减弱。受"国有无形资产流失"约束导致创新成果转化难。很多国有企业在对创新成果进行转让的过程中，由于对国有无形资产流失的担心，导致创新成果难以转让。

国有企业内部对科研人员缺乏创新激励，对研发、应用活动激励不足。国有企业科研人员地位往往低于行政管理人员，导致其创新乏力。在过去的很长时间内，国有企业的行政人员都拥有比科研人员更高的薪酬和权利。此外，国有企业的科研人员的薪酬制度中，薪资待遇并不与其科研成果、科研绩效挂钩，科研人员创新无法得到奖励，进而大大降低了科研人员的创新意愿。国有企业试点员工持股方面进展缓慢，科研人员持股推行难，导致科研人员创新激励较低。技术创新最关键的是对人的激励，而国有企业面临的问题是不能实行允许科研人员持股的做法，甚至即使之前有人持股，而一旦企业上市，个人股就要全部退出。《促进科技成果转化法》中对科研人员的奖励，在国有企业落实困难，制约了对科研人员的激励。

第二节　民营企业面临能力约束和环境制约

改革开放 40 多年来，我国民营经济从小到大、从弱到强，不断发展壮大。截至 2017 年底，我国民营企业数量超过 2700 万家，个体工商户超过 6500 万户，注册资本超过 165 万亿元。概括来说，民营经济具有"五六七八九"的特征，即贡献了 50% 以上的税收、60% 以上的国内生产总值、70% 以上的技术创新成果、80% 以上的城镇劳动就业、90% 以上的企业数量。上述数据表明了民营企业在我国经济发展中的重要地位，已经成为推动我国发展不可或缺的力量，成为创业就业的主要领域、技术创新的重要主体、国家税收的重要来源，为我国社会主义市场经济发展、政府职能转变、农村富余劳动力转移、国际市场开拓等发挥了重要作用。因此，为民营企业创造良好、公平的市场环境至关重要。

一、民营企业自身能力有限

创新往往需要大量的资金、优秀的人才及过硬的技术作为支持，而大多数民营企业在这些方面的积累还处于初级阶段，创新能力有限。

1. 民营企业缺乏积累

我国的民营企业是 20 世纪 80 年代才开始出现的，1992 年邓小平南方谈话后才兴起，发展时间短，积累不够。

从资本积累来看，民营企业大多规模较小，自有资金不足，税收负担较重，税后利润水平较低，导致资本积累增长缓慢。民营企业技术创新资金匮乏，技术开发资金严重不足，经济基础薄弱，缺乏技术创新的实力。民营企业平均科技经费投入低于国有企业，技术上以模仿创新为主，自主创新仍处于较小的范围和规模。

从人才积累来看，民营企业普遍面临人才短缺的问题。如何在与外资企业、国有企业的竞争中吸引人才，如何对现有人才进行培训、开发和激励，都是民营企业人力资源管理不可或缺的一部分。相当部分的民营企业是家族制管理，人力资源管理相对落后。民营企业人力资源管理观念落后，缺乏长期的人力资源规划，大多数民营企业在薪酬、选拔、培训等人力资源制度方面不完善，难以保证技术研究队伍的稳定性，特别是对一些掌握核心技术和有特殊技能专长的人才，民营企业重吸收、轻培养，严重阻碍了他们的成长性，且企业的激励机制不完善，人才的个人需要得不到满足，造成人才的频繁跳槽和流失，最终导致创造型人才少、复合型人才少的局面，对企业的创新及长远发展都是不利的。

在技术积累方面，民营企业也缺乏相应的技术积累，无法与大型国有企业和外资企业进行竞争。民营企业创业时间较短，在技术积累、研发设施建设等方面都处于起步阶段。信息数据积累、研发活动的积累、研发投入的积累都普遍薄弱，更多地依赖外部技术，自身形成的积累相对较少。

2. 民营企业创新管理现代化程度不高

在创新管理方面，我国民营企业存在很多问题。例如，我国的民营企业家大多数是农民和小业主出身，创新还没有成为企业自觉意识和普遍行为，他们通常带有很强的家族管理色彩，缺乏现代企业管理制度和战略管理思想，一些民营企业不重视创新，规模受限，产品科技含量不高，创新投入严重不足，创新模式的选择和发展战略的制定与规划存在一定的欠缺。

3. 民营企业研发体系建设缓慢

在发展过程中，受整体环境、发展阶段的影响，我国民营企业长期以来靠学习外部技术，采用模仿创新的生产经营模式，在经营发展与技术进步战略中逐渐形成模仿创新的惯性思维，未能养成从模仿技术、学习技术上升为创新技术的氛围。相当多的民营企业对于创新的认识停留于被动接受阶段，产品与科技结合不够，对于高新技术的作用认识不足。

另外，受我国教育科技发展水平、方向、手段和技术人员数量、素质不高的限制，受企业制度再造缓慢和市场人为制约的影响，相当一部分企业满足于粗放经营的现状，或是缺乏技术创新的紧迫感和自觉性，或是在企业还没有摆脱政府附属物地位的前提下，既缺少技术创新的制度约束又缺乏技术创新的市场压力，或是虽然感受到了市场巨大的压力，却又缺乏切实依靠技术创新摆脱困境的有效的变压力为动力的思路，相当部分企业不是重复研究与开发，就是仿冒别人的技术创新成果，使企业无法形成自己的核心技术和技术创新队伍，难以摆脱对别人的技术依赖。在创新的模式选择方面，部分企业家只注重眼前利益，缺乏长远的战略眼光，使创新的观念与动力日益淡化减小，且在模仿创新过程中不是陷入机械模仿的误区，就是陷入被诉侵权的泥潭，为开展创新活动带来严重的负面影响。

二、民营企业面临的市场环境亟待完善

在过去很长一段时间里，我国处于计划经济时期，国有经济一统天下，改革开放后，民营企业才有生存发展的空间。直到20世纪90年代民营经济才有了较快发展，建设多种所有制经济共同发展的产权制度。对私有经济的认识和实践也是逐步深化的，不仅要允许私有生活资料，还要允许私有生产资料。对民营企业的认识，在决策层、地方及民众不同群体中是有差异的。政府有些机构习惯对国有企业给予支持，而对民营企业有意无意地忽视。无论在市场环境、政策环境还是法律环境中，不同所有制企业遭受差别待遇的现象时有发生。

1. 民营企业产权保护不够

当前制度环境对不同所有制的产权保护未能实现平等对待，致使民营企业对创新缺乏安全感和合理预期，从而大大限制了民营企业的创新积极性。

过去的产权保护未能实现对不同所有制的平等保护，大大消磨了民营企业进行创新投资的积极性。受到计划经济的影响，对非公有产权的保护相比公有产权尤其是国有产权保护力度较弱，这大大影响了企业非共有部门对创新的投资积极性。

公权侵犯私权的现象时有发生，民营企业对创新缺乏安全感和合理预期。无论是产权的有效界定，还是依照法律程序保护产权，都离不开政府作用。从改革实践看，完善政府

守信践诺机制对于产权保护法治化具有决定性影响。然而，一些地方政府在保护产权方面作用发挥还不够，甚至存在由于政府自身的不当行为造成企业和公民财产权受到侵害的现象。

2. 政策方面存在差别待遇

不同所有制企业在市场准入、税收政策、金融政策、进出口贸易、资本并购、人才指标以及与政府合作资格等方面都存在差别待遇，民营企业不能与国有企业进行公平竞争。

自 1992 年以来，我国就一直坚持公有制的主体地位，坚持国有经济的主导作用。民营经济刚开始是作为国有经济的重要补充，后来，我国的经济发展以国有企业为主导，公有制经济和非公有制经济都作为我国社会主义市场经济的重要组成部分，同时鼓励、支持、引导非公有制经济的发展。

在税收政策方面，国有企业和民营企业的计税工资和计效工资等税前扣除项目产生了差异，表现为国有企业的税前扣除项目标准高于民营企业，而民营企业的税负要大于国有企业，这对本就基础薄弱的民营企业来说无疑是雪上加霜。就税法执行来看，国有企业与民营企业之间的税收差别待遇较为明显。例如，在税款征收方式的选择上，由于大量中小型民营企业中存在着核算不准确的现象，加之基层税务机关征管力量的不足，只能对此类企业采取核定征收的方式收取所得税。这一方面加重了民营企业的负担，另一方面造成了国有与民营企业税负的不公。因此，税务机关首先应当严格依法、公正、平等地进行税收征管，努力帮助企业建账建制，规范财务会计核算，使其早日达到核实征收的条件，从执法的角度上公平税负。

在金融政策方面，国有企业具有国家背景，在向银行借款时，优势远大于民营企业，也就是信用等级更高，借款成本要远低于民营企业；且在当前融资体系中，对民营企业的贷款期限通常在 1 年以内，由于投资项目审批制度改革尚未到位，而且银行担心长期贷款带来的风险，目前，没有几家银行为民营企业真正开放基建和投放贷款科目，因而民营企业，尤其是中小民营企业很难得到长期贷款，根本无法满足民营企业的技术创新和改造，甚至导致金融资源的错配。这种现象形成了对民营企业发展的软约束。

在市场准入方面，市场准入作为人为设立的门槛，极大增加了民营企业进入市场的成本，成为制约民营企业进一步发展的瓶颈。一般而言，民营企业大多处于产业分工低端的劳动密集型和技术含量不高的制造业、服务业；国有企业一直占据着资金密集和技术密集的重化工业和基础产业等传统垄断领域。

如果说过高的市场准入门槛极大地限制了民营企业的经营范围的话，那么，政府审批程序的复杂性则额外增加了民营企业市场准入和日常经营的风险度，并提高了民营企业的市场准入和经营的成本。此外，政府公共服务职能的缺位，如政府在信息提供、政策协调、科技研发、人才培训方面服务滞后等也严重地约束着我国民营企业的进一步发展。

第三节　政府营造企业创新环境的缺位与越位

一、政府干预不当

政府如何在推动企业成为创新主体的过程中发挥作用，历来是一个有争议的话题。一些学者认为，创新是企业的自主行为，不需要政府的过多干预，只需要提供良好的创新制度环境；有些学者认为，创新具有系统性、复杂性和不确定性，政府对企业创新的全过程提供各类扶持和帮助，具有不可推卸的责任。从企业创新的具体实践来看，政府的适度干预是必要的，除了要创造良好的创新环境外，还需要适当干预企业、研究机构等创新主体，以提高社会创新和经济发展水平。然而，受传统计划经济体制和管理方式的影响，我国政府在支持企业创新方面越位和缺位并存。对于政府应该在创新中发挥怎样的作用、如何发挥作用、干预适度如何把握等问题，亟待深入探讨和解决。

1. 政府过度干预限制了企业创新能动性的发挥

在过去，政府对企业技术创新的支持方式是通过选定技术领域、确定技术路线、发布指南，通过项目对特定企业进行扶持的方式。确定的技术路线选定的方向是否合理存在很大的不确定性，企业为了获得资金，不是根据市场需求来行动，而是围着政府转。

政府给予过多支持打乱了企业创新发展的演化路径，甚至出现了企业在政府过度扶持下走向失败的案例。转型期政府未能转变原有靠大量资金扶持、优惠资源投资来扶持企业的思想，对很多有技术、有创新成果的企业进行过度投资，导致很多企业在得到大量资金和土地之后，停止了研发周期长、风险性高、投入大的创新进程，而是以产能驱动，走向规模化扩张的路子。目前已经出现了很多企业和行业案例，警示我们过多的政府创新扶持反而妨碍了企业的创新进程。例如，尚德破产案例，光伏企业因为拥有创新的技术成果在市场上崭露头角，同时也受到无锡政府的关注。为了扶持企业发展，无锡政府通过大量土地和贷款支持，促使其很快走向了规模化生产之路，由于产品线的迅速扩张，原有的技术创新进展缓慢甚至部分技术创新人员都被调配参与企业的规模化经营管理。2013年，由于受到光伏产业发展周期的影响，尚德宣布破产。总结而言，尚德在接受大量政府投入过程中，其创新能力、内部经营管理能力并没有得到同步的提升和匹配，这是导致尚德破产的重要原因。又如，政府扶持电动汽车创新的案例，我国新能源汽车快速发展是在政府大量补贴和扶持的基础上实现的，但是，过多的政府补贴并没有真正提升新能源车的竞争力，导致我国部分新能源车企存在重产能、轻研发的情况。因此，实践证明，政府的过多、过早扶持有可能会打乱企业或行业创新的正常进程，甚至造成创新进程的停滞，不利于培养企业的创新主体地位。

在政府的资源控制权和GDP考核压力下，政府过度将自身的利益最大化导向强加到企业身上，影响了企业的创新决策。我国地方政府对土地、资本等资源具有较大的控制权和支配权，在以 GDP 为导向的绩效考核体制下，很多政府倾向于从地方税收、GDP 发展的角度，以规模化发展决策影响企业创新决策，降低并抑制了企业的创新动力。一方面，出于绩效考核的压力，地方政府倾向于通过资源优惠的方式扶持具有创新性的企业。具有良好创新性的企业在创新初期就能够拿到企业的大量优惠资源补贴，市场竞争压力下的创新压力得以减轻，如上所述，很多企业会自然地降低对创新的关注，转而增加规模和扩大产能。另一方面，政府通过资金、土地等介入企业经营后，政企关系也会发生重要变化，很多企业的决策不得不受到政府的影响，包括配合地方政府 GDP 等绩效考核目标，改变企业的创新决策。

2. 政府过度扶持导致企业不当寻租行为

政府过度扶持具有创新性的企业，从而激励企业为争取政府激励而扩大规模、寻租，从而分散了企业对创新的重视程度，影响了企业的正常发展之路。根据创新经济学的基本理论，企业家精神是企业创新力的根源，在自由竞争的环境和有效的知识产权保护下，企业会把资源有效地配置到创新活动中去。然而，企业热衷于拿政府项目，企业创新资源被配置到非建设性（Unproductive）活动中，大大影响了企业的创新活动效率。

很多企业家在政府大量创新补贴和支持的"利诱"下，花费大量精力申请政府补贴，为了满足创新扶持的条件，要做很多申请、准备很多文件、走很多行政审批程序等，大量时间和精力被分配到非创新的互动中来，从而减少了创新力在真正创新活动中的分配久而久之也就丧失了创新的动力。

政府对企业创新不确定性的过多管控导致企业家丧失信心，从而表现出明显的短见性。政府对不确定性的创新进行过多干预，最后不但造成大量寻租和创新力的浪费，还可能造成企业家对创新未来丧失稳定预期，更倾向于通过"面子工程"等名不副实的创新进行套利，而不考虑未来长远的发展。

综上所述，在培养企业成为创新主体的过程中，政府一定要认识到，"少即是多"。少一些对经营的管制、干预，企业就多一些自由竞争的平台，同时也保障了企业创新的内在动力。

3. 政府习惯用有限的前沿技术干预能力误导企业发展

政府对前沿技术创新的判断能力有限，却用计划、规划等来干预技术路线，并配置资源，导致产业政策无法与市场环境和竞争政策相匹配，从而误导了企业的发展。

（1）政府干预战略新兴产业发展有诸多失败教训。金融危机后，国务院决定抓住全球经济格局调整和新一轮技术变革的时机大力发展战略新兴产业。但是，由于各大部委没有长期的知识和能力积累，研究和制定的政策、产业规划只能由企业、行业协会代劳，有关重大科技领域的发展路线图含金量受到质疑，政府行政干预企业正常创新行为带来了很多失败的经验和教训。例如，在彩电、VCD、半导体和新能源等领域，政府由于缺乏对前沿技术的判断，都出现了技术变革信号非常明显或技术变革已经进行很长时间，但政府还在通过资金支持、土地支持等方式鼓励原有技术投资，新技术变革很快导致原有技术的快速贬值，新增资产难以收回。当前情况下，政府的政策信号对于社会仍然具有较强的引导作用，政府对技术发展的误判会造成更多严重的后果。因此，构建以企业为主体的创新体系过程中，政府支持的必要性无可否认，正确的做法是要通过提高技术判断能力，转变行政干预方式。

（2）依据规划导向的政府补贴扭曲了创新激励。在向创新驱动发展转型的过程中，创新应该是基于市场导向的，未来我国的创新发展必然是要以市场为激励的，而非以规划审批来进行集中决策。然而，目前的产业政策在一定程度上正在限制市场创新激励作用的发挥，导致企业在自主创新中缺乏方向，自主创新动能无法在恰当的地方进行发挥。

以汽车工业为例，在国家实施自主创新战略的背景下，政府对民族汽车品牌企业进行了大力扶持和保护，但是收效甚微。与此同时，在国有企业参与度较低的互联网领域，中国却出现了百度、腾讯、阿里巴巴、小米等一批具有国际影响力的企业，作为追赶者，他们在跟踪学习基础上运用渐进式创新赢得了市场。对于政府来说，支持什么和不支持什么、鼓励什么和抑制什么，要明确原则和界限。直接对企业的政府补贴和无偿资助——节能补贴、光伏产业补贴、光电子产业补贴、电动汽车补贴实际上并不利于企业自生能力的形成，同时还可能扭曲了技术创新的市场激励机制。

二、资金脱实向虚

在"脱实向虚"的环境下，投资实体和虚体的回报反差大，错误地引导很多企业将重心倾向了投机领域。部分市场资金的"脱实向虚"和实体企业生产经营的困局大大限制了其对投资大、风险高、回报不确定的创新的投入。

1. 实体经济发展环境恶劣

当前，中国经济最突出的结构性矛盾之一，就是虚拟经济与实体经济的脱节，中国经济"脱实向虚"的现象越来越普遍。一方面，宽松货币政策释放出的流动性进入不了实体经济，只在金融领域或资产交易领域里空转。另一方面，不少产业资本也越来越眼红虚拟经济所带来的财富效应，导致大量产业资金转做金融和房地产投资。这导致非实体经济聚集了过多的发展资源，严重削弱了增长新动力赖以形成的基础。

中国一直以来被称为"世界工厂"，在大力发展第三产业的同时，制造业转移、萎缩和退出在国内大量出现，"世界工厂"的头衔正在褪色。实体经济增长远远滞后于信贷增长，大量资金被用于金融领域加杠杆。政府对实体经济的重视程度不够，企业各种成本不断增高，利润不断摊薄。实体经济目前面临着成本高和税费高的双重困境，政府对企业的减税力度不足，加上人力成本、原材料成本的增加、经营用租金等各种费用的高昂支出，使我国部分实体企业的盈利能力逐渐下滑甚至丧失。

信贷困难，缺乏资金创新难。企业的发展需要流动资金，尤其是进行技术创新更需要大量的资金进行支持，小微企业没有大型企业的信誉度，资金缺口更加明显。而且贷款利率偏高，有个别产品还要求收取财务顾问费用等。有的企业从正规金融机构无法贷到款，转向民间借贷或地下借贷，利率高昂，甚至达到法定基准利率的 5～8 倍，又从资金安全方面给企业发展带来阻碍。由于企业融资困难，能力有限，不能也不敢大踏步创新，最终难以实现企业技术转型，在现今复杂激烈的市场竞争中逐渐走向淘汰，脱离实业。

实体经济空心化的形成，总的来说是由于次贷危机和欧债危机的前后夹攻与我国政策、市场的诸多变化造成的。近几十年来，金融业在欧美发展迅猛，虚拟经济的过度繁荣导致了制造业部门的大规模迁移，实体经济发展缺失，当国家经济在金融自由化与监管部门的放松管制下出现问题时，已经空心化的实体经济无力输入资金，结论是资金链彻底断裂，最终带来了波及全球的金融危机。在这种影响下，中国的实业压力剧增，经营愈发困难，利润的持续摊薄成为最后的决定因素，在房地产与金融产业持续暴利的吸引力下，国内的实业家面对着自家的困难，难免渴望参与到暴利行业中去。在这种局面下，游离资产不断从实体经济中被抽离，填充进利润最高的房地产和虚拟投资领域，空心化的问题愈演愈烈。

2. 投资回报反差大

投资房地产市场和虚拟市场更容易获得高额的投资回报，这是吸引企业"脱实就虚"的主要原因之一。在投机市场巨额回报率的诱惑下，很多实业错误地将重心倾向了投机领域。投机之风在我国始于房地产行业，土地财政导致土地价格上涨，进而房地产价格上涨，结果是大幅度提高了金融杠杆。股票市场、煤炭、收藏品也几乎是同时兴起，并逐渐蔓延至其他领域。一些实体企业在这些利润高、资金回流快的副业的诱导下，纷纷将主要精力投入到投机行业中。在这个过程中，实体企业家奋斗、创新的创业精神越来越弱，抱着侥幸心理进入投机队伍的越来越多。在这种状态下，实体经济的空心化是可以预见的。

社会资金"去实体化"表面上是企业资金逐利性的理性表现，实际上反映出我国实体经济发展中面临的深层次问题。一旦虚拟经济成为一个国家企业的主要利润来源，不可避免的结果就是产业的空心化。产业资本源源不断地脱离实体经济，导致国民经济过度投机化，超前虚拟化，而虚拟经济的自我循环、自我创新、自我膨胀，进一步造成金融行业与实体经济不配套。实体企业不通过技术创新和产业升级来提高盈利水平，仅仅靠虚拟资本投资或投机成为食利性企业，长期将破坏一国经济发展的基础并影响国民经济的核心竞争力。这种"脱实向虚"的趋势不仅不利于绕过"中等收入陷阱"，反而会增加陷入"中等收入陷阱"的风险。

国际金融危机后，发达国家纷纷推行"再工业化"和"再制造业化"战略，是对虚拟经济脱离实体经济而过度发展进行深刻反思后做出的理性选择。实体经济才是经济发展的源头活水，实体经济水平越高，经济实力就越强，抵抗风险的能力也越强，这是现代经济发展的硬道理。因此，发展实体经济、重振制造业是我国经济稳定长期增长的必然选择。

当前，我国既存在资金"脱实向虚"的苗头，又存在金融发展深度不足、难以满足中国经济创新驱动发展需要的问题。因此，治理资金"脱实向虚"需要从实体经济和金融领域两侧共同用力。

三、政府创新政策落实不到位

尽管中国制造业的创新成果正在不断涌现，鼓励企业创新的政策也比较全面，但是在实际执行中还存在落实不到位的问题。

1. 政策落实存在形式化

例如，部分地方政府对"双创"的支持过于注重形式而不注重内涵，个别地方有把"双创"形式化的倾向，热衷于"搭花房、做盆景"，在培育"双创"生态环境方面用心用力不够。如一些地方支持众创空间的政策存在"重物理空间，轻价值空间"的现象，追求高大上，甚至出现只有面积达到5000平方米才能享受优惠政策的规定。

2. 政策的操作性有待改进

在创新激励政策的落实过程中，各地政策都过度强调对创业主体身份和资格的认证，包括创业者的户籍所在地、学历、身份等，对不同所有制背景的创业者和企业存在歧视，特别是直接让利市场主体的优惠政策，所需认证、证明类手续更多、更复杂，形成人为"天花板"，导致创新激励政策落地难。再如，各地都普遍存在对高新技术企业认定门槛过高现象，而政府针对创新的激励政策有很大部分都是只针对高新技术企业设立的，从而导致很多制造业企业因无法被评为高新技术企业而无法享受相关的创新激励政策。

3. 政策推广宣传力度需要加大

在政策落地过程中，由于对创新政策解读、宣传、推广不够，导致创业者对创新政策信息了解不充分，影响政策落地生根。由于大部分创业企业都是小微企业，很难配置专人对创新政策和信息进行消化和理解，加之创新政策申请门槛高，这些企业往往选择知难而退，导致政策虽然不断出台，但无法切实落地。根据江苏、广东等工业企业、中小企业较多的省份对创新激励政策落实情况的调研结果发现，虽然国家近年大力扶持科技创新企业，无论在总规模、总数量上都有大幅提升，但很多中小型企业对政策覆盖面、具体实施条件等情况不了解，享受优惠政策面窄量少。以江苏为例，2016年营业收入在2亿元以上的企业享受高新技术企业税率式优惠和研发加计扣除额占总额比例分别为87.93%、72.85%，而该部分企业户数仅占总户数的34.54%。创业初期或处于成长发展期的中小型高新企业获得政策支持的比例较低，政策惠及面的预期值与实际受惠值存在明显差距。

4. 简政放权需进一步落实

各部门各地方出台政策文件多，但针对性不强，激励力度不够，政策质量不高，存在重量不重质的现象。早在2013年就有统计，我国仅针对科技创新的政策就有5000条。2014年"双创"推广以来，有关创新的政策更是接踵而至，虽反映出各地政府对创新的支持力度和决心，但同时削弱了执行政策的积极性和紧迫感，政策执行的激励机制失效。

根据中国科协2017年对创新政策落实情况开展的调查显示，针对大学生的创业贷款政策附加条件过多，与社会人群创业担保贷款政策相比甚至没有任何优势，政策形同虚设，调查显示80%的大学生创业资金依靠家庭支持或个人积蓄；在中关村"1+6"政策推广中，一些地方财政部门认为自主创新示范区相关政策只能在自主创新示范区内实施，导致地方拼命通过层层审批获得认证，享受相关政策优惠。

四、知识产权保护不当

我国长期对知识产权的司法政策落实存在严重缺位，创新企业的创新收益无法得到保障，"侵权容易、维权难"的现象时有发生。"侵权容易"使企业倾向于窃取他人成果而不愿投入人力、财力和物力进行自主研发和创新;"维权难"又使创新企业担心其他企业侵权而放弃创新,知识产权保护不当大大削减了企业的创新动力。

理论上讲,知识产权保护赋予创新者对创新暂时的排他性权利,允许他们把产品价格制定在边际成本以上,从而能够补偿其初始研发投资,因此知识产权保护能够激励研发投资,进而促进技术创新。知识产权保护制度是企业进行创新活动的基础,能够极大地激发企业创新热情,并带动国民财富的增长。根据国际经验及世界学者的研究成果,技术创新过程需要知识产权的激励和保护,但对知识产权保护不足和过度都会阻碍技术创新。保护不足,则企业的创新热情将会随其创造成果的增加而降低;保护过度,则市场上涉及知识产权产品的价格会上涨,产品的传播将会受到阻碍,创新成本就会增加,创新速度将放慢。所以,为了促进经济发展,应强调知识产权战略与技术创新协调发展,同时,要与国家及产业的发展水平相匹配。没有知识产权保护,技术创新的收益就无法获得保障,企业的创新也就失去了动力。就我国而言,由于缺乏良好的知识产权保护制度,导致企业的创新无法实现应有的财富回报,久而久之就降低了企业的创新动力。

1. 知识产权司法落实缺位

要想培养企业的创新主体地位、激发企业的创新动力,就必须有恰当的知识产权保护制度对企业的创新成果和创新收益进行保障,从而在良性循环下激励企业不断进行创新。然而,由于我国对知识产权的司法政策落实存在长期严重缺位,创新企业的创新收益无法保障,侵权容易,"搭便车"的企业将投入大量人力、物力、财力进行创新的企业挤出市场,大大削减了企业的创新动力。不可否认,模仿、山寨等在我国经济发展追赶中发挥了重要的经济驱动作用,为很多企业的发展提供了原始资本积累,也为我国经济总量的突飞猛进做出了重大贡献。但是,随着规模优势、人口红利的逐渐消失,创新再次成为驱动经济发展的主动力。而在我国向创新驱动发展转型的过程中,知识产权未能发挥良好的企业创新成果保护,很多知识产权侵权案件时有发生,久而久之形成了创新的柠檬市场效应,企业创新动力严重缺乏。

2. 知识产权的保护滞后

较长时期以来,我国处于经济发展的追赶期,企业生产、市场竞争所需要的成熟技术可以通过技术引进和模仿的方式来实现。但目前,我国已经快速越过了经济发展的追赶期并进入向创新驱动转型的时期,企业发展无法再单纯依靠模仿、技术引进实现,并纷纷走向了依靠自主创新发展的路子。然而,我国的知识产权保护并没有顺应经济发展阶段的转型做出相应的调整,对于那些进行自主创新的企业,知识产权保护制度对其创新成果的保护还停留在过去的水平上,大大挫伤了企业的创新热情。

五、垄断及地方保护仍普遍存在

当前中国经济是个二元经济体,从整体上看,包含了两个子经济体。一个是受到严格监管的子经济体,其中市场进入受到限制,资源配置采取行政手段,国有垄断企业占据统治地位,因此竞争是受到限制的、扭曲的或者根本就不存在。另一个是开放竞争的子经济体,其中基本开放的市场进入使企业可以进行自由竞争和有时激烈的竞争。中国当前的许多经济问题，如结构失衡、产能过剩和生产效率低下等，主要集中在那个受监管的、缺乏竞争的子经济体中。这表明，中国的增长潜力依然有巨大的挖掘空间，因为国民经济中受到严格监管的许多领域还没有充分实现竞争红利。

中国共产党十八届三中全会决议提出，要使"市场在资源配置中发挥决定性作用"，要建设一个"统一开放、竞争、有序的市场"。这是中国经济体制改革的一项重大突破。随后的中国共产党十八届四中全会决议又提出了全面推进依法治国，这是中国致力于建设一个更有竞争性的市场经济的另一个关键步骤。中国已经采取了多项措施来强化市场竞争，其中一个重大进步是 2008 年通过的《反垄断法》。但是，竞争的潜在好处（即前文所谓的竞争红利）尚未充分发挥出来。尽管已经开展了广泛的市场化改革，许多市场和产业的竞争仍然受到限制和扭曲。

1. 《反垄断法》等相关法律有待完善

中国在 2008 年制定了《反垄断法》并在执法上取得了很大的成就，但还存在很多问题：在政府和市场机制之间往往过于强调政府行为；有时对国有制、产业政策和地方发展等政策非常重视，将其置于法治之上；行政权力常常会侵犯私人权利。

（1）具体目标不够清晰和准确。目前来看，中国的《反垄断法》目标比较广泛，在某种程度上还存在潜在的冲突，这就给执法和司法机关造成了混杂，从国际经验上来说，应该把目标回归到促进和维持充分的市场竞争上来，明确其重点目标。

（2）《反垄断法》的管辖范围有待明确。目前的《反垄断法》并没有明确地把所有行业和所有市场纳入竞争政策的管辖范围，包括自然垄断的行业；也没有清楚地规定，任何类型的企业，包括国有企业在内，一律适用竞争政策体制；《反垄断法》的改革要在以上两个方面进行明确的规定，只有这样才能一视同仁，创造公平公正的创新环境。

（3）存在多部门执法的问题。目前的《反垄断法》执行部门有三个，即商务部、国家发展与改革委员会及国家工商总局，这种安排导致了权利的分散和不确定性，影响了有效的竞争政策体制的建立，并使法律和政策的协调发展复杂化。

2. 行政垄断阻碍了竞争

竞争政策对创新具有重大影响。对于具有创新投资动机的企业或个人来说，创新投资的预期收益必须超过不进行创新投资时的预期利润。即创新者必须能巩固从成功的创新中获得超额利润；不能允许市场参与者从垄断行为、共谋、反竞争并购等策略中获得超额利润。对于创新来说，如果一个人在行贿或获取政治支持的投资中，可以通过保护现有业务和取得垄断地位而获得大于创新投资的预期收益，就会损害创新。因此，若想要推进竞争政策，鼓励创新，就必须遏制行政垄断及地方保护的发生。

从资源配置效率、福利损失、成本/价格扭曲、收入不平等以及寻租和其他腐败行为方面来说，行政垄断会导致极大的经济成本。中国已经充分认识到行政垄断是一个严重的问题。政府机构利用行政垄断来消除或限制市场竞争，不惜损害其他市场参与者的利益以照顾其庇护企业，这是一种滥用行政权力的行为。

3. 地方保护主义妨碍了创新

地方保护主义导致资源错配和地方垄断。把 GDP 增长率作为重要的业绩指标的做法，促使一些地方政府利用和滥用行政权力来最大限度地促进当地的经济活动，其中很多做法已经扭曲为地方保护和市场分割，这成为制约当地经济发展的重大障碍。

地方对产业发展进行一定的支持是促进当地产业的常见做法，例如，地方政府出钱、出地、给市场，打造配套环境来招商引资等，但过度支持就是保护，甚至会形成区域分割，破坏全国的统一市场，不利于产业和地区的长期、可持续发展。从地方出台文件和实际实施来看，地方壁垒最严重的地区往往就是地方政府支持力度最大的地区。

地方政府保护当地产业，一般会设置地方目录和地方标准、对技术设立高于正常标准的进入门槛等。这种做法名义上是为了选择更优质的产品，实际上是为当地企业形成"保护膜"，免于外地企业的竞争，这不仅对外来企业不公平，也剥夺了当地消费者的选择权，同时对当地企业的保护过度，使其失去了竞争的动力和压力。各地标准的不同，会让生产企业无所适从，导致单一产品很难形成规模化。

地方保护还表现在地方政府要求企业在本地设立法人单位。以电动汽车行业为例，为支持电动汽车的早期推广，中央和地方财政对电动汽车企业根据其产品不同提供不同程度的补贴，为了不让肥水外流，很多地方要求拿补贴的企业必须在本地注册或本地建厂，否则不给地方补贴。地方补贴已经成为一些地方招商引资的主要手段。而企业为了满足这个要求，在各个地方设厂，导致大部分工厂开工不足，规模上不去、成本下不来，对企业的长久发展埋下了隐患。而且，在有些地区，就算外来企业在当地设厂，当地政府也会在获得补贴的实际操作中设置各种障碍，使得外来企业只能放弃，全部补贴由当地企业获得。

除上述做法外，偏袒本地企业的政府采购，通过行政命令要求政府部门、机构积极采购本地企业的产品和服务以及强迫其他消费者从指定供应商购买产品和服务；干预和阻碍当地检查和司法机关对当地企业的反竞争行为和经济犯罪行为进行调查和诉讼等，都是地方保护的典型做法。

第八章
信息技术发展对企业技术创新的影响

当今世界正处于新一轮技术创新浪潮中，新一轮产业变革的核心是信息网络技术的应用。世界主要经济体基于本国的资源禀赋和产业结构，通过互联网经济改造和提升传统产业、积极培育新产业，探索经济发展新方式、争夺资源配置主动权、提高经济竞争力。越来越多的事实表明，以移动互联网、大数据、云计算、物联网等为标志的新一代信息技术的发展和应用正以前所未有的广度和深度，加快推进资源配置方式、生产方式、企业组织形式、经济发展模式的深刻变革，也对企业技术创新带来深刻的影响。

第一节　快产业：互联网对制造业企业创新的影响

进入 21 世纪以来，随着以互联网为代表的信息网络技术对制造业的日益渗透，出现一些产业的发展速度明显高于大部分常规产业的现象。本节重点探讨这些发展速度明显较快的产业的特点，以及信息网络技术对其研发、生产和销售等环节的影响。

一、快产业的诞生及特征

20 世纪以半导体芯片为基础的计算机技术呈指数级增长。以芯片为主导因素，在摩尔定律的作用下，一批大量使用芯片与互联网的产业出现了超常规速度的发展。我们把这些超常规速度的产业称为快产业，以相对于大批常规速度发展的产业可称为常产业（或慢产业）。我们通过大量的观察和分析后发现，对于这些受摩尔定律规律下技术加速度发展影响的行业，可以使用产品的"芯片密度"作为其特征指标，衡量其产业的变化速度。由于各个行业的产品在芯片使用和移动互联网影响上的差异，从快产业到常产业之间有一个很长的序列，目前尚没有办法划分出明显的区分线。

通过对一些快产业的分析，可以初步归纳出如下特征：

1. 快

快的起点是基于 ICT——IT 信息技术与 CT 通信技术两大技术下，网络在空间、时间维度打通了各个行业、学科间的壁垒，不同的技术元素（Technium）的"结晶涌现"形成了大量新技术的指数性爆炸式增长。ICT 也为实现跨越空间与时间碎片化的需求与盈余供给的对接提供了技术可能，各种新的商业模式、商业生态层出不穷。这些 ICT 因素主导下的技术性、商业模式的快速变化是快产业的首要特征。

2. 用户主权 + 体验经济

在 ICT 技术之前，用户价值主要由价值创造与价值传递构成。而 ICT 技术逐渐破除了厂商与消费者之间的信息不对称，削弱了以传统渠道为代表的价值传递的地位，凸显了用户主权。部分消费品产业首先出现了服务主导逻辑（S - D）下以产品为载体的消费者、厂家的新价值传递的渠道。这种新的价值传递渠道也是消费者与厂家需求交互、价值共创、体现用户主权的平台，这构成了体验经济的基础。在这种用户主权与交互共创下，产业的多变性（多样性与变化性）最后以时间序列的快特征得以体现。以智能手机为中介的服务业和以快速消费品为代表的制造业开启并引领了整个体验经济时代的到来。

3. 风险投资

通过 ICT 技术连接起来的产业市场具有非常明显的网络化的特征：网络的外部性、正反馈、边际效用递增等。这也使得这些产业具有了"赢者通吃"的垄断性市场格局。而风险投资等资本市场工具正日益成为帮助企业完成快速成长，获得垄断性市场规模的重要手段，成为了行业"快"要素的助推剂。

二、快战略及其特点

快产业的发展导致了企业战略的改变。我们把适应快产业发展的企业战略称为快战略，以区别于针对常产业的常规战略。快战略的特点主要体现在以下方面：

1. 快

快成为战略的第一法则：快速融资、快速成品、快速进入、快速占领市场等。整个 20 世纪所形成并稳固的企业战略是以空间为主导的战略：无论是专业化还是多元化等专业性战略，抑或是本地化、全国化、跨国化、全球化等地域性战略，都是以空间环境变化为主角地位的战略导向。而快战略是在常战略的基础上，寻求时间轴上带来的变化，即时间导向的战略。

为了实现在时间上快，首先，企业在领域选择上不得不选择尽可能小的领域，以确保成功率，即利基战略，任正非等企业家称之为"针尖战略"。其次，在技术创新战略上采取集成策略，尽可能快地采用已有的技术成果（如苹果手机）；在核心技术研发上，采用快速迭代战略。最后，资本也是推动快战略的要素工具，更快地取得风险投资也就意味着更高的成功概率。

2. 用户参与 + 创客

互联网技术逐渐破除了厂商与消费者之间，以及产业链各环节之间的信息不对称，促使企业战略发生了重大变革。

在销售方面，20 世纪的企业市场战略是以产品为中心，通过广告和销售组织把产品推销给消费者，每个行业和企业都建立了庞大而昂贵的销售组织和机构。移动互联网正促使企业积极与用户建立新型关系：如何通过与用户的互动和网络的传播效应，快速低廉地实现与消费者的沟通与传播，成为新的市场战略的重点。

在研发方面，互联网技术使"创客 + 开源创新"的模式逐渐展现。苹果公司通过 App 机制吸引了 100 多万创客为其开发各种软件，而小米公司则从创业之初就开始积极建立粉丝群，吸引他们参与 MIUI 的开发进程。曾提出长尾理论的克里斯·安德森（Chris Anderson）认为开源研发比封闭研发更快更好更省。如何吸引创客，利用好封闭和开源两种研发模式，成为了企业技术战略的新重点。

3. 资本的力量及新治理结构

在网络经济条件下，金融资本与关键技术的高度互动结合是推动新经济范式最重要的力量。快产业的发展更依赖资本市场。资本市场除了可以提供更大规模的资金与分散风险的功能外，快产业所处的"赢者通吃"的网络化特征的市场环境，也让快产业天生就与资本市场捆绑在了一起。资本市场战略就成为了快战略的重要构成部分。

4. 人力资本与组织结构

快产业的核心价值在于能够对所在领域的知识与信息进行快速有效的处理、传递与响应。不同于常规产业，在快产业中人力资本将取代物质资本日益成为企业财富的主要创造者和风险的主要承担者。为此，快产业中的企业也逐渐采用分权模式，形成了确认人力资本产权地位的新型治理结构。

快产业也将改变传统产业中以价值链为模型的组织结构。如何以快速响应、直接交互为目标，构建以消费者为核心的企业价值网络将是快产业组织结构发展的方向趋势。

三、产业新格局与战略变化

在互联网时代下，除上述从微观视角的企业战略的变化外，宏观的产业格局及战略也出现了一些变化。

1. 产业新格局

从整体的产业发展的大背景来看，出现了以下重要战略环境的变化趋势：

（1）传统产业过剩。从制造业的角度看，人类的前几次技术革命和产业革命都是在供不应求的条件下进行的，而当下的产业革命则第一次面临供大于求的环境。

（2）全球化趋势。经济全球化导致传统企业战略的一个重要基点的改变——以波特（Michael E. Porter）为代表的企业战略理论的范围是针对"国内市场与国内企业"为研究对象与范围。

（3）信息化浪潮。信息和通信技术（ICT）作为一种通用技术将逐渐对所有的产业产生影响和改造。

（4）技术奇点。技术创新正处于加速状态，正以每 10 年翻一番的速度增长。以性价比、速度、容量和带宽为主要代表的信息技术动力正在以指数级速度递增，目前正以每年倍数的趋势增长，这也带来了人类知识总量的倍增结果。

2. 产业序列

在上述要素趋势的作用下，今后的产业格局正在形成一种在发展速度上从快到慢的长序列。显然新通用技术会首先冲击服务业，尤其是商业，但本节的分析重点是制造业。影响制造业长序列的主要因素可以分为快因素和慢因素两个方面。

快因素可以归纳为：产品的芯片密集度，这是首要的因素；产品的个人化程度——互联网带来的用户主权使生产与消费的关系向共同创造价值转变，首先在个人消费品上实现，其他产品将逐渐实现。

慢因素主要是针对流程型制造。制造业按其产品制造工艺过程特点总体上可划分为流程型制造业和离散型制造业。通过大量的比较分析后我们发现，ICT 对流程型制造业的影响普遍尚小，甚至在制药业里还提出了反摩尔定律（Eroom's Law）。对照上面的两个快因素，不难看出流程型制造业产品的芯片密度较低，并且绝大多数是原材料而非个人消费品。

依据上述快因素和慢因素，可以粗略地进行制造产业序列的描述：首先找出快的极端——电子消费品产业，以及慢的极端——冶金产业。这样就大致可以形成从快到慢的产业序列：电子消费品产业—非电子消费品产业—机电资本品产业—化工制药产业—冶金产业。

按中国的《国民经济行业分类》（GB/T 4754—2011），制造业的门类下共有 31 个两位数的制造行业。如果按快、中、慢三类进行划分，我们粗略估算的结果是：

快产业，不足 3 个——密切相关的有 3 个两位数行业：18 纺织服装和服饰业，38 电气机械和器材制造业，39 计算机、通信和其他电子设备制造业。这 3 个两位数行业中共有 21 个三位数行业，其中只有 1/3（7 个）是快产业。

慢产业，有 9 个两位数制造业行业，都是流程型制造行业：25 石油加工业、26 化学原料和化学制品、27 医药制造业（生物药除外）、28 化学纤维制造业、29 橡胶制品业、30 塑料制品业、31 非金属矿物制品业、32 黑色金属冶炼及压延、33 有色金属冶炼及压延。

中产业，余下的 19 个两位数行业都可以划到这类里。

需要说明的是，在化学制品、医药制造业里有两个特殊的细分行业是例外：一是化学制品业中的（268）日用化学产品制造业，包括化妆品在内。这个行业的产品属于家庭用和个人用的消费品，其个人化的程度较高，有一些还很高。二是医药制造业里的（276）生物药品制造业，包括基因工程药物。生物药与化学药在科学研究的范式上差异很大，尤其基因工程药物差异更大——基因工程药物的研制过程高度依赖 IT 设备，必然受摩尔定律的影响。例如，每一例基因测序的费用，2000 年时超过 30 亿美元，2015 年降为 3800 美元，2016 年降到 700 美元。

3. 企业的适配战略

在当今新的产业格局下，制造业企业的战略要根据自己所处的具体行业，采用快战略或常战略或混合战略（见图 8.1）。

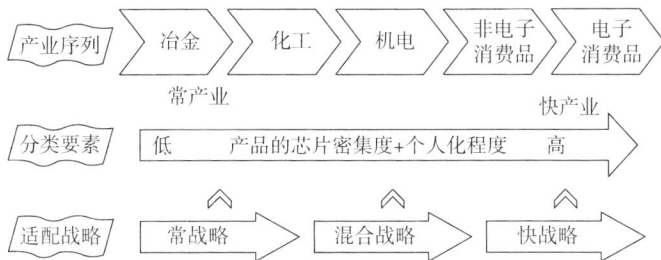

图8.1　产业序列与适配战略

四、互联网对制造业的侵入途径

我们通过大量的案例分析，发现互联网是从微笑曲线的两端开始，一步一步侵入制造业企业的各个价值链环节的。在绝大多数情况下，首先影响的是销售环节。而研发密集型行业中，研发环节受影响较早。

1. 互联网从销售环节的侵入

互联网对制造业从销售环节的侵入，在20世纪90年代就开始了，那时还是PC互联网时代，始作俑者是美国戴尔公司。

戴尔公司创建了通过直销与顾客建立直接联系，根据顾客通过电话或网站下的订单来组装产品的模式。戴尔公司先在20世纪80年代末建立了电话中心服务系统，这个电话中心可以实现咨询、销售、投诉、售后技术支持、查询等多种功能。帮助戴尔公司实现无库存生产、按订单设计、宽口径的直销渠道、快速反应的售后服务体系、高效合理的管理和激励体制等。

在上述模式的基础上，1994年戴尔公司推出了自己的网站www. dell. corn，并于1996年加入了电子商务的功能，专为顾客设计了"顶级网页"，消费者可以随时对戴尔公司的全系列产品进行评比、配置，获知相应的报价，可以在线订购，并且随时监测产品制造及送货过程。

后来，戴尔进一步把互联网应用于供应链改造，客户变成了供应链的核心，其需求通过专门网络直接传达到戴尔零部件供应商那里，使得戴尔公司能做到4天的库存周期，而竞争对手的库存周期则徘徊在30~40天。

我们通过对移动互联网时代的制造业互联网化转型的案例研究发现，后来者们很多都是走的"戴尔道路"，无论美国的苹果公司还是中国的韩都衣舍。

2. 互联网从研发环节的侵入

互联网对制造业从研发环节的侵入，是在进入21世纪时开始的，也还是PC互联网时代。这个环节的侵入活动，与被学者们冠之为开放式创新高度相关，虽然他们很晚才承认互联网的关键作用。

2001年，美国宝洁公司（Procter & Gamble）和礼来公司（Eli Lilly）都开启了开放式创新活动。宝洁公司在时任CEO雷富礼（A. G. Lafley）的大力推动下，在公司研发部旗下建立了"联系与发展"（Connect + Develop，简称联发）部门，与供应商、大学和研究机构、大公司、中小企业合作研制产品。在起初的 5 年里，主要通过互联网与外部 150 余万相关行业从业者进行了互动。雷富礼提出的"50% 的产品创新内容来源于外部"的目标，到 2006 年即已实现。

礼来公司（大型制药企业）则在 2001 年设立了开放式创新的平台——InnoCentive 公司，主要通过互联网悬赏寻求科研解决方案。

对这个领域早期案例的研究，我们发现最积极利用互联网开展开放式创新的两个特点：一是流程型制造行业里的研发密集型企业最多，如宝洁、礼来、联合利华、罗氏制药等；二是都生产消费品。

到移动互联网时代，2008 年成为了一个里程碑。2008 年 3 月 6 日，苹果公司向第三方软件开发者提供了一个软件开发工具包（SDK）。很快，iPhone 成为一个苹果公司和外部开发者通过互联网共同为用户创造价值的平台，超过百万的外部开发者积极参与其中。

移动互联网时代对比 PC 互联网时代，在研发环节的互联网化上有两个变化：一是原来只有大型企业，现在中小型企业积极实践；二是原来的外部参与者以大学和科研机构的研究人员为主，现在是成千上万的创客积极参与。

3. 互联网对制造环节的直接侵入

在移动互联网时代，开始出现从生产制造环节直接侵入的现象，如中国的红领公司。

至今，互联网化程度最高的行业，如电子消费品制造业和服装制造业，其企业的价值链各环节甚至产业链的环节，都被互联网严重侵入了。

五、互联网对创新/研发环节的影响

下面着重探讨互联网对制造业企业的创新/研发环节的影响，首先从创新/研发活动的历史谈起。

1. 创新/研发活动的历史发展

从个人与组织的角度来分析创新/研发活动的历史，不难发现：英国工业革命时期的创新活动最鲜明的特点是个人化和小型化。无论阿格瑞特精纺机还是瓦特蒸汽机都是如此。"第一次工业革命中的创新活动是如何组织的？对专利数据的分析表明，18 世纪末和 19 世纪初的所有发明，事实上都来自于发明者个人的努力。"[①]

19 世纪后期开始的第二次工业革命使上述情况发生了变化。这是从德国化学工业的发展开启的——19 世纪后期化学工业的流程型实验的规模之大已远非个人化学家能力所及——1877 年和 1878 年赫斯特（Hoechst）公司和巴斯夫（BASF）公司分别建立了人类最早的工业实验室。20 世纪初，美国的化工、电气、机械大企业纷纷建立工业

---

① 詹·法格博格、戴维·莫利、理查德·纳尔逊：《牛津创新手册》，知识产权出版社，2009 年。

实验室。"19 世纪最伟大的发明就是发明的方法本身"①，"组织创新成为第二次工业革命的重要标志"②。

从此，创新/研发活动从个人化和小型化逐渐向集团化、组织化和大型化发展。从专利数据可以看到，在专利总数中，个人申请者所占的比重，从 1900 年以来一直在下降③。单就研发活动的大型化而言，以曼哈顿工程为标志，已经越过企业的规模，上升到国家的层级。

总之，在"二战"后，有组织的、机构化的研究与开发活动在世界各国得到普遍重视。创新/研发活动的集团化、组织化和大型化成为主流。当然，不同的行业还是有些差异的，如流程型行业要比离散型行业更显著。

进入 21 世纪，在 ICT 和互联网发展的背景下，产生了创客运动。

创客（Maker），"创"指创造，"客"指从事某种活动的人。创客本指勇于创新，努力把自己的创意变为现实的人；特指具有创新理念，自主创业的人。

《创客：新工业革命》的作者克里斯·安德森认为，创客运动具有三个变革性的共同点：一是人们使用数字桌面工具设计新产品并制作模型样品（"数字 DIY"）。二是在开源社区中分享设计成果、开展合作已经成为一种文化规范。三是如果愿意，任何人都可以通过通用设计文件标准将设计传给商业制造服务商，以任何数量规模制造所设计的产品，也可以使用桌面工具自行制造。两种途径同样方便，大大缩短了从创意到创业的距离。

克里斯·安德森还认为，创客运动背后的真理是：人们使用新型工具工作，发动一场制造业革命。21 世纪的工业格局必将与 20 世纪大不相同。创新不再是由世界上最大的公司自上而下地推进，而是由业余爱好者、创业者和专业人士等无数的个人自下而上地开拓。④

美国创客 PK 日本索尼的案例，是具有划时代意义的事件。索尼公司是举世闻名的电子消费品巨头，2012 年 4 月 12 日索尼在美国高调发布其新款智能手表 Smartwatch。这款电子产品售价 150 美元，可以通过蓝牙与手机相联，实现腕表的文本、电子邮件及社交网站更新阅读。这本应是头条新闻却没有引起什么关注，其原因就是前一天由几个美国创客组成的创业团队在网站上发表了他们的腕表产品……居然性能比索尼更好、售价还低（115 美元）。这个名为"鹅卵石"的项目竟然是在一个公寓的地下室创造出来的。⑤

前面提到的苹果公司的 iPhone 手机有超过百万的外部开发者积极参与设计开发各种软件，也是创客运动的一个著名的案例。创客运动还有互联网条件下产生的新金融工具的支持——众筹、众包等。

我们认为，创客运动的出现是在 ICT 和互联网的新条件下，创新活动开始向个人化和小型化的回归。当然，这绝不是英国工业革命时期个人化创新的重现。

---

①③ 克利斯·弗里曼、罗克·苏特：《工业创新经济学》，北京大学出版社，2004 年。

② 詹·法格博格、戴维·莫利、理查德·纳尔逊：《牛津创新手册》，知识产权出版社，2009 年。

④⑤ 克里斯·安德森著，萧潇译：《创客：新工业革命》，中信出版社，2012 年。

对迄今为止的创客运动的分析总结,其首要特征是,互联网化 + 全球化特征——互联网化的全球研发设计网络 + 全球制造网络 + 全球资本网络 + 全球市场网络基础。其次还具有以下特征:产出以个人消费品及服务为主;偏重利基市场;偏重软件等电脑技能;以个人能完全掌控的简单技术为主。①

2. 互联网对创新/研发环节的影响

互联网和 ICT 的影响,首先是对所有工作的普适性的影响,即更好的工具、更好的联系等所导致的工作效率提高,这对创新/研发环节的影响相同,不再赘述。

迄今为止影响比较大的有两个方面:一方面是通过开放式创新 + 众包带来的影响。对这个方面,通过对大量案例的分析可以得出以下初步的结论:

(1) 对研发环节的影响是正面的、普遍有效的。但是,行业差异很大,与快产业序列基本正相关,即越快的产业影响越大。

(2) 理论分析认为研发密集型行业应该更有效,但目前案例很少,尚需进一步证明。

(3) 对创新的影响,快慢产业之间的差异更大,慢产业的案例明显偏少。

另一方面是创客运动带来的影响,通过对大量案例的分析可以得出以下初步的结论:

(1) 创客运动影响的行业差异非常大,对于冶金化工等慢产业的影响微不足道。

(2) 创客产出以个人消费品及服务为主并偏重个人技能的特征,决定其仅限于对个人消费品和服务的行业的创新和研发影响很大,对其他行业影响不大。

关于互联网金融对创新/研发环节的影响,如众筹、众包一类,由于它们都包括在创客运动和开放式创新之中,这里就不单独阐述了。

第二节　分享经济:对企业技术创新的影响

在互联网、大数据等新技术发展背景下,越来越多的市场个体开始加速整合利用不同行业、部门、地域创新资源,依托互联网搭建资源平台,促使分享经济模式出现并快速发展。

一、分享经济的内涵特征

1. 分享经济的内涵

分享和共享的英文均是 sharing,二者的意义有重叠的部分,都可以指与其他主体共同享有,但二者也有区别,与分享相比,共享指的是大范围、无特殊前提条件的、无特殊时间要求的、全体成员的共同享有和享用,范围更广泛,条件更宽松,如地球上的所有生物共享地球自然环境,包括阳光和空气等。而分享可以表示两种不同的意义:一是客观的

<hr>

① R. Rycroft、D. Kash:《复杂性挑战》,北京大学出版社,2016 年。

状态，与独享相区别，与共享相同，可以互换使用；二是一种主动与他人分享的行为，可以是打破独享，也可以是分享的扩展和延伸。任何一种享有和享用都是有前提条件的，如独享的前提条件至少包括自主地意识到自己的享有和享用，信息的分享和共享则需要理解和掌握，否则就只能享有，而不能享用，知识和技术的分享和共享也同样需要理解和掌握等。所以分享的第二种意义就包括帮助选定的分享者理解和掌握将要分享的资源。从这个意义上说，分享的范围尽管可以不断扩大，但始终有限。一切可以交流和交换的资源，包括知识、技术、商品、文化、思想、观念、艺术作品等都可以分享。而所谓创新的东西也就是由独享变成分享的东西。因此，本书使用分享这一词。

分享经济（Sharing Economy），是指将个人、集体或企业的资源进行整合，包括商品、服务、知识和技能等，通过互联网构建的平台，实现不同主体之间使用权的分享，提高全社会资源利用效率的同时获得收益的经济模式。其本质是在信息技术的基础上，实现资源使用权在所有者和需求者之间的分享或交易。其核心是以资源换取经济收益。在这种新的经济模式下，每个人既是生产者也是消费者，人们越来越重视使用价值而非私有价值、分享而非独有。

2. 分享经济的基本特征

作为互联网时代全新的经济形态，与传统经济模式相比，分享经济具有四大典型特征：

（1）技术特征：基于互联网平台。正是因为有了互联网尤其是智能终端的迅速普及，海量的供给方与需求方得以迅速建立联系。互联网平台并不直接提供产品或服务，而是将参与者连接起来，提供即时、便捷、高效的技术支持、信息服务和信用保障。离开互联网，现代意义上的分享经济将不复存在。

（2）主体特征：大众参与。分享经济得以发展的前提是允许大众的广泛参与，有足够多的供方和足够多的需方。互联网平台的开放性使得普通个体只要拥有一定的资源和一技之长，就可以很方便地参与到分享经济中来。同时，分享经济属于典型的双边市场，即供需双方通过平台进行交易，一方参与者越多，另一方得到的收益越大，两个群体相互吸引、相互促进，网络效应得到进一步放大。在分享经济中，参与者往往既是生产者又是消费者，个体潜能与价值能得到最大发挥。此外，用户评价也能够得到及时、公开、透明的反馈，会对其他消费者的选择产生直接影响，这将推动平台与供给方努力改进服务，注重提升用户体验。

（3）客体特征：资源要素的快速流动与高效配置。现实世界的资源是有限的，但闲置与浪费也普遍存在，如空闲的资金、车座、房间、设备、时间等。分享经济就是要将这些海量的、分散的各类资源通过网络整合起来，让其发挥最大效用，满足日益增长的多样化需求，实现"稀缺中的富足"。在信息技术的作用下，分享经济极大地降低了资源综合成本，能够以快速、便捷、低成本、多样化的方式满足消费者的个性化需求。

（4）行为特征：权属关系的新形式。分享经济淡化了所有权，强化了使用权，更加重视使用权所获得的受益，主要采用以租代买、以租代售等方式让渡产品或服务的部分使用权，实现资源利用效率的最大化。从实践发展来看，分享经济将渗透到更多的领域，股权众筹等业态的出现已经涉及所有权的分享。

3. 分享经济的驱动力量

分享经济的兴起与发展是技术、经济和文化等多种因素综合作用的结果，其背后发展的驱动力量表现为以下五个方面：

（1）提高收益的意愿。分享经济的发展使得人们能够将多样化资源或碎片化时间利用起来，通过提供服务获得一定收益，有了更多创造价值、增加收入的机会。这也是2008年全球金融危机后分享经济迅速发展的重要原因之一。正如哈佛大学商学院教授克里斯托弗·马科斯（Christopher Marquis）所言，最初在Airbnb（AirBed and Breakfast，即空中食宿）上登记出租自己汽车和房屋的人，主要是由于对深陷经济危机的绝望，人们不得不寻找其他赚钱的途径以补贴家用。

（2）信息技术的推动。互联网与生俱来的开放协作特质，适应并推动了一个乐于创造和分享时代的到来。移动互联网发展以及智能终端的普及实现了参与者的泛在互联，移动支付和基于位置的服务让分享变得简单快捷。网络与大数据分析技术实现了资源供需双方的精准高效匹配，极大地降低了个体之间碎片化交易的成本。社交网络及信用评价机制日渐成熟培育了新的信任关系。信息技术创新成为分享经济发展的最强推动力。

（3）消费理念的转变。分享经济借助信息技术赋予人们以社交化的方式进行交流、分享和创造价值的能力。环保意识、节约意识的增强让人们逐步放弃对过度消费的追求，更加重视节约资源、创造社会价值。在网络中成长起来的年青一代有着与其父辈大不相同的消费理念，乐于分享的性格特质使他们成为分享经济的重要推动力量。

（4）灵活就业的追求。工业时代使人像机器一样工作，信息时代使机器像人一样工作。现在的年轻人已经无法适应高度紧张、机械化的工作方式，越来越多的人加入了自由职业者的队伍，2015年美国的自由职业者已经超过了总劳动力的1/3。在中国，众多分享经济平台的出现也培育了规模巨大的自由就业群体。相比于正规就业而言，分享经济可以让从业者比较自由地进入或退出社会生产过程，减轻了个人对社会的依赖。人们对灵活就业的追求大大加速了分享经济的发展。

（5）资本市场的热捧。近年来，分享经济创业企业成为全球资本市场的投资热点。根据Crowd Companies的统计，2010～2013年全球流向分享经济的投资额累计43亿美元，2014年和2015年两年的投资额分别为85亿美元和142.06亿美元（合计227亿美元），两年内流入分享经济的风险资金规模增长了5倍多。在中国，分享领域获得风险投资的企业数量和融资金额也出现了爆发式增长。仅在2015年滴滴出行公布的融资总额就已经超过229.45亿元，美团网、蚂蚁金服分别获得融资总额138.6亿元和121亿元。

二、分享经济的发展态势

1. 全球发展态势

分享经济是互联网、大数据等技术发展背景下诞生的新商业模式，即利用移动互联网、大数据等技术实现社会现有资源的重新匹配，可以提高资源的利用效率，降低消费者购买成本。分享经济浪潮正席卷全球，平台企业持续增加，分享领域不断拓展，市场规模高速增长，涌现出一批估值达到 10 亿美元以上的"独角兽"初创或成长型企业，行业竞争愈发激烈，竞争格局快速变化。在政策的支持下，未来全球分享经济将迎来新的发展机遇。

（1）分享经济成为热点。2008 年金融危机后，全球分享经济快速发展，从欧美不断向亚太、非洲等地区的上百个国家扩张。截至 2015 年底，Airbnb 作为一家联系旅游人士和家有空房出租的房主的服务型网站，已经在全球 190 多个国家和地区开展业务，覆盖 34000 多个城市，拥有 200 多万个房源，超过 6000 万房客从中受益，市场估值 255 亿美元。领先企业的成功吸引了大量创业者加入分享经济领域，平台企业不断增加，投资分享经济领域的机构数量也迅速增加。

（2）分享领域不断扩展。全球分享经济正进入快速扩张期，从最初的汽车、房屋分享迅速渗透到金融、餐饮、空间、物流、教育、医疗、基础设施等多个领域和细分市场，并加速向农业、能源、生产、城市建设等更多领域扩张。未来一切可分享的东西都将被分享，人们的工作和生活方式将因之发生深刻变化。正如分享经济的倡导者瑞恩·格丽（Ryan Gourley）所言："分享经济从一个城市开始，逐步扩展到一个地区，进而渗透到整个国家，最后形成一个分享的世界。"

（3）初创企业快速成长。分享经济的崛起催生了大量市场估值超过 10 亿美元的"独角兽"企业。根据调研公司 CB Insights 的数据，2018 年全球估值在 10 亿美元的企业有 429 家，排名前 50 的"独角兽"企业，估值都在 50 亿美元以上。"独角兽"企业中有分享汽车的 Uber（排名第 3）、Lyft（排名第 23）、Grab Taxi（排名第 25）、Olacabs（排名第 67），分享房屋的 Airbnb（排名第 9），分享邻里信息的 Nextdoor（排名第 229），分享办公空间的 WeWork（排名第 6），提供金融 P2P 服务的 Social Finance（排名第 64），以及生活类服务的 Instacart（排名第 36）、Deliveryoo（排名第 152）等（见表 8.1）。更重要的是，这些公司创业时间多数不到 5 年就达到上亿甚至上百亿美元的市场估值。随着分享领域的拓展以及商业模式的不断创新，更多的巨无霸企业将接踵而来。

表 8.1　2018 年全球"独角兽"公司排行榜（排名前 50）　　　　单位：亿美元

排名	企业	估值	国家	所属行业
1	蚂蚁金服	1476.92	中国	金融
2	今日头条	750.00	中国	文化娱乐
3	Uber	720.00	美国	汽车交通
4	阿里云	710.77	中国	企业服务
5	滴滴出行	600.00	中国	汽车交通
6	WeWork	470.00	美国	房产服务
7	陆金所	400.00	中国	金融
8	口碑	300.00	中国	本地生活

排名	企业	估值	国家	所属行业
9	Airbnb	293.00	美国	旅游
10	大疆无人机	220.00	中国	硬件
11	SpaceX	215.00	美国	高端装备制造
12	京东数科	204.62	中国	金融
13	Stripe	200.00	美国	金融
14	快手	200.00	中国	文化娱乐
15	菜鸟网络	200.00	中国	物流
16	微众银行	160.00	中国	金融
17	Epic Games	150.00	美国	游戏
18	JUULLabs	150.00	美国	硬件
19	比特大陆	150.00	中国	金融
20	京东物流	134.00	中国	物流
21	Pinterest	123.00	美国	社交网络
22	Samumed	120.00	美国	医疗健康
23	Lyft	115.00	美国	汽车交通
24	Global Switch	110.80	英国	企业服务
25	GrabTaxi	110.00	新加坡	汽车交通
26	PalantirTechnologies	110.00	美国	企业服务
27	Infor	100.00	美国	企业服务
28	Go－Jek	100.00	印度尼西亚	汽车交通
29	One97 Communications （Operates Paytm）	100.00	印度	金融
30	Coupang	90.00	韩国	电子商务
31	平安医保科技	88.00	中国	医疗健康
32	苏宁金融	86.15	中国	金融
33	Coinbase	80.00	美国	金融
34	借贷宝	76.92	中国	金融
35	链家网	76.92	中国	房产服务
36	Instacart	76.00	美国	本地生活
37	金融壹账通	75.00	中国	金融
38	Slack Technologies	71.00	美国	企业服务
39	Tokopedia	70.00	印度尼西亚	电子商务
40	Roivant Sciences	70.00	瑞士	医疗健康
41	Snapdeal	70.00	印度	医疗健康
42	Tanium	67.00	美国	企业服务
43	瓜子二手车	66.00	中国	汽车交通

排名	企业	估值	国家	所属行业
44	满帮集团	65.00	中国	物流
45	商汤科技 SenseTime	60.00	中国	企业服务
46	Vice Media	57.00	美国	文化娱乐
47	Robinhood	56.00	美国	金融
48	Intarcia Therapeutics	55.00	美国	医疗健康
49	微医	55.00	中国	医疗健康
50	WiFi 万能钥匙	52.00	中国	工具软件

资料来源：CB Insights 调研公司公布的"全球独角兽公司排行榜"。

（4）竞争格局尚不稳定。全球分享经济尚处在起步阶段，成长迅速，竞争激烈，尚未形成稳定的格局。目前来看，只有在个别领域，少数起步较早的企业获得了一定的先发优势，初步形成相当用户规模和较高的市场占有率，开始建立起成形的盈利模式。一般而言，分享型企业的收入来源渠道主要有中介收费、搜索排名、流量广告、金融收益等。但对于更多的领域和初创企业而言，还处在探索过程中，尚未形成可持续发展能力。从地区发展的角度看，美国是分享经济发展的领头羊，但欧洲、亚洲各国的平台企业也在迅速崛起，全球竞争格局仍处在快速变化中。

（5）政策导向趋于明朗。随着实践的发展，人们对分享经济意义作用的认识逐步深化，许多国家的政府部门对待分享经济的态度从观望、犹疑转向明确支持。美国在 2012 年 4 月就出台了《促进创业企业融资法》（*Jumpstart Our Business Startups Act*，JOBS 法案），该法案指出创业企业和小型企业可以通过大众融资方式每年最多筹集 100 万美元，开始为股权众筹专项立法。2014 年美国有 17 个城市议会和 4 个州通过了合法化专车的城市条例，到 2015 年 8 月，合法化专车的城市与州合计就扩大到 54 个，而 2014 年之前这一数字还是零。2014 年 9 月，英国宣布将打造分享经济的全球中心以及欧洲分享经济之都。欧洲议会工业、研发和能源委员会与内部市场和消费者保护委员会联合发布对数字市场新战略的立场文件，强调支持分享经济发展。加拿大安大略省、魁北克政府已经开始进行新法律框架的拟定和修改，并做初步调研工作，支持分享经济发展。澳大利亚政府对分享经济持乐观态度，如 2015 年悉尼政府采用政府主导、企业运营的模式推进汽车分享，并将"汽车使用分享"计划作为城市发展规划"悉尼 2030"的一个重要内容；新南威尔士州宣布将通过法律途径使 Airbnb 等分享经济行业合法化。韩国政府对分享经济企业实施政府认证程序，并对有突出贡献的企业给予资金支持和宣传帮助，还计划对相关法律法规进行调整以适应分享经济的发展。

2. 国内发展态势

据国家信息中心信息化研究部、中国互联网协会分享经济工作委员会发布的《中国分享经济发展报告 2017》显示，2016 年我国分享经济市场交易额约为 34520 亿元，比上年增长 103%。参与者总人数达到 6 亿人，比上年增加 1 亿人左右。提供服务者人数约为

6000 万人，比上年增加 1000 万人。平台就业人数约 585 万人，比上年增加 85 万人。未来 10 年，中国分享经济领域有望出现 5～10 家巨无霸平台型企业。随着移动互联网、大数据、物联网、云计算技术的迅猛发展，分享经济已经给大生产、大消费的原有消费模式带来巨大冲击。

（1）分享经济初具规模，未来潜力巨大。国内分享经济发展迅速，平台企业快速成长，分享经济各领域代表性企业的参与人数也在快速增加。例如，上线于 2014 年 7 月的京东产品众筹，截至 2015 年 12 月其总筹资额已突破 13 亿元，其中百万级项目超 200 个，千万级项目已有 20 个。截至 2015 年底，接入滴滴出行平台的司机数已超过 1400 万人，注册用户数达 2.5 亿人。成立于 2015 年 5 月的京东众包，半年多时间内就发展注册快递员超过 50 万人，其中参与过快递业务的就有 20 万人。到 2015 年底，猪八戒网注册用户数达 1300 万人。2015 年约有 7200 万人次参与过众筹活动，使用过 O2O 类本地生活服务的用户数量超过 3 亿人。

（2）分享经济领域迅速拓展，平台数量持续上升。分享经济领域迅速拓展，从在线创意设计、营销策划到餐饮住宿、物流快递、资金借贷、交通出行、生活服务、医疗保健、知识技能、科研实验，从消费到生产，分享经济已经渗透到几乎所有的领域（见表 8.2）。

表 8.2　国内主要分享经济领域

应用领域	部分代表性分享平台
交通出行	滴滴出行、易到用车、PP 租车
房屋短租	途家网、蚂蚁短租、小猪短租
P2P 网贷	陆金所、红领创投、人人贷
资金众筹	京东众筹、众筹网、淘宝众筹
物流快递	达达物流、e 快递、人人快递
生活服务	58 到家、e 代驾、爱大厨
技能共享	猪八戒、在行、时间财富、K68
知识共享	百度百科、知乎、豆瓣网
生产能力	阿里巴巴淘工厂、易科学

平台数量持续上升，一些领域在短短数年间就涌现出数百家分享型企业，并迅速形成一批初具规模、各具特色、有一定竞争力的代表性独角兽企业。例如，在交通出行领域有：滴滴出行（排名第 3）、神州专车（排名第 23）等；房屋租赁领域有贝壳找房（排名第 9）、自如（排名第 37）；在共享金融领域出现了京东金融（排名第 10）、陆金所（排名第 4）、人人贷（排名第 69）等（见表 8.3）。此外，在众创、生产能力、科研设备分享等领域也出现一批代表性平台，如人人设计网、阿里巴巴淘工厂、易科学等。其中，交通出行发展较快，示范引领作用凸显。作为"互联网＋交通"下的新业态，交通出行领域分享经济的发展起步于 2010 年，易到用车、滴滴打车、快的打车等诸多交通出行分享平

台相继成立，经过 5 年多时间的发展，平台企业经历了早期的创业热潮、寡头竞争、战略整合等发展阶段。交通出行只是人们日常生活、生产的一个领域，未来分享经济涉足的领域更广、渗透程度更深，对传统产业带来的影响更大。由于平台企业成长的相似性，作为分享经济的领头羊，使得交通领域的发展历程、成长路径、竞争战略以及行业政策制定对整个中国分享经济行业都将起到一定的示范引领和风向标作用。

表 8.3　2018 年中国独角兽企业榜单（排名前 50）　　　　单位：亿美元

排名	企业	估值	行业	成立年份	所在地
1	蚂蚁金服	1500	金融科技	2014	杭州
2	字节跳动	750	新文娱	2012	北京
3	滴滴出行	600	交通出行	2012	北京
4	快手	200	新文娱	2011	北京
5	京东数科	200	企业服务	2013	北京
6	菜鸟网络	200	智慧物流	2013	深圳
7	比特大陆	145	金融科技	2013	北京
8	微众银行	92.3	金融科技	2015	深圳
9	贝壳找房	90	房产服务	2015	北京
10	平安医保科技	88	金融科技	2016	上海
11	金融壹账通	75	金融科技	2015	深圳
12	车好多	66	电子商务	2011	北京
13	华人文化	61.5	新文娱	2017	上海
14	商汤科技	60	人工智能	2014	北京
15	满帮集团	60	智慧物流	2017	贵阳/南京
16	微医集团	55	医疗健康	2010	杭州
17	联影医疗	50	生物医药	2011	上海
18	优化必选科技	50	人工智能	2012	深圳
19	达达 - 京东到家	46	智慧物流	2016	上海
20	橙行智动	38.5	新能源汽车	2015	广州
21	斗鱼	36.7	新文娱	2015	武汉
22	度小满金融	36	金融科技	2016	西安
23	神州专车	35.5	交通出行	2015	北京
24	大搜车	35	电子商务	2012	杭州
25	VIPKID 大米科技	35	互联网教育	2013	北京
26	奇点汽车	35	新能源汽车	2014	铜陵
27	云从科技	35	人工智能	2015	广州
28	网易云音乐	35	新文娱	2016	杭州
29	喜马拉雅	34	新文娱	2012	上海

排名	企业	估值	行业	成立年份	所在地
30	游侠汽车	33.5	新能源汽车	2017	上海
31	美菜网	33	电子商务	2014	北京
32	微盟	32.1	企业服务	2014	上海
33	易商	32	智慧物流	2011	上海
34	猫眼电影	32	新文娱	2015	北京
35	复宏汉霖	31.8	生物医药	2010	上海
36	汇通达	30.8	电子商务	2010	南京
37	自如	30.8	房产服务	2016	北京
38	一下科技	30	新文娱	2011	北京
39	旷视科技	30	人工智能	2011	北京
40	柔宇科技	30	智能硬件	2012	北京
41	猿辅导	30	互联网教育	2012	北京
42	小书	30	电子商务	2013	上海
43	掌门1对1	30	互联网教育	2014	深圳
44	地平线	30	人工智能	2015	北京
45	优客工厂	30	企业服务	2015	北京
46	威马汽车	30	新能源汽车	2016	上海
47	阿里音乐	30	新文娱	2016	北京
48	孚能科技	29.8	新能源汽车	2009	赣州
49	奇安信	28.5	企业服务	2014	北京
50	明略数据	27	大数据	2014	北京

资料来源：科技部火炬中心与长城企业战略研究所共同发布的《2018年中国独角兽企业发展报告》。

（3）技术创新发展迅速，企业积极开拓国际市场。网络化的特质加上中国独特的市场优势，大大加快了中国分享经济企业从模仿到创新、从跟随到引领、从本土到全球的进程。从商业模式或涉及的领域看，中国早期绝大多数分享经济平台都是从模仿国外的平台开始的。但成功的分享经济平台并不简单照搬照抄，而是在模仿的基础上进行了本土化创新。此外，市场竞争压力不断加大也在倒逼企业走本土化创新的道路，一些创新已经走在了世界前列。以WiFi万能钥匙为例，用户通过平台提供分享自己的WiFi网络，让周边的用户免费接入。对于信息基础设施尚未完善的地区来说，WiFi分享满足了大量用户的上网需求。而且，WiFi万能钥匙能够基于互联网热点对用户场景进行判断，并进行精准化推送，实现线上线下闭环服务。此外，在家政服务行业，"阿姨来了"首创性引入了猎头顾问和房地产行业中的经纪人模式。此外，一些企业开始凭借成功的商业模式创新，积极拓展国际市场。例如，2015年5月，WiFi万能钥匙正式开辟海外市场，其已经在巴西、俄罗斯、墨西哥、印度尼西亚、越南、马来西亚、泰国、埃及、中国台湾、中国香港等近

50 个国家和地区的 Google Play 工具榜上排名第一，用户遍及 223 个国家和地区，成为少数能覆盖全球用户的中国移动互联网应用之一。滴滴出行已着手与 Lyft、Grabtaxi 和 Ola 开展国际合作，产品将连通覆盖 50% 的全球人口，为中国、美国、印度用户提供无缝跨境出行服务。

三、分享经济对企业技术创新的影响

企业技术创新需要经历新构思的产生与形成、研究与开发、应用与扩散三个阶段。无论是在思路的形成初期，还是产品应用与扩散的后期，大量信息资源的掌握是企业技术创新过程得以实现的前提条件。而分享经济的发展使得信息（数据）的获取更加开放、平等和透明。随着信息技术的不断突破，信息要素在各行业企业间的流动性增强，企业处理信息的能力呈爆发式增长。经济领域海量数据的积累与交换、分析与运用，使得企业将进入前所未有的知识和创新时代。信息（数据）为技术创新提供了重要的生产原料，极大地推动技术创新和生产效率的提高。在分享经济模式下，企业通过先进信息技术在更大范围内、更有效地整合和调动全社会的创新资源，实现企业创新的目的。企业技术创新通过人（企业研发人员以及大众参与）、财（资金）、物（设备、资源、材料）三者协同实现，分享经济模式对企业技术创新的影响主要表现在创新的理念、创新的组织以及创新的资源形式三个方面。

1. 企业技术创新的理念变化——开放创新、广泛参与

以往的技术创新常常依靠大型企业、研发机构和高等院校，因为它们具有资源、资金、人才和技术等积累的优势，也使得创新呈现集中化格局。而现有技术创新则越来越多地来自中小型企业，特别在互联网、大数据领域尤为突出。这主要是因为分享经济的发展为分工协同提供了必要、廉价、高效的信息工具，生产样式从工业经济的典型线性控制，转变为分享经济的实施协同。信息技术的发展进一步缩短地理空间、打破地理界线，大规模分工协同推动的互联网时代集群式创新开始涌现。基于互联网、大数据传递处理的技术所带来的低成本和实时性，使得企业的信息沟通将突破某一地理范围的高度集聚，原有的创新格局将演变为更大规模的集群式创新。此外，分享经济可以使得企业虚拟组织管理边界延伸到企业外部，突破企业原有界限，企业将拥有更强的资源整合能力，内部资源、功能、知识、竞争优势与外界相互协同、相互利用和整合。

分享经济还会激活企业内部每一位员工的创新创业活力，激发每一个小微组织的创新创业能力，形成全新的创新生态圈，实现传统企业的"二次创业"。例如，当年海尔"雷神"游戏本（游戏功能较强的笔记本电脑）的诞生就是如此。最初，海尔的几名员工通过贴吧、论坛等互联网社交渠道，与用户交流游戏感受，挖掘用户对游戏的期望以及游戏现存的缺陷，从而看到了产品的机会，从用户差评中总结出 13 个核心问题，打造了该游戏本。游戏本上市后便吸引了众多粉丝，一周后就在同行中排名热卖品牌第四、单品第三；二代产品继续改进后在京东上更是获得大卖，预约用户达到 18 万人，3000 台游戏本 20 分钟内被一抢而空。之后，他们继续整合上游资源，针对用户的需求提出产品创意，不断地研发并邀请大批玩家进行测试，然后再到互联网上预约销售，最后再次回到论坛、

贴吧等互联网平台上与用户沟通交流随之改进，形成了一个循环往复的产品上市闭环。通过海尔的创业平台，"雷神"游戏本已经成功地吸引了创业导师和风投基金，正式进入小微化运作。在硬件做强后，"雷神"还于2016年继续完善游戏软件生态圈，打通游戏产业链，代理游戏运营、游戏推广，逐步进入游戏文化产业。普通的员工从产生新想法到利用海尔众创空间平台提供的资源最终实现商业化，这是分享经济给传统企业带来的新的挑战和机遇。

此外，企业技术创新主体更加多元化。企业传统的创新活动大多数由企业内部专门的研究人员开发完成，随着产品技术多样化以及消费者需求的多元化，企业逐渐意识到这种封闭式创新的局限性。且随着互联网技术的不断升级，企业开放式创新的程度也在不断加深，创新的模式和方法不再局限于企业内部，创新的主体从专业的研究开发人员扩展到更广泛的普通大众，开始围绕着用户创新创意，让创新走到群众中去，让每一个人都参与创新，使大众逐渐加入企业技术创新的主体。

2. 企业技术创新的组织变化——平台化、扁平化和社会化

分享经济的出现基于互联网、大数据等新技术带来的技术变革，进而通过互联网与实体产业的深入融合驱动技术——经济范式的变革。分布式互联网的技术属性会影响社会内部的通用技术、消费方式、商业模式、企业模式、管理制度、劳动方式的创新与变革。一方面，新技术使得传统企业将制造研发作为创新入口，用平台化、数字化、智能化为特征的通用技术重构工业生产系统，形成个性化制造的生产体系，推动技术和产品的再次创新。另一方面，也加快了传统企业内部的管理革新，分享经济借助互联网、大数据条件下的协同、分享、合作、自组织和开放特性，形成企业平台化管理、开放式创新研发和员工创客化经营等新组织模式，扩大企业创新创业的范围，降低创新创业平均成本。

分享经济模式下企业技术创新以平台化为手段。传统标准化生产模式下，企业与用户间信息交互不充分、企业内生产组织缺乏柔性，所以同质化生产是最经济合理的选择。随着分享经济的快速发展，市场逐渐由生产导向转为用户需求导向，千篇一律的共性产品越来越难以满足用户的个性需求。在互联网大数据等新技术的推动下，制造企业可运用互联网、移动互联网、3D显示、移动O2O等打造用户聚合平台、多元社交平台，收集用户的个性化产品需求，并逐步改变原有相对固化的生产线和生产体系，从而打破渠道单一、封闭运行、单向流动的传统供需模式，使设计研发、制造、销售的全环节更加紧密并高效协作。例如，海尔全力打造的HOPE（Haier Open Partnership Ecosystem）平台，用以提升与全球资源交互的软实力。2014年，海尔建立了互联网开放创新交互平台——HOPE平台，全球的用户和资源在平台上零距离交互，持续产出创新的解决方案。HOPE平台打破了原来单向的研发模式，即企业研发产品卖给消费者或者从用户的需求和创意获取后再由企业研发产品卖给消费者，转以采用全流程交互手段将用户和资源吸引到平台上。在该平台上，全球顶尖科研机构、工程师、用户、合作伙伴可以自由交互，产生大量颠覆性需求和技术解决方案。目前，已有超过10万家资源在HOPE平台注册，每月交互产生创意超过500个，每年成功孵化创新项目超过200个。包括MIT、Standford等国外大学以及中科院、弗莱恩霍夫协会等顶尖机构纷纷进入HOPE平台参与技术创新的交互。由此可以发现，基

于网络化平台，企业极易聚集社会大众智慧，挖掘创意或破解企业技术难题，为企业提供多元化、多方位的服务。

分享经济模式下企业由金字塔层级组织发展为扁平化蜂窝状组织。传统企业的内部管理结构是金字塔式的，它往往是一个紧密的耦合结构，一环扣一环，第一环动后，要经过层层传导，才能把动能传到最后一环，其优点是能保持组织的凝聚力和良好的内部控制。但是在信息迭代快速的今天，这种组织形式反而会束缚企业对外部环境的快速感知和反应能力，从而阻碍企业的技术创新。而分享经济模式下的企业则是松耦合的结构，企业内部是一个有机的生态圈，一个大团队里有很多的小团队，信息传导速度很快，能够面对市场变化即时做出应对，而且小团队通过互相碰撞会将过时的信息排挤出去，并高效地处理日常的事情。自组织、扁平化管理的精神就在于分权（让各小组成为一个个独立的小团队）、分钱（奖励机制），并根据消费者需求扩张或者缩小，让一个个充满战斗力的小团队灵活运转。例如，依托互联网崛起的小米就是扁平化管理的新兴企业代表，小米在最初发展阶段就是简单的架构，创始人—部门负责人—员工，事情汇报和决策不需经过层层传递，绩效考核也并非传统的KPI，看的是粉丝数、活跃度、推荐率。

3. 企业技术创新的资源形式变化——多元化

分享经济的核心是以现有资源换取经济收益，这些资源包括商品、服务、知识和技能等。分享经济的发展使得企业技术创新的资源配置效率大大提高、生产要素的社会化使用更为便利，企业可以按需使用设备、厂房、资金、人员及其他现有生产能力，在更大范围内实现了生产要素与生产条件的最优组合，使得企业获取技术创新所需资源的门槛更低、成本更小、速度更快、参与更广，整合现有资源的能力更强。我国分享经济发展迅猛，已经深入多个领域，从车辆、房屋等物品的分享，到劳动力和技能的分享，进而到经验、知识和创意甚至资金的分享，正如杰里米·里夫金所说，"人们以近乎零成本的方式制作并分享自己的信息、娱乐和3D打印产品，并通过社交媒体、租赁商等以极低或零成本的模式分享汽车、住房、服装和其他物品"。在这个过程中，人们转变为产消者，在消费的同时也制作和分享自己的产品。但是就像分享经济所彰显的文化精神一样，分享经济较好地满足了人性中固有的社会化交往、分享和自我实现的需求，也顺应了当前人类环保意识的觉醒，企业对技术创新所需的资源也开始变为"不求拥有，但求所用"。

此外，分享经济是连接供需的最优化资源配置方式。面对资源短缺与浪费共存的难题，分享经济借助互联网能够迅速整合各类分散的资源，准确发现多样化需求，实现供需双方快速匹配，并大幅降低交易成本。在传统模式下，企业有时无法准确把握消费者需求，产能过剩、库存高压普遍存在，而在分享经济模式下凡是"下单"的都是有需求的，需求变得清晰可见。就产品需求方而言，信息的充分对接、工厂柔性化生产等减少了企业搜索成本、生产成本和管理成本，实现个性化定制、降低风险。就产能供应方而言，档期的灵活安排能降低风险和接单成本、充分利用产能以提升收益，同时有利于推动生产创新、加快企业转型。同时，分享经济可以快速调动各类社会资源，提高供给的弹性和灵活度，能够较好地适应不断变化的消费需求。且基于网络的互动评价系统可以及时反映供需双方的意见和要求，有利于企业提高供给的有效性。

综合以上内容可以发现，企业技术创新的方式发生了根本性变化。分享经济以使用权交易为本质，并不涉及所有权的转让和交易，而只是资源的使用权从所有者向需求者的流动，其理念是"人们需要的是产品的使用价值，而非产品本身"。因此，分享经济下企业技术创新的成果共享，提供资金、知识以及技能等资源的创新参与主体在成果商品化的过程中与企业共同承担风险，同时收益共赢。此外，分享经济的发展推动了传统的单打独斗式创新创业向分享协同式创新创业演变，参与分享经济的创新创业者通过众创空间实现对接线上线下资源，大大提升创新创业效率。

第三节　平台式创新：面向未来的新模式

一、平台式创新模式的内涵

新技术发展迅速，而且越来越复杂，企业的创新需要更全面的技术背景，而企业受规模、资源等限制，如果仅靠自身力量，很难在新技术领域实现快速的创新，满足企业成长的需求。这种变革使得传统经济的运行模式难以为继，同时催生出了新型经济运行模式，以适应未来创新的需要。这就需要搭建面向社会、面向行业的开放式创新平台，平台式创新模式是开放式创新的一种模式，是未来创新的主要趋势之一。

平台式创新模式是主导企业通过搭建具有网络效应的平台，吸引两个以上的资源方或需求方加入，依据互补、共赢的理念，鼓励各方充分发挥其创新力量，优化整合其创新资源，与其共同实现各自独立时无法完成的技术创新，从而推动全社会技术创新效率最大化的达成。这种模式能够解决目前以企业为主体的创新体系中的问题，满足企业未来技术创新的需要，加快技术创新的发展速度。

二、平台式创新模式的产生背景

1. 传统的封闭式创新正在向开放式创新转变

2016年，埃森哲咨询公司对超过3100位商业高管进行的全球技术调查显示，86%的高管预计，未来3年内，技术革新的速度会迅速加快，或者超过其行业的历史水平，变革已经成为新常态。企业要适应这种技术变革的速度，必须吸纳更多的创新资源。传统的封闭式创新正在被打破。放宽企业的边界，充分发挥创新的溢出效应，加快企业的创新速度，成为企业新的思考点。一些企业已经开始打破封闭，向开放转型。

腾讯公司创立初期，一直采用封闭式的技术创新模式，腾讯的主张是好的创新应该由自己完成，至少主导部分应该由自己掌握，但随着封闭式运作所带来的负面影响慢慢浮现，腾讯的创新模式也发生了转变，2011年6月，在腾讯合作伙伴大会上腾讯CEO马化腾正式宣布腾讯建立开放平台，实践对外开放。

在国内家电制造业市场，企业越来越大的同时，海尔也遇到了发展瓶颈，虽然海尔试图在原有模式上更进一步，但作用微乎其微，行业内竞争激烈，市场容量接近饱和，红利已消失殆尽，在这种环境下，海尔做出了转变。海尔通过建立创客平台，实现创新开放，让更多的人参与海尔的创新，用内部资源盘活外部资源，再通过外部资源带动内部资源，内外相互影响，共同实现创新。

2. 协同创新的趋势日益明显

（1）大型企业与小型企业协同创新。从美国的发展经验来看，不同规模的企业在创新中扮演的角色不同，技术创新主要来源于中小型企业。据美国中小企业局的调查显示，美国70%以上的创新成果来自中小型企业，但中小型企业的创新成果不一定要自己去产业化，主要的获利方式是被大型企业应用、集成、收购，与大型企业收入分成等，同时，这也是大型企业获得技术来源的重要渠道。国内也有很多重大创新也是大小企业协同完成的，如在移动通信的3G、4G标准，特高压输变电，LED照明，集成电路封测等领域。这种协同创新不仅能够减低大型企业的创新成本，缩短创新周期，而且能够提高中小型企业创新创业的成功率，使更多的创新成果得到应用机会，进而提高全社会的创新效率，推动产业的发展。

（2）社会各组织协同创新。以产学研合作为例，高校和科研机构的工作主要集中在技术创新的前期阶段，属于基础性和原创性研究范畴，企业主要在面向市场产业化的方面具备优势。一方面，企业的创新资源一部分来源于高校和科研机构的科研成果；另一方面，企业为高校和科研机构的科研成果产业化提供了必要的条件。美国一大批知名企业的科学储备和原创性技术突破均来自高校和科研机构，如惠普、谷歌、雅虎的技术储备均来自斯坦福大学的科研成果转化。

（3）跨界协同创新。更多企业开始涉足跨界创新，跨界协同创新为企业带来新的利润增长点。尤其是一些位处传统行业的企业，由于业务发展空间受限，为了长期发展选择跨界创新，如一些传统制造业纷纷跨界医药工业、教育业、文化旅游业、新能源产业的创新。产业技术创新战略联盟也推动了这类跨界协同创新，如北斗和农机装备联盟、TD联盟与化纤产业联盟的跨界联合等。

（4）个人与组织协同创新。现代企业的创新越来越鼓励个人的参与，个人参与企业的创新不仅能够为企业带来众多的创新成果，而且缩短了与客户的距离，更容易满足客户的个性化需求。例如，乐高的产品创新就是让用户参与其中，每个用户都可以上传和提交自己的创新方案，然后由乐高决定哪些创新可以进入生产阶段。

3. 互联网技术的发展为全社会更广泛参与创新提供了条件

互联网技术的出现为全社会参与创新提供了更广泛的接入点。只要有好的创意，就可以随时随地通过互联网发布。一些企业的创新正是利用互联网技术展开。

例如，宝洁公司利用互联网引擎技术，在全球范围内吸纳创新成果，提升自身的创造力。玉兰油新生塑颜系列的成功来源于书写化学分子的奇特问世。这个年轻的品牌问世后仅用几年时间，就创造了数亿美元的营业收入。这一切的起点是一个不为人知的分子，它由法国的一个小公司斯尔玛提出，宝洁公司正是利用互联网与这个小公司取得了联系，将这个分子与宝洁的科学家发现的其他抗衰老成分相结合，这是玉兰油新生塑颜系列产生效益的关键。

苹果公司是平台生态企业的典范。苹果将 iPod、iPhone、iPad、Apple Watch 等硬件产品和 iTunes、App Store 等软件服务平台连接起来，通过硬件产品带动内容消费，获得了生态收益。苹果的每一个平台都高度信赖生态系统，包括 App Store、外设、附件、服务提供商及汽车制造商等合作伙伴，为苹果及平台上的企业带来了极大收益。

航天科工集团构建的航天云网工业互联网公共服务平台，宝钢公司的生态型钢铁服务平台欧冶云商，都是利用互联网技术开展的平台式创新模式。

三、平台式创新模式的特征

平台式创新作为一种经济活动的新模式，不少企业的尝试和布局正逐渐凸显其良好效果。对已有典例案例及其经验的总结，归纳平台式创新模式的基本特征，能更好地指导我国以企业为主体的技术创新体系的模式建设。

1. 主导企业具备集成创新资源的能力

一般而言，平台式创新生态圈以主导企业发起，打造平台，同时这个企业具备一定的规模和业绩，能够吸引众多利益相关的不同组织和个人进入，在彼此依赖、互惠的基础上，结成为达成共同目标而采取集体行动的联合体。苹果首先是一家出色的产品公司，它在硬件方面的创新实力有目共睹；其次，苹果用 iPod、iPhone、iPad 和 iMac 等产品和服务组成了一个完整的创新生态圈，帮助苹果抵御竞争对手的攻击，它集成了应用开发商、上下游供应链等众多创新资源。在国内的企业中，也有不少企业开始尝试建立自己的平台式创新模式，如海尔、京东、乐视、腾讯、百度、阿里巴巴等企业，这些企业本身已经得到了业界的认可。1998 年马化腾在深圳创立腾讯，2003 年随着 QQ 秀以及 QQ 游戏的推出，腾讯才找到了一条可盈利的模式。2011 年腾讯从封闭向开放转型，搭建创新平台，通过其巨大的流量优势吸引创业资源参与。2011～2015 年，创业人员聚集到 500 万人，创新资源总体估值 2000 亿元。这些资源大大提升了腾讯的技术创新能力，腾讯的应用宝从 2013 年 11 月重启，仅一年半时间就坐稳安卓应用商店行业第一。

思科采用了不同的方式实现创新资源的集聚，主要以战略联盟和收购相结合的方式为主。1993 年以来，思科共收购了 108 家公司，30% 的收入来自收购和开发活动。当一家企业规模达到一定程度，一些员工的创新想法很难在公司中得到重视和推广，于是，很多员工一旦有了好的想法，就倾向于出去创业。对于这种人才流失和再利用，思科的做法是，如果有人愿意创业，公司又认可他们的想法，思科会投资支持他们创业，如果创业公司成功，思科有权优先收购，而如果不成功，思科除了损失一些风险投资外没有额外的负担。

2. 具有网络乘数效应

平台型模式必须满足的条件是其形成的网络具有显著的间接网络外部性，即一方用户的数量影响另一方用户的数量和交易量，一方一个成员的具体需求受益于另一方一个或几个成员的协同。通过这种间接的网络外部性吸纳更多的创新成果，加快创新的速度，即乘数效应。腾讯的创新平台乘数效应显著。从收益方面看，应用程序的收入每年以 2～3 倍的速度增长，同时成就了 30 家上市企业。从技术创新方面看，腾讯总是能以最快的速度进入新的细分行业并处于领先位置，以移动安全应用方面的技术为例，腾讯在病毒扫描、伪基站探测、反诈骗电话号码库、手机内存优化等方面均处于全国第一，同时这个优势还在进一步扩大。

2011 年乐高推出了全球版的创意平台，在网站上，用户可以方便地注册、上传和提交方案说明（包括说明和图片等）。粉丝对这些业余设计师的创意进行投票，任何获得 1 万张选票的创意都会进入审核阶段，然后乐高决定哪些可以进入生产阶段。乐高的创意平台配合相关的知识产权保护政策，让每一个人都有可能成为产品设计师。乐高运用这个平台成功缩短了产品开发的时间，加快了创新速度，产品创新由 24 个月降到 9 个月，同时客户满意度也大幅提升。

3. 高度开放

开放性是平台式创新模式的最根本特征。技术的复杂和市场的动态使得创新主体间的网络性和交互性日益频繁和深入，企业边界不断模糊，平台的开放程度不断增强，以达到创新方式的突破和创新成果的实现。平台的开放程度越高，实现的连接就越多。在一个网状的社会结构中，连接点的广度决定了企业创新的能力，连接点越广、企业获得创新资源的机会越多，创新能力就会越强。

简单地说，平台的开放性体现在是否允许第三方在自己的平台上创建属于第三方的小平台，实现利益共享的目的。Facebook 的成功源于平台开发的强大作用。Facebook 将自己拥有的海量社交用户档案和关系数据向第三方开发者开放，第三方软件开发者可以开发与 Facebook 核心功能集成的应用程序。这一做法取得了良好的效果，推动了 Facebook 的成功。

苹果将开放性充分融入生产、销售活动的每一个环节，供应商、运营商、顾客都可以参与苹果的创新活动。小程序现象充分体现了苹果的平台式创新模式的开放性，iPhone 上市第一年就产生了 20 万个小程序。同样采用平台式创新模式的腾讯，2011～2015 年的 4 年间，应用程序从 0 上涨到 240 万个。

腾讯的开放体系包括能力开放、应用开放和内容开放三大部分。能力开放较其他板块技术性偏强，主要针对研发人员，开发内容为云服务、数据分析等；应用开放，即为各类应用产品提供平台入口，产品感知性较强，主要针对专业人士，对腾讯的营业收入贡献最大；内容开放没有技术和专业门槛限制，具有很强的全民参与性和认知感，如微信公众号、微店等。

4. 合作建立在平等的基础上

平台式创新模式开放的前提是平等，主要指双方在合作中遵循合作协议，在任何环节都要通过平等协商达成一致建议，而不是由一方对另一方形成支配。就苹果而言，应用软件开发者在注册后，就可以把他们的奇思妙想编成软件，经过苹果公司审核后在 App store 上销售，双方完全建立在平等合作的基础上。腾讯的平台也类似，第三方的开发完成后，应用通过审核即可以上架平台，平台为其提供推广机会，获取用户流量，最终实现盈利。

而且腾讯平台还通过扶持政策确保平台上各类的三方能生存下去，以满足平台上用户长尾需求，最终实现共赢。

在海尔搭建的创新平台中，任何创客都可以申请，海尔为其提供资金、系统和平台，支持他们创业。小微企业完全市场化运作，海尔可以作为股东，占股可多可少，也可以不持股，小微企业可以引入战略投资者，独立于海尔体系之外，如果未来发展得好，海尔可以回购。每个小微企业都有各自的创新方向，试错成本低，研发周期快，小型企业的成长无疑加快了海尔的创新周期，节约了海尔的创新成本。

5. 合作各方实现共赢

共赢是吸引参与主体的重要前提，主要通过主导企业建立合理的价值分享机制实现。苹果和腾讯的创新平台之所以能吸引众多的参与者，合理的分享机制起着至关重要的作用。

苹果的 iTunes 带来的创新平台正是通过合理的价值分享机制，实现整合共赢。苹果 iTunes 的内容主要依赖应用程序开发商，这是一个开放的平台，任何开发者都可以上传自己的成果，苹果不仅为这些应用开发商提供了平台，还让他们通过交易赚取了数百万美元，苹果与软件开发者根据下载量进行分成，这反而巩固和推动了苹果的业务。如果苹果应用商店没有以 iTunes 的发展历程为基础，就不会获得如此巨大的成功。iPad 销量不错，也是因为有苹果应用商店的支持。这个网站始终可以提供最好的应用软件，并且一直是这些软件的设计者第一个想到的发布平台。

腾讯的平台采用"抓大放小"的分成结构，即"扶持小的开发商，均衡大的开发商"。对小的开发商实行"不分成，或少分成"，降低开发商进入门槛，实现应用产品的百花齐放，满足用户个性化需求，增强用户黏性，实现平台和开发商的共赢。2012 年以前腾讯的分成策略是腾讯占收入的 70%，开发者占收入的 30%。2012 年以后，PC 端月收入 10 万元以下，腾讯不参与分成；月收入 10 万 ~ 100 万元，腾讯占 30%，开发者占 70%；月收入 100 万 ~1000 万元，腾讯和开发者各占 50%；月收入 1000 万以上，腾讯占 60%，开发者占 40%。在这种共赢模式下，腾讯各项技术的创新速度均处于行业前列，如云计算技术、人工智能技术运用等方面。截至 2015 年 11 月，腾讯在全球的专利累计申请量已经超过 2 万件，累计授权量接近 4000 件，不仅遥遥领先于国内同行，在全球互联网行业中也位居前列，仅次于谷歌和雅虎。

参考文献

［1］克里斯·安德森著，萧潇译：《创客：新工业革命》，中信出版社，2012 年。

［2］康荣平：《冠军之道：利基战略设计与实施》，中国对外翻译出版社，2006 年。

［3］康荣平：《大型跨国公司战略新趋势》，经济科学出版社，2001 年。

［4］康荣平：《企业战略中的利基理论》，载《世界经济前沿问题》，社会科学文献出版社，2007 年。

［5］Chandler A. Shaping the industrial century. Harvard Univ. Press，2005.

［6］Shapiro C. & Varian H. Information Rules. Harvard Business School Press，1999.

［7］R. Kurzweil：《奇点临近：当计算机智能超越人类》，机械工业出版社，2011 年。

［8］钱德勒：《信息改变了美国》，上海远东出版社，2011 年。

［9］Chesbrough C. Open innovation. Harvard Business School Press，2003.

［10］Chesbrough C. etc. New frontiers in open innovation. Oxford Univ. Press，2014.

［11］詹·法格博格、戴维·莫利、理查德·纳尔逊主编，柳卸林、郑刚、蔺雷、李纪珍译：《牛津创新手册》，知识产权出版社，2009 年。

［12］克利斯·弗里曼、罗克·苏特著，华宏勋、华宏慈等译：《工业创新经济学》，北京大学出版社，2004 年。

［13］R. Rycroft、D. Kash：《复杂性挑战》，北京大学出版社，2016 年。

［14］鲍勇剑：《新技术的胜算——特斯拉》，机械工业出版社，2015 年。

［15］刘润：《互联网＋小米案例版》，北京联合出版社，2015 年。

［16］理查德·R. 尼尔森编著，曾国屏、刘小玲、王程、李红林等译：《国家（地区）创新体系比较分析》，知识产权出版社，2012 年。

［17］赵克：《工业实验室的社会运行》，复旦大学出版社，2008 年。

［18］王志强：《研究型大学与美国国家创新系统的演进》，中国社会科学出版社，2014 年。

［19］迈克尔·波特著，李明轩、邱如美译，郑凤田校：《国家竞争优势》，华夏出版社，2002 年。

［20］薛彦平：《欧洲工业创新体制与政策分析》，中国社会科学出版社，2009 年。

［21］卢福财、马龙龙：《中央企业管控模式报告（2012）》，中国经济出版社，2012 年。

［22］中村隆英：《近代日本的经济发展》，知识出版社，1987 年。

［23］中村隆英：《计划化和民主化》，生活·读书·新知三联书店，1997 年。

［24］富永健一：《日本的现代化与社会变迁》，商务印书馆，2004 年。

［25］徐平：《从赶超到后赶超时代》，北京大学出版社，2012 年。

［26］青木昌彦：《比较制度分析》，上海远东出版社，2001 年。

［27］松本厚治：《企业主义：日本经济力量的源泉》，企业管理出版社，1997 年。

［28］刘湘丽：《日本的技术创新机制》，经济管理出版社，2011 年。

［29］小岛明：《日本的选择》，东方出版社，2010 年。

［30］李醒民：《什么是科学》，商务出版社，2014 年。

［31］拉奇科夫著，韩秉成译：《科学学——问题、结构、基本原理》，科学出版社，1984 年。

［32］吕乃基：《新英国百科全书第六卷》，芝加哥大学出版社，1976 年。

［33］刘文霞、宋琳、钱振华：《科学技术哲学导论》，知识产权出版社，2015 年。

［34］约翰·德斯蒙德·贝纳尔著，伍况甫、彭家礼译：《历史上的科学》（卷一），科学出版社，2015 年。

［35］W. C. 丹皮尔著，李珩译：《科学史》，中国人民大学出版社，2010 年。

［36］M. W. 瓦托夫斯基著，范岱年、吴忠等译：《科学思想的概念基础——科学哲学导论》，求实出版社，1989 年。

［37］罗素著，徐奕春、林国夫译：《宗教与科学》，商务印书馆，2010 年。

［38］李克特著，顾昕译：《科学是一种文化过程》，生活·读书·新知三联书店，1989 年。

［39］陈劲等：《科学、技术与创新政策》，科学出版社，2013 年。

［40］布莱恩·阿瑟著，曹东溟、王健译：《技术的本质》，浙江人民出版社，2014 年。

［41］查尔斯·辛格、E. J. 霍姆亚德、A. R. 霍尔著，王前、孙希忠译：《技术史》（第一卷），上海科技教育出版社，2004 年。

［42］Rogers M. The definition and measurement of innovation. Parkville, VIC：Melbourne Institute of Applied Economic and Social Research，1998.

［43］乔·蒂德、约翰·贝赞特著，陈劲译：《创新管理》，中国人民大学出版社，2012 年。

［44］科学技术部发展计划司、中国科学技术指标研究会主编，经济合作与发展组织著：《研究与发展调查手册》，新华出版社，2000 年。

［45］科学技术部发展计划司、中国科学技术指标研究会主编，经济合作与发展组织、欧盟统计局著：《技术创新调查手册》，新华出版社，2000 年。

［46］贾蔚文、马驰、汤世国：《技术创新——科技与经济一体化发展的道路》，中国经济出版社，1994 年。

［47］傅家骥：《技术经济学》，清华大学出版社，2004 年。

［48］许庆瑞：《全面创新管理》，科学出版社，2007 年。

［49］柳卸林：《技术创新经济学》（第二版），清华大学出版社，2014 年。

［50］傅家骥、程源：《企业技术创新：推动知识经济的基础和关键》，《现代管理科学》1999 年第 5 期。

［51］韩国科技创新态势分析报告课题组：《韩国科技创新态势分析报告》，科学出版社，2011 年。

［52］德国科技创新态势分析报告课题组：《德国科技创新态势分析报告》，科学出版社，2014 年。

［53］张明龙、张琼妮：《新兴四国创新信息》，知识产权出版社，2012 年。

［54］纳谢德·福布斯：《从追随者到领先者：管理新兴工业化经济的技术与创新》，高等教育出版社，2005 年。

［55］干勇、钟志华：《产业技术创新支撑体系的理论研究》，经济管理出版社，2016 年。

［56］干勇、钟志华：《战略性新兴产业技术创新支撑体系研究》，经济管理出版社，2017 年。

［57］干勇、钟志华：《基础性产业技术创新支撑体系研究》，经济管理出版社，2017 年。

［58］干勇、钟志华：《支柱性产业技术创新支撑体系研究》，经济管理出版社，2017 年。

附　录
《日本技术研究组合法》

一、出台及修订情况

　　组合在日语中是协会、工会、学会、联盟的意思，技术研究组合就是致力于开展技术研究的联合体，是官产学研结合开展创新活动的一种模式，有的学者也称其为产业技术创新战略联盟。技术研究组合是由政府、企业、大学和科研机构组成的研究开发联合体，是半公益性的独立法人，主要目的是开展产业重大技术研发，研发任务完成后即可解散或转化成股份制公司。《技术研究组合法》法规定，只要被认定为"技术研究组合"，就可以被视作非营利性的特殊法人，并享受税制优惠。该法规范的是产学研合作创新活动的联合组织，技术研究组合是日本技术创新体系主体的重要组成部分。

　　日本政府积极支持"技术研究组合"的发展，并出台了规范其发展的法律，从最初的《工矿业技术研究组合法》，到如今的《技术研究组合法》，历经修改，从下面几个方面介绍其来源、出台背景、主要内容及变动情况。

（一）出台的背景和目的

　　1961 年 5 月 6 日，日本议会通过了《工矿业技术研究组合法》。半个月后，日本总理府、大藏省、厚生省、农林省、通产省、运输省，联合颁布了"工矿业技术研究组合法施行规则"。

　　1. 背景：内外两方面因素

　　（1）外部因素：面对国际竞争，提高本国企业竞争力。

　　日本战后经济恢复时期，工矿业中的中小企业数量众多，企业的研发投资规模和比率均低于欧美等发达国家，新产品、新技术开发能力不足，在国际市场竞争中，往往处于不利地位。面对国际竞争，日本企业界和政界清醒地认识到，唯有加强企业间的合作，加强企业与大学、研究机构的合作，集中资源共同攻关，才能提升日本企业的技术创新能力和产业竞争力。因此政府积极制定了鼓励合作研发的政策。日本在 1960

年启动"国民收入倍增计划",进入工业化实现时期,在整个国民经济中,增速最快的是工矿业,年增长率为10.4%。其中,各种形式的技术合作发挥了积极的作用,同时也出现了一批名为"技术研究组合"的组织。

（2）内部因素：扫除组合发展的制度障碍。

日本的技术研究组合一方面适应了日本经济发展依靠技术进步的内在需求,另一方面也借鉴英国的研究联合体（Research Association）的经验。最初的技术研究组合,多是企业与企业之间的联合研究开发,研发能力较弱,逐步吸收了大学和研究机构以增强研发能力；事关国家战略产业领域得到了政府的支持和参与。"技术研究组合"在实践中发挥了根据产业发展需求,连接政府、企业、大学、研究机构之间桥梁的作用。通过这种组织模式,可以动员社会资源聚焦产业创新需求和国家产业政策,实现关键、共性、重大技术的研发,以及自主技术创新能力提升的目的。但这些技术合作有的签署了合作研发契约,有的组成了临时性合作组织,没有法人地位,缺失必要的法律约束和保障,从而造成了技术合作研究组织在财产管理、研究计划控制、知识产权处置等方面不规范和不利于持续、稳定开展合作研发的问题,同时也无法顺利享受政府对合作研发的鼓励和税收优惠政策。

为了给技术研究组合提供更好的政策环境和法律保障,并规范其行为,促进其健康有序发展,1961年日本政府通过了《工矿业技术研究组合法》。

2. 目的

日本政府推动技术研究组合发展的目的,旨在通过市场机制,鼓励企业积极参与产业技术开发,促进产、学、研协同创新,共同研发和应用具有关键性、基础性和共性的技术,以提升企业和产业的自主创新能力。从而不断加速日本产业技术进步,增强国际竞争力,缩小与美欧国等发达国家的差距,实现日本经济复兴。

历史表明,在日本实施"技术立国战略"过程中,"技术研究组合"发挥了不可或缺的支撑作用。因此,日本政府在总结"工矿业技术研究组合"模式的基础上,将其推广到国民经济各个产业；《工矿业技术研究组合法》也修改为《技术研究组合法》。

（二）法的核心内容

技术研究组合是在《技术研究组合法》下创立的合作研究组织。该法第2条规定了技术研究组合的特殊法人地位,是介于公益法人和公司之间的一种特殊法人,解决了阻碍研发组合发展的制度障碍,使其在财产管理、成果处置、权责划分、适用法律等方面有法可依。企业之间可以依据该法设立技术研究组合,这种组合有法律地位,这意味着可以像企业那样去投入,但不是企业法人,所以在税收上不需要像企业那样缴税。

第一,该法规定,技术研究组合共同产出的知识产权,可以根据专利法规定进行处置；第二,确立技术研究组合的特殊法人地位,使得技术研究组合共同研发时发生的危险与意外事故的责任归属更加明确；第三,法人资格的明确,便于技术研究组合的内部财产管理和控制,可以按技术研究组合名义开立银行账户,便于技术研究组合开展研发活动；第四，明确了组合成员的法律地位及关系，便于保障成员的权益；第五，便于技术研究组合享受政府的税收优惠政策。

税收优惠政策包括：①减免固定资产税，即在资产取得的最初 3 年内，可免 10%纳税，同时财产登记时可免交登记税；②压缩记账，即组合取得固定资产，不论是否适用于"对国计民生有重大意义"的项目，在账面上均可以 1 元价值入账；③税收抵免，即给予组合成员 8% ~ 10% 的研发支出税收抵免。

（三）修订情况

《工矿业技术研究组合法》自出台以来历经多次修订，以适应形势的变化。2009 年4 月，日本政府再次大幅度修改《工矿业技术研究组合法》，并将其更名为《技术研究组合法》，以应对技术日益高度化与复杂化的新形势，提高研究开发效率，促进成果转化。

新法于 2009 年 6 月 22 日开始实施。在维持原有对企业的优惠支持规定的基础上，全面放宽原有的各种限制。其修改与新增的主要内容如下：

（1）涵盖技术领域扩大。将技术领域由工矿业的产学研合作扩大为包括农业、医疗、服务业等领域在内的所有产业技术领域的产学研合作。

（2）新增组织形式变更规定。突破原来技术研究组合活动仅限于研究开发的限制，允许重组为法人实体，如变更为股份公司或合伙公司，以便其利用研究成果创业或开展新业务，也使其可利用上市等市场化机制筹措资金，不至于因长期累积亏损中断研究开发事业活动。

（3）新增组织分割规定。技术研究组合可以将其权利义务分割，设立新的技术研究组合，一方面有利于随时将成果转化、开展新业务，另一方面也便于统筹配置研究资源、安排研究开发进度。

（4）放宽会员资格。不再规定只有企业才可以参与研究组合，允许大学和独立行政法人研究机构参加技术研究组合，并且在其变更为公司时拥有股份，合法开展产学研合作研究。

（5）简化设立手续。原法律规定要求有 3 家以上企业发起才可以成立组合，现只要 2 家以上企业同意即可成立技术研究组合，废止原必须成立总会的规定，亦允许非公开设立技术研究组合。

（6）适用中小企业劳动者保护法。中小企业和个人会员达 2/3 以上即可得到政府的工资补贴（新录用者 210 万日元、从大企业派遣者 180 万日元）或设备投资补助（1500 万日元）。

二、法律原文

技术研究组合法

（一九六一年五月六日法律第八十一项）

最终修订：二〇一一年六月二十四日法律第七十四项

第一章　总则

（目的）

第一条　本法规范的是：协同开展相关试验研究、提高产业技术并将其实用化为目的的必要组织。

（性质及地址）

第二条　技术研究组合（以下简称为"组合"）属于法人。

组合的地址应为其主事务所的所在地。

（原则）

第三条　组合必须具备下述条件。

一　组合成员以共同进行与生产技术相关的实验研究（以下简称为"实验研究"）为主要目的

二　组合成员拥有平等的表决权和选举权

组合不能只为特定的成员谋利。

（名称）

第四条　组合名称中必须包含有"技术研究组合"的字样。

非组合者，不得使用"技术研究组合"的名称。

（组合成员的资格）

第五条　组合的成员是指可直接或间接利用组合试验研究成果的人员；组合成员的资格应在章程中明确规定。

根据章程规定，除前款所规定的内容以外，组合还可将国立大学法人法（二〇〇三年法律第一百一十二项）第二条第一款所规定的国立大学法人，以及产业技术力强化法（二〇〇〇年法律第四十四项）第二条第三款所规定的产业技术研究法人以及其他政府行政命令中所规定的对象列为组合成员。

第二章　事业

第六条　组合可进行以下活动。

一　为组合成员实施试验研究并管理研究成果

二　对组合成员进行技术指导

三　提供试验设备供组合成员研究使用

四　上述三项活动的附带业务

第三章　组合成员

（组合成员名单的制作、保存及阅览等）

第七条　组合需制作组合成员的名单，按照如下事项记载或记录各组合成员的相关信息。

一　姓名或名称、地址或住址

二　加入组合的时间（年月日）

组合需将组合成员的名单保存在主事务所。

组合成员及组合的债权人，可在组合的营业时间内，随时提出如下申请。

一　对以书面形式制作的组合成员名单，申请阅览或复印该书面文件

二　对以电子方式（主管大臣的部令规定的以电子式、磁带式等他人无法识别的方式进行记录并使用电子计算机进行信息处理的方式。下同）制作的组合成员名单，申请按照主管大臣的部令规定显示该电子记录中所记述的事项，并进行阅览或者复印

（表决权和选举权）

第八条　组合成员各拥有一票表决权和理事监事的选举权。

组合成员可按照章程第四十七条第一款的规定，对预先通知的事项，通过书面文件或代理人，实施表决权或选举权。在该情况下，代理人必须是该组合成员的亲属、雇员或其他的组合成员。

按照章程规定，组合成员可不使用前款规定的书面文件行使表决权，直接以电子方式（指主管大臣的部令规定的、使用电子信息处理系统及其他信息通信技术的方式。第十六条第五款第三项的规定除外，下同）行使表决权。

按照前两款的规定行使表决权或者选举权的，视为出席者。

代理人可代理的组合成员不得超过五人。

代理人必须向组合提交其代理权的证明文件。在该情况下，章程中规定通过电子方式行使表决权的，可不提交书面文件，通过电子方式证明其代理权。

（费用的征收）

第九条　组合可按照章程规定，向组合成员征收组合从事事业所需的费用。

缴纳上述费用时，组合成员不得以相抵的方式拒绝组合的要求。但是，按照章程规定，约定把将来应征收的费用提前支付给组合，在实际征收费用时，把该预存金额的全部或者部分用以支付该费用的，不在此规定范围内。

（使用费和手续费）

第十条　组合可按照章程规定，征收使用费和手续费。

（自由退出）

第十一条　组合成员可提前九十天通知组合，在会计年度结束时退出。

上述预告期，可在章程中予以延长。但是，时间不得超过一年。

（依法退出）

第十二条　组合成员可因下列事由退出组合。

一　丧失了章程中所规定的组合成员的资格

二　死亡或者解散

三　除名

对于下述组合成员，可通过股东大会决议予以除名。在该情况下，组合应于股东大会召开前十天，通知该成员，并给予其在股东大会上申辩的机会。

一　组合成员在组合中，不履行费用支付及其他义务

二　组合成员符合章程中规定的其他事由

上述除名，如未通知已除名的组合成员，则不得与该组合成员对立。

第四章　设立

（组合的设立）

第十三条　设立组合时，需由两名以上的准组合成员（以下简称"设立时的组合成员"）将记载有经全体人员同意的章程及试验研究的实施计划、成立日期当年会计年度的事业计划及收支预算、理事监事的姓名和住址及其他上级主管部令规定事项等内容的书面文件，提交给上级主管部长，并获得设立批准。

主管大臣接到上述批准申请后，如计划设立的组合符合下述条款中的任意一项，应予以批准。

一　满足第三条第一款各项的要求

二　设立手续及章程、试验研究的实施计划及事业计划的内容合法

三　具备开展事业所必需的会计基础和技术能力

四　计划进行的试验研究由组合成员共同开展，并得以有效实施

（成立时间）

第十四条　设立组合，需在主事务所所在地办理设立登记。

（设立无效的诉讼）

第十五条　公司法（二〇〇五年法律第八十六项）第八百二十八条第一款（仅限于与第一项相关的部分）和第二款（仅限于与第一项相关的部分）、第八百三十四条（仅限于与第一项相关的部分）、第八百三十五条第一款、第八百三十六条第一款和第三款、第八百三十七条至第八百三十九条以及第八百四十六条的规定［第二十七条第四款中规定的组合，对于章程中规定其监事的监察范围限定为与会计相关内容的（以下简称"监查权限限定组合"）组合，不包括涉及监查员的部分］，适用于组合设立无效的诉讼问题。

第五章　管理

（章程）

第十六条　组合的章程中，至少应规定如下事项。

一　事业

二　名称

三　事务所的所在地

四　组合成员资格的相关规定

五　组合成员加入及退出的相关规定

六　费用缴纳的相关规定

七　损失处理的相关规定

八　组合成员的权利和义务的相关规定

九　事业实施的相关规定

十　理监事的相关规定

十一　会议相关规定

十二　会计相关规定

十三　剩余财产处理的相关规定

十四　公告方式［指组合发布公告（按照本法或其他法律的规定，必须在官方报刊上进行刊登的除外）的方式。下同］

设立之初的理监事，需在章程中做出规定。

除第二项事项外，如组合的章程中规定了组合的存续时间或者解散原因的，需对该存续时间或原因进行记载或记录。

第一款第一项的事业中，需明确记载或记录试验研究的课题。

组合除在其事务所的店面发布公告外，还可在章程中规定下列任意一项公告方式。

一　在官方报刊上登载

二　在刊登时事内容的日刊报纸上登载

三　通过电子公告［指公告方式中，采取电子方式（公司法第二条第三十四项中规定的电子方式）的方式，将应公告的内容信息设置在非特定的多数人可接收到的状态下，采用该项条款中所规定事项的方法。下同］

组合如需在章程中规定将前款第三项方式作为公告方式，则只需在章程中规定将电子公告作为公告方式即可。在该情况下，因事故及其他不得已的事由，无法使用电子公告发布公告的，可规定采用该款第一项或第二项中记述的公告方式。

组合通过电子方式进行公告时，需按照下列条件，在下述各项规定的时间以前，继续通过电子方式发布公告。

一　在公告规定期限内可提出异议的公告，其公告期间到期日

二　前款中记载的公告以外的公告自该公告开始起一月后

公司法第九百四十条第三款、第九百四十一条、第九百四十六条、第九百四十七条、第九百五十一条第二款、第九百五十三条及第九百五十五条的规定，适用于组合采取电子公告方式，以及按照本法及其他法令的规定实施公告的情况。在该情况下，该法第九百四十条第三款中"不受前两款规定的限制，以上述规定为准"，应替换为"不受技术研究组合法第十六条第七款规定的限制，以该款为准"，除此之外的必要技术性替代词，根据政府行政命令予以规定。

除第一款至第四款记述的事项外，还需在组合的章程中记载或者记录，按照本法的规定如章程中未规定则不予生效的事项及其他不违反本法的事项。

（章程的变更）

第十七条　章程的变更，如未获得主管大臣的批准，则不能生效。

第十三条第二款的规定适用于前款的批准内容。

（规章）

第十八条　组合运营相关的必要事项，除必须在章程中规定的内容外，还可在规章

中进行规定。

组合在设定、变更、终止上述规章时，应于上述设定、变更、终止之日起二周内就其主要内容向主管大臣申报。

（章程等的保存及阅览等）

第十九条　组合需将章程及规章（以下在本条中简称"章程等"）保存在各事务所。

组合成员及组合的债权人，可在组合的营业时间内，随时提出如下申请。

一　对以书面形式制作的章程，要求阅览或复印该书面文件

二　对以电子方式制作的章程，要求按照主管大臣的部令规定的办法显示该电子记录中所记述的事项，并进行阅览或者复印

组合以电子方式制作章程等时，为满足前款第二项的要求，在各事务所（主事务所除外）采取主管大臣的部令规定的措施的，适用第一款规定时，应将该款中的"各事务所"改为"主事务所"。

（事业计划及收支预算）

第二十条　除成立日期所属会计年度外，组合需于每一会计年度开始前，将该会计年度的事业计划及收支预算向主管大臣申报。

组合的事业计划或收支预算若有变更时，应于变更之日起二周内向主管大臣申报。

（理监事）

第二十一条　组合应设立理事和监事等职位。

理事应为三人以上，监事应为一人以上。

理监事，应按照章程规定，通过股东大会选举。

理事中至少有三分之二，必须是组合成员或者组合成员法人的理监事或雇员（仅限于有权代替组合成员法人，实施组合业务相关的行为的雇员。本款中下同）。但是，设立之初的理事成员中至少有三分之二，必须是将成为组合成员或者将成为组合成员法人的理监事或雇员。

组合成员总数超过政府行政命令规定的标准的，监事中有超过一人为该组合的组合成员或者该组合的法人组合成员的理监事或雇员以外的人员的，在其就任的前五年内，不得担任该组合的理事、雇员或其子公司〔指组合拥有全部股东（包括全部职员在内）半数以上的表决权（不能对股东大会上可决议的全部事项行使表决权的股份，其表决权除外，根据公司法第八百七十九条第三款的规定，包括关于被视为拥有表决权股份的表决权在内）的公司〕的董事、外聘会计（外聘会计主体是法人的，应履行其职务的职员）、执行理事监事或雇员。

理事或者监事中，未超过其定员的三分之一的，必须在三个月内补足。

理监事的选举，实行无记名投票。

投票为每人一票。

虽然在第七款中有所规定，但进行理监事选举时，出席者中没有异议的，可按照提名推选的方法进行。

采用提名推选的，需向股东大会咨询被提名人是否应作为当选人，经由所有出席者同意，即成为当选人。

通过一次选举，选举两名以上的理事或监事的，被提名人均适用前款规定。

虽然在第三款中有所规定，理监事可按照章程规定，通过股东大会选任。

（理监事变更的申报）

第二十二条　理监事的姓名或住址发生变更时，组合需自其变更之日起两周内，向主管大臣申报。

（组合和理监事的关系）

第二十三条　组合和理监事的关系，应遵守委任的相关规定。

（理监事的资格等）

第二十四条　下述人员不能成为理监事。

一　法人

二　成年被监护人或被保佐人，或者外国法律中规定的此类人员

三　违反本法、公司法，或者一般社团法人及一般财团法人的相关法律（二〇〇六年法律第四十八项）的规定，或者犯了民事再生法（一九九九年法律第二百二十五项）第二百五十五条、第二百五十六条、第二百五十八条至第二百六十条或者第二百六十二条中规定的罪，外国破产处理手续的批准援助的相关法律（二〇〇〇年法律第一百二十九项）第六十五条、第六十六条、第六十八条或第六十九条规定的罪，会社更生法（二〇〇二年法律第一百五十四项）第二百六十六条、第二百六十七条、第二百六十九条至第二百七十一条或第二百七十三条中规定的罪或破产法（二〇〇四年法律第七十五项）第二百六十五条、第二百六十六条、第二百六十八条至第二百七十二条或第二百七十四条所规定的罪，被处以徒刑，执行结束，或自免除执行之日起未满两年的人员

四　违反前项法规之外的法令规定，被处以拘役以上徒刑，执行结束前或免除执行前的人员（缓期执行人员除外）

（理监事的任期）

第二十五条　理事的任期为两年内章程中所规定的期限。

监事的任期为四年内，章程中所规定的期限。

设立之初的理监事的任期，不得超过一年。

按照章程，前三款规定不妨碍把前三款的任期延长至关于任期内最终结算期的例行股东大会结束之时。

虽然前三款有所规定，但在变更章程，对监事的监察范围限定为会计相关内容这一规定予以废止，此时监事的任期在该章程的变更生效时结束。

（理监事职位空缺时的措施）

第二十六条　理监事职位空缺或本法、章程中规定的理监事的人数不足时，因任期已满或者因辞职而卸任的理监事，在新被任命的理监事就任之前，仍具有理监事的权利和义务。

（理监事职务和权限等）

第二十七条　理事需遵守法令、章程及规章及股东大会的决议，忠实地为组合履行职务。

监事负责监察理事的职务实施状况。在该情况下，监事需按照主管大臣的部令规定，制作监查报告。

按照公司法第三百五十七条第一款、第三百六十条第三款的规定，替换后适用的该条第一款及该法第三百六十一条的规定适用于理事，该法第三百四十三条第一款和第二款、第三百四十五条第一款至第三款、第三百八十一条（第一款除外）、第三百八十二条、第三百八十三条第一款正文、第二款和第三款以及第三百八十四条至第三百八十八条的规定适用于监事。在该情况下，该法第三百四十五条第一款和第二款中的"外聘会计"应替换为"监事"，该法第三百八十二条中的"董事（设置董事会的公司中，为董事会）"应替换为"理事会"，该法第三百八十四条中的"法务部令"应替换为"主管大臣的部令"，该法第三百八十八条中的"设置监事的公司（包含规定将监事的监察范围限定为会计相关内容的股份公司）"及"设置监事的公司"应替换为"组合"，除此之外的必要技术性替代词，根据政府行政命令予以规定。

组合成员的总数不超过第二十一条第五款的政府行政命令规定的标准的，该组合可不受第二款规定的限制，在章程中规定可将其监事的监察范围限定为会计相关内容。

按照前款规定，组合在章程中做出规定的，公司法第三百五十三条、第三百六十条第一款和第三百六十四条的规定适用于理事，该法第三百八十九条第二款至第七款的规定适用于监事。在该情况下，除将该条第二款、第三款及第四款第二条中的"法务部令"替换为"主管大臣的部令"外，其他必要的技术性替代词，根据政府行政命令予以规定。

（理事会的权限等）

第二十八条　组合必须设置理事会。

理事会由全体理事构成。

组合的业务实施，由理事会决定。

（理事会的决议）

第二十九条　理事会的决议，由半数以上（章程或者规章中规定高于该比例的，需超过其规定比例）能够参加决议的理事出席，并根据半数以上（章程或者规章中规定超过此比例的，需超过其规定比例）的出席理事意见实施。

与前款决议有特别利害关系的理事，不得参与决议。

组合可按照章程规定，允许理事通过书面或电子方式参加理事会的决议。

组合可在理事对理事会决议的目的事项进行提案，全体理事（仅限于能够参加该事项决议的理事）以书面或电子方式就该提案表示同意时（监查权限限定组合以外的组合，监事对该提案提出异议时除外），将通过该提案的理事会决议加入章程规定。

对于应向理事会报告的事项，理事已通知全体理事的，则不需再向理事会报告该事项。

公司法第三百六十六条至第三百六十八条的规定，适用于理事会的召开。在该情况下，必要的技术性替代词根据政府行政命令规定。

（理事会的会议记录）

第三十条 理事会的议事，需按照主管大臣的部令的规定制作会议记录，以书面方式制作会议记录时，出席的理事及监事需在会议记录上签名或者盖签名章。

以电子方式制作上述会议记录时，该电子记录所记载的事项，需按照主管大臣的部令的规定，采取措施代替签名或者盖签名章。

组合自理事会成立之日（包括按照前条第四款的规定认定理事会已做出决议的日期。下款同）起十年内，需将记载或记录第一款的会议记录或该条第四款的意思表示的书面文件或电子记录（以下在本条中简称"会议记录等"）保存在主事务所。

组合需在理事会成立之日起五年内，将会议记录等的副本保存在分事务所。但是，以电子方式制作该会议记录等时，分事务所为满足下款第二条中记述的要求，按照主管大臣的部令的规定采取措施的，则不受此规定的限制。

组合成员可在组合的营业时间内，随时提出如下要求。

一 对以书面方式制作的会议记录等，要求阅览该书面文件或者复印

二 对以电子方式制作的会议记录等，对按照主管大臣的部令规定的方法所表示的该电子记录中所记述的事项，进行阅览或者复印

组合的债权人，如需追究理事或者监事的责任，可经由法院批准，提出前款各项要求。

法院认定按照前款要求提出阅览或复印，可能给该组合造成显著损害的，不得批准该款请求。

公司法第八百六十八条第一款、第八百六十九条、第八百七十条第二款（仅限于与第一项相关的部分）、第八百七十条、第八百七十一条正文、第八百七十二条（仅限于同第五项相关的部分）、第八百七十二条、第八百七十三条正文、第八百七十五条和第八百七十六条的规定，适用于第六款的批准申请的相关事项。在该情况下，必要的技术性替代词将在政府行政命令中予以规定。

（代表理事）

第三十一条 理事会需从理事中选定代表组合的理事（以下简称"代表理事"）。

代表理事，有权实施与组合的业务有关的一切裁定或裁定之外的行为。

对上述权限的限制，不得违背善意的第三方的意愿。

代表理事仅可在未被章程或者股东大会决议禁止时，将代理特定行为的权力委托给他人。

第二十六条、一般社团法人及一般财团法人有关法律第七十八条和公司法第三百五十四条的规定适用于代表理事。

（理监事的兼职禁止）

第三十二条 监事不得兼任理事或者组合的雇员。

（理事的个人合同等）

第三十三条　理事在下述情况下，需在理事会上披露与该合作相关的重要事实，并获得批准。

一　理事为自己或者第三人，与组合进行合作的

二　组合与保证理事债务的其他理事以外的人之间，组合和该理事的合作利益相反的

民法（一八九六年法律第八十九项）第一百零八条的规定，不适用于获得前款许可的该款第一项的合作。

进行第一款各项合作的理事，需在该合作后，即刻向理事会报告该合作的重要事实。

（理监事对组合的损害赔偿责任）

第三十四条　理监事因疏忽大意造成损失的，对组合负有损害赔偿责任。

如上述中的疏忽行为，是基于理事会的决议实施的，则可认定赞成该决议的理事实施了该行为。

如出席的理事就上述决议未在会议记录中提出异议的，则视为其赞成该决议。

未经全部组合成员的同意，第一款的责任不得免除。

对于第一款的责任，如该理监事在履行职务时，属于善意且无重大过失的，则可不受前款规定的限制，从其所负担的赔偿责任金中，扣除该理监事在职期间从组合所得的履行职务的报酬或者按照主管大臣的部令所规定的方法，计算出其一年应得财产利润的相应金额，按照下述各项中理监事的分类，将该金额乘以各项的规定数目并予以扣除，剩余的金额可通过股东大会决议予以免除。

一　代表理事　六

二　代表理事以外的理事　四

三　监事　二

前款情况下，理事需在该款的股东大会中披露如下事项。

一　责任的事实原因以及赔偿责任金额

二　按照前款规定可免除金额的限度及其计算依据

三　应免除责任的理由及免除金额

监查权限限定组合以外的组合的理事，向股东大会提交第一款的责任免除（仅限于理事责任的免除）议案时，需获得各监事的同意。

实施第五款决议的，组合在该决议后，给予该款中的理监事离职慰问金及其他按照主管大臣的部令规定的财产利润时，必须获得股东大会的批准。

不受第四款规定的限制，第一款的责任适用于公司法第四百二十六条（第四款除外）和第四百二十七条的规定。在该情况下，该法第四百二十六条第一款中的"超过半数的董事（负有该责任的董事除外）的同意（设置董事会的公司，即为董事会的决议）"应替换为"理事会的决议"，该条第三款中的"同意免除责任"（设置董事会的公司，即为董事会的决议）应替换为"理事会决议免除责任"，除此之外的必要技术性替代词，由政府行政命令予以规定。

（理监事对第三方的损害赔偿责任）

第三十五条 理监事履行职务时属于恶意或者造成重大过失的，该理监事需对第三方承担损害赔偿责任。

下述人员实施下述各款中所规定的行为的，与前款规定相同。但是，能够证明该理监事在实施该行为时没有疏忽大意的，不受此规定的限制。

一 理事下列行为

① 按照第三十八条第一款的规定，在应制作的内容中，对应记载或记录的重要事项进行虚假记载或记录

② 虚假登记

③ 虚假公告

二 监事在监查报告中对应记载或记录的重要事项，进行虚假记载或者记录

（理监事的连带责任）

第三十六条 理监事对组合或者第三方负有损害赔偿责任的同时，其他的理监事也对该损害负有赔偿责任的，这些人员应为连带债务人。

（追究理监事责任的诉讼）

第三十七条 公司法第七篇第二章第二节（第八百四十七条第二款、第八百四十九条第二款第二项和第五款以及第八百五十一条除外）的规定，适用于追究理监事责任的诉讼事项。在该情况下，该法第八百四十七条第一款和第四款中的"法务部令"应替换为"上级主管部令"，除此之外的必要技术性替代词，由政府行政命令予以规定。

（结算文件等的提交、保存及阅览等）

第三十八条 组合需根据上级主管部令的规定，制作各会计年度的财产目录、资产负债表、损益表、盈余分配方案或损失处理方案（以下简称"结算文件"）及事业报告书。

结算文件及事业报告书，可以制作成电子形式。

自制作结算文件之时起十年内，组合需保存该结算文件。

第一款的结算文件及事业报告书，按照上级主管部令的规定，需接受监事的监查。

根据前款的规定，接受监事监查的结算文件及事业报告书，需获得理事会的批准。

理事在进行例行股东大会的通知时，需按照上级主管部令的规定，向组合成员提供前款获得批准的结算文件及事业报告书（包含监查报告在内）。

理事向例行股东大会提交或提供结算文件及事业报告书时，需附上记载有监事意见的书面文件或记录应记载事项的电子记录，并获得股东大会的批准。

理事需向例行股东大会报告依照前款的规定提交或提供的事业报告书的内容。

组合自例行股东大会召开两周前起五年内，需将各会计年度的结算文件及事业报告书，保存在主事务所。

组合自例行股东大会召开两周前起三年内，需将结算文件及事业报告书的副本保存在分事务所。另外，如结算文件及事业报告书是以电子方式记录的，分事务所为满足

下款第三项和第四项的要求，按照上级主管部令的规定采取措施的，不受此规定的限制。

组合成员及组合的债权人，可在组合的营业时间内，随时提出如下要求。但是，提出第二项或第四项要求时，需支付该组合所规定的费用。

一　对以书面方式制作的结算文件及事业报告书，要求阅览该文件或者该文件的副本

二　要求交付前项文件的副本或抄本

三　以电子方式制作的结算文件及事业报告书，对依照上级主管部令规定的方法显示的电子记录中的记载事项，要求阅览

四　要求按照组合的规定以电子方式提供前项的电子记录中所记载的事项，或者要求交付记载有该事项的书面文件

（会计账簿等的制作等）

第三十九条　组合需按照上级主管部令的规定，及时、准确地制作会计账簿。

组合自封存会计账簿之日起十年内，需保存该会计账簿及与其事业相关的重要资料。

组合成员获得超过成员总人数十分之一（如章程中所规定的比例低于该比例，则以规定为准）的组合成员的同意后，可在组合的营业时间内，随时向其提出如下要求。

一　对于以书面方式制作的会计账簿及其相关资料，要求阅览或复印该文件

二　以电子方式制作的会计账簿及其相关资料，对依照上级主管部令规定的方法显示的该电子记录中的记载事项，要求阅览或复印

（理监事的改选）

第四十条　在获得超过成员总人数五分之一（如章程中所规定的比例低于该比例，则以规定为准）的组合成员的联合签名后，组合成员可要求改选理监事，如股东大会中有半数以上的出席者同意该要求，则该要求涉及的理监事将被撤职。

按照前款的规定要求改选时，全体理事或者全体监事需同时在场。另外，以违反法令、章程或者规章为由要求改选的，不受此规定的限制。

按照第一款的规定要求改选的，需向组合提交记载有改选理由的书面文件。

按照第一款的规定提出改选要求的人员，可不提交上述书面文件，按照政府行政命令的规定，经由组合同意，以电子方式提供上述书面文件中记载的事项。

按照第一款的规定要求改选的（仅限于按照第三款的规定提交书面文件的情况），理事需将该要求加入股东大会的议程，并于股东大会召开七天前，将第三款中规定的书面文件发给该要求涉及的理监事，并给予其在股东大会上申辩的机会。

按照第一款的规定要求改选的（仅限于按照第四款的规定提供电子版文件的情况），理事需将该要求加入股东大会的议程，并于股东大会召开七天前，将记载第四款规定的提供事项的书面文件发给该要求涉及的理监事，并给予其在股东大会上申辩的机会。

如前一款中已有规定，组合可不发送该款所规定的书面文件，而是按照政府行政命

令的规定，获得该要求所涉及的理监事的同意后，以电子方式提供第四款中所规定提供的事项。

第四十五条第二款和第四十六条的规定，适用于第五款或第六款的情况。在该情况下，第四十五条第二款中的"组合成员在获得超过总数五分之一（如章程中所规定的比例低于该比例，则以规定为准）的组合成员的同意后，向理事会提交记载股东大会目的事项及召开理由的书面文件，要求召开股东大会的"，以及第四十六条后段中的"组合成员在获得超过成员总人数五分之一（如章程中所规定的比例低于该比例，则以规定为准）的组合成员的同意后"应替换为"按照第四十条第一款的规定要求改选理监事的"。

（顾问）

第四十一条　组合可按照理事会的决议，以有学识和经验的人员为顾问，日常就组合中的重要事项向其咨询。但顾问不得代表组合。

（参事及会计主任）

第四十二条　组合可按照理事会的决议，选任参事及会计主任，到其主事务所或分事务所中开展业务。

公司法第十一条第一款和第三款、第十二条及第十三条的规定，适用于参事。

第四十三条　组合成员在获得超过成员总人数十分之一（如章程中所规定的比例低于该比例，则以规定为准）的组合成员的同意后，可向组合要求解除参事或会计主任的职务。

按照前款的规定提出要求时，需提交记载有解除职务理由的书面文件。

按照第一款的规定提出要求的人员，可不提交上述书面文件，按照政府行政命令的规定，经由组合同意，以电子方式提供上述书面文件所记载的事项。

按照第一款的规定提出要求时，理事会需决定是否解除该参事或会计主任的职务。

按照第二款的规定提交书面文件的，理事需在前款的决定之日起七天前，将第二款中规定的书面文件发给该参事或会计主任，并给予其申辩的机会。

按照第三款的规定提供电子版文件的，理事需在第四款的决定之日起七天前，将记载有第三款中规定的提供事项的书面文件发给该参事或会计主任，并给予其申辩的机会。

前款中已有规定的，组合可不发送该款所规定的书面文件，而是按照政府行政命令的规定，经由该要求涉及的参事或会计主任的同意，以电子方式提供第三款中规定提供的事项。

（股东大会的召开）

第四十四条　例行股东大会需按照章程规定，每一会计年度召开一次。

第四十五条　如有必要，可按照章程规定，随时召开临时股东大会。

组合成员获得超过成员总人数五分之一（如章程中所规定的比例低于该比例，则以规定为准）的组合成员的同意后，向理事会提交记载股东大会目的事项及召开理由的书面文件，要求召开股东大会的，理事会需自该要求提出之日起二十日内决定是否召开临时股东大会。

在上述情况下，如章程中规定以电子方式行使表决权的，则可代替该书面文件，以电子方式提供该文件记载的事项及理由。在该情况下，则视为该组合成员已提交该书面文件。

按照前款的前半段规定的电子方式（上级主管部令规定的方法除外），提交该文件应记载的事项和理由时，理事会使用的电子计算机中有该电子版文件的储存记录，则视为理事会已收到该文件。

第四十六条　按照上条第二款的规定提出要求的组合成员，如理事在该款要求提出后十日内仍未实施股东大会召开程序的，可经由主管大臣批准召开股东大会。如缺少履行理事职务的人员，组合成员也在获得超过成员总人数五分之一（如章程中所规定的比例低于该比例，则以规定为准）的组合成员同意后，实施此规定。

（股东大会召开的程序）

第四十七条　召开股东大会，需于股东大会召开的十天（如该时间高于章程规定，则以规定为准）前，公开股东大会的目的事项，并按照章程的规定实施。

本法如无另行规定，股东大会的召开由理事会决定。

不受第一款规定的限制，股东大会可经全体组合成员同意后，越过召开程序，直接召开。

（通知或催告）

第四十八条　组合向组合成员发出通知或催告时，直接寄往组合成员名簿中所记载或记录的该组合成员的住址（该组合成员向组合另行告知接收通知或催告的场所或联系地址的，以该场所或联系地址为准）即可。

上述通知或催告，超出正常应送达时间后即视为已送达。

（股东大会的决议事项）

第四十九条　下列事项需经由股东大会决议。

一　章程的变更

二　规章的设定、变更或者废除

三　试验研究的实施计划以及每个会计年度的事业计划及收支预算的设定或者变更

四　费用的征缴及征收的方法

五　其他章程中所规定的事项

前款第二项的事项发生变更时，轻微事项及其他上级主管部令规定的相关事项，不受该款规定的限制，可不依照章程通过股东大会进行决议。在该情况下，对于不需经由股东大会决议的事项的范围及其变更内容，需在章程中规定向组合成员发出通知、公告等其他告知方法。

（股东大会的议事）

第五十条　股东大会的议事，本法或者章程、规章中无特别规定的，由半数以上的出席者行使表决权决定，支持与反对票数相等的，由主席决定。

主席由股东大会选任。

主席无权作为组合成员参与股东大会的决议。

股东大会可只对第四十七条第一款所规定的预先通知事项进行决议。另外，如章程另有规定及该条第三款已有规定的，不受此规定的限制。

（特别决议）

第五十一条 下列事项，需由半数以上的组合成员（如章程中所规定的比例高于该比例，则以规定为准）出席，由超过三分之二（如章程中所规定的比例高于该比例，则以规定为准）表决权进行决议。

一 章程的变更

二 组合的解散

三 组合成员的除名

四 转让全部事业

五 按照第三十四条第五款的规定免除责任

（理事及监事的说明义务）

第五十二条 股东大会中，组合成员要求对特定事项予以说明的，理事及监事需就该事项进行必要的说明。但是，按照上级主管部令的规定，如该事项与股东大会的目的事项无关，或说明后会严重侵害组合成员的共同利益，及其他有正当理由的情况下，不受此规定的限制。

（延期或继续实施的决议）

第五十三条 股东大会中有延期或继续实施的决议的，不适用于第四十七条的规定。

（股东大会的会议记录）

第五十四条 股东大会的议事，需按照上级主管部令的规定制作会议记录。

组合需于股东大会召开之日起十年内，将上述会议记录保存在其主事务所内。

组合需于股东大会召开之日起五年内，将第1项中的会议记录的副本保存在其分事务所内。另外，如该会议记录以电子方式制作的，分事务所按照上级主管部令的规定，为满足下款第二项的要求而采取措施的，不受此规定的限制。

组合成员及组合的债权人，可在组合的营业时间内，随时提出如下要求。

一 对以书面方式制作的第一款规定的会议记录，要求阅览或复印该文件或该文件的副本

二 以电子方式制作的第一款规定的会议记录，对依照上级主管部令规定的方法表示的该电子记录的记载事项，要求阅览或复印

（股东大会决议不存在，或无效确认或撤销诉讼）

第五十五条 公司法第八百三十条、第八百三十一条、第八百三十四条（仅限于与第十六项和第十七项相关的部分）、第八百三十五条第一款、第八百三十六条第一款及第三款、第八百三十七条、第八百三十八条和第八百四十六条的规定（关于监查权限限定组合，与监查员相关的部分除外），适用于股东大会决议不存在，或无效确认或撤销诉讼等情况。

（会计的原则）

第五十六条　组合的会计，应遵守公正准确的会计惯例。

（盈余金的处理）

第五十七条　组合需将每个会计年度产生的盈余金，用于抵补上一会计年度的结转损失，如仍有剩余，则该盈余金结转到下个会计年度中使用。

第六章　解散和清算

（解散事由）

第五十八条　组合可因下列事由解散。

一　股东大会的决议

二　组合的合并（仅限于因合并撤销该组合的情况。下条同）

三　组合决定开始破产手续

四　章程中所规定的存续期已满或发生其他解散事由

五　按照第一百七十八条第二款的规定命令解散

依据前款第一项或第四项的规定解散的，组合需自解散之日起两周内，向主管大臣申报。

（清算人）

第五十九条　除按照合并及破产手续开始的决定实施解散外，组合解散时由理事担任清算人。但是，股东大会中已选任他人的，不受此规定的限制。

（公司法等的适用）

第六十条　公司法第四百七十五条（第一项和第三项除外）、第四百七十六条、第四百七十八条第二款和第四款、第四百七十九条第一款和第二款（仅限于各项所列内容以外的部分）、第四百八十一条、第四百八十三条第四款和第五款、第四百八十四条、第四百八十五条、第四百八十九条第四款和第五款、第四百九十二条第一款至第二款、第四百九十九条至第五百零三条、第五百零七条、第八百六十八条第一款、第八百六十九条、第八百七十条第一款（仅限于与第一项和第二项相关的部分）、第八百七十一条、第八百七十二条（仅限于与第四项相关的部分）、第八百七十四条（仅限于与第一项和第四项相关的部分）、第八百七十五条和第八百七十六条的规定适用于组合的解散和清算，第二十三条、第二十四条、第二十六条、第二十七条第一款和第二款，第二十八条至第三十六条（第三十条第四款除外）、第三十八条（第十款除外）、第四十五条第二款至第四款、第四十六条和第五十二条以及该法第三百五十七条第一款、该法第三百六十条第三款的规定，替换关键词后适用的该条第一款及该法第三百六十一条、第三百八十一条第二款、第三百八十二条、第三百八十三条第一款正文、第二款和第三款、第三百八十四条至第三百八十六条，以及第五百零八条的规定适用于组合的清算人，该法第七篇第二章第二节（第八百四十七条第二款、第八百四十九条第二款第二项和第五款，以及第八百五十一条除外，监查权限限定组合中，与监查员相关的部分除外）的规定适用于追究组合清算人责任的诉讼事项，该法第三百五十三条、

第三百六十条第一款和第三百六十四条的规定适用于监查权限限定组合的清算人。在该情况下，第三十八条第一款中的"财产目录、资产负债表、损益表、盈余分配方案或损失处理方案"应替换为"财产目录、资产负债表"，"事业报告书"应替换为"事务报告书"，该条第二款、第四款至第九款以及第十一款第一项和第三项中的"事业报告书"应替换为"事务报告书"，该法第三百八十二条中的"董事"（设置董事会的公司中，为董事会）应替换为"清算人会"，该法第三百八十四条、第四百九十二条第一款、第五百零七条第一款和第八百四十七条第一款及第四款中的"法务部令"应替换为"上级主管部令"，该法第四百七十九条第二款各项所列以外的部分中的"下列股东"应替换为"获得成员总人数五分之一以上的组合成员的同意的组合成员"，该法第四百九十九条第一款中的"在官方报刊上发布公告"应替换为"发布公告"，除此之外的必要技术性替代词，由政府行政命令予以规定。

第七章　改组、合并及新设分立

第一节　改组

第一款　改组为股份有限公司

（改组）

第六十一条　组合可将自身改组为股份有限公司。

组合在实施上述改组（以下本款中简称为"改组"）时，需制订改组计划，由股东大会决议并获得批准。

第五十一条的规定适用于上述决议。

按照第二款的规定召开股东大会时，需公开改组计划的概要及改组后的股份有限公司（以下简称"改组后股份有限公司"）的章程。

（改组计划）

第六十二条　组合实施改组时，该组合需在改组计划中规定如下事项。

一　改组后股份有限公司的目的、公司名称、总部所在地及可发行股票总数

二　前项内容外，改组后股份有限公司的章程中规定的事项

三　改组后股份有限公司的董事的姓名

四　下面分情况规定如下事项

①　改组后股份有限公司设置外聘会计的，改组后股份有限公司的外聘会计的姓名或者名称

②　改组后股份有限公司设置监事（包含章程中规定监事的监查范围限定为会计相关内容的股份有限公司）的，改组后股份有限公司的监事的姓名

③　改组后股份有限公司设置会计监查员的，改组后股份有限公司的会计监查员的姓名或者名称

五　实施改组的组合，其组合成员于改组时取得的改组后股份有限公司的股份数量（改组后股份有限公司发行种类股的，其股份的种类及各种类的数目）或者该数量的计算方法

六　实施改组的组合向其组合成员分配上述股份的相关事项

七　改组后股份有限公司的资本金及资本公积金金额的相关事项

八　改组后，实施改组的组合的成员权利的相关事项

九　改组的生效日（以下在本款中简称为"生效日"）

十　上述各项内容外，上级主管部令规定的事项

（改组计划的相关文件等的保存及阅览等）

第六十三条　实施改组的组合，自改组计划保存开始之日起至改组生效日之前，需将记载或记录改组计划的内容及其他上级主管部令规定事项的书面文件或电子记录，保存在其主事务所。

上述的"改组计划保存开始之日"，需早于下列任一日期。

一　第六十一条第二款中规定的股东大会召开日的前十天

二　下条第二款中规定的公告之日或该款所规定的催告之日中较早的日期

实施改组的组合，其组合成员及债权人可于该组合的营业时间内，随时提出如下要求。但是，提出第二项或第四项要求时，需支付该组合所规定的费用。

一　要求阅览第一款中所规定的书面文件

二　要求交付第一款中所规定书面文件的副本或抄本

三　对依照上级主管部令规定的方法表示的第一款所规定的电子记录中记载事项，要求阅览

四　要求按照实施改组的组合的规定，以电子方式提供第一款中所规定的记载于电子记录中的事项，或要求交付记载该事项的书面文件

（债权人的异议）

第六十四条　实施改组的组合的债权人，可就改组问题向该组合提出异议。

实施改组的组合，需在官方报刊上公告下列事项，并分别向已知情的债权人发出催告。另外，第三项中的规定时间，不得少于一月。

一　改组的主要事项

二　上级主管部令规定的、实施改组的组合的结算文件的相关事项

三　债权人可在一定时间内提出异议

实施改组的组合除按照该款规定，在政府公报上发布公告外，还根据第十六条第五款的规定，采取该款第二项或第三项所规定的公告方式的，则不需按照前款的规定分别发布催告。

债权人在第二款第三项所规定的时间内没有提出异议的，则视为该债权人同意实施该改组。

债权人在第二款第三项所规定的时间内提出异议的，实施改组的组合，需清还该债权人，或向其提供相应的担保，或以使该债权人接受偿还为目的，向信托公司等［（指经营信托公司及信托业务的金融机构）（指获得关于金融机构兼营信托业务的法律，一九四三年法律第四十三项第一条第一款批准的金融机构）。下同］信托相应的财产。但是，如实施该改组不会给该债权人造成损害，则不受此规定限制。

（组合成员的股份分配）

第六十五条 实施改组的组合的组织成员，应按照改组计划的规定，获得改组后股份有限公司的相应股份。

上述股份的分配，应考虑该组合成员对实施改组的组合的事业，所负的责任及贡献程度后再做出规定。

公司法第二百三十四条第一款（各项内容除外）和第二款至第五款、第八百六十八条第一款、第八百六十九条、第八百七十一条、第八百七十四条（仅限于第四项的内容）、第八百七十五条和第八百七十六条的规定，适用于按照第一款的规定分配股份的情况。在该情况下，必要的技术性替代词，由政府行政命令予以规定。

（应计入注册资本的金额等）

第六十六条 改组后股份有限公司的资产和负债值，以第六十三条第一款规定的改组计划保存开始之日、实施改组的组合的资产和负债值为准。

改组后股份有限公司应计入注册资本的金额，应为从前款中所规定的资产价值中扣除负债价值后的金额。另外，如该金额不超过二分之一，则可不计入注册资本。

按照前款的规定，不计入注册资本的部分，需计入资本公积金。

除前三款规定的内容外，改组时与计算相关的必要事项，根据上级主管部令予以规定。

（改组股票发行）

第六十七条 实施改组的组合，除按照第六十五条第一款的规定分配股份外，改组时，还可发行改组后股份有限公司的股票。在该情况下，在改组计划中，需规定下列事项。

一 按照本条规定所发行的改组后股份有限公司的股票（以下在本款中简称"改组时发行股票"）的数量（改组后股份有限公司发行种类股的，改组时发行股票的种类和数量。本款中下同）

二 改组时发行股票的缴纳金额（指改组时发行股票、每股的缴纳金额或给付的非货币财产的金额。本款中下同）或其计算方法

三 非货币出资的，其概要及该财产的内容及价值

四 改组时发行股票的兑换金额的缴纳或者前项中财产的给付日期

五 增加的注册资本金及资本公积金的相关事项

（改组时发行股票的申请等）

第六十八条 实施改组的组合，需向改组时发行股票的认购申请者，通知下列事项。

一 改组后股份有限公司的公司名称

二 上条各项中的所述事项

三 应缴纳钱款的，其缴纳钱款的场所

四 除前三项规定之外，其他上级主管部令规定的事项

改组时发行股票的认购申请者，需向实施改组的组合提交记载有下列事项的书面

文件。

一　申请者的姓名或名称及住址

二　改组时发行股票的认购数量

上述申请者，可不提交该款所规定的书面文件，按照上级主管部令的规定，经由实施改组的组合同意，以电子方式提供该款规定的书面文件中的记载事项。在该情况下，视为该申请者已提交该款规定的书面文件。

实施改组的组合，变更第一款各项所规定的事项时，需即刻将该变更事项通知第二款中的申请者（以下在本款中简称"申请者"）。

实施改组的组合向申请者发布的通知或催告，寄往第二款第一项规定的地址（该申请者向该组合另行告知接收通知或催告的场所或联系地址的，以该场所或联系地址为准）即可。

上述通知或催告，超过通知或催告的正常送达时间，即视为已送达。

（改组时发行股票的分配）

第六十九条　实施改组的组合，需从申请者中选定改组时发行股票的认购者，并规定向其发放的改组时发行股票的数量。在该情况下，该组合分配给该申请者的改组时发行股票的数量，可少于上条第二款第二项的数量。

实施改组的组合，需于第六十七条第四项规定的日期之前，通知申请者，该申请者所得的改组时发行股票的数量。

（改组时发行股票的申请及分配的特别规定）

第七十条　如改组时发行股票的认购者，签订了认购所有股份的合同，则前两条的规定不适用于该情形。

（改组时发行股票的认购）

第七十一条　下述人员获得以下各项所规定的改组时发行股票的数量，则成为改组时发行股票的认购者。

一　申请者由实施改组的组合分配的改组时发行股票的数量

二　按照上条中的合同，改组时发行的全部股份的认购者，其认购的改组时发行股票的数量

（改组时发行股票的认购者的出资义务的履行）

第七十二条　改组时发行股票的认购者［第六十七条第三项中给付财产（指下款中的"实物出资的财产"）的除外］，需各自于该条第四项规定的日期，在第六十八条第一款第三项规定的缴纳场所，全额缴纳改组时发行股票的应付金额。

改组时发行股票的认购者（仅限于给付实物出资的财产的人员）需于第六十七条第四项规定的日期，各自全额支付相当于改组时发行股票的缴纳金额的实物财产。

改组时发行股票的认购者，按照第一款的规定缴纳或者按照前款的规定交付（以下在本条和下条中简称"出资义务的履行"）的债务和对实施改组的组合的债权不可相抵。

通过履行出资义务成为改组时发行股票的股东的，其权利转让，不得与改组后股份

有限公司对抗。

改组时发行股票的认购者，不履行出资义务的，即丧失了通过履行该出资义务成为改组时发行股票的股东的权利。

（成为改组时发行股票的股东的时间）

第七十三条　改组时发行股票的认购者，于改组生效之日，即成为已履行出资义务的改组时发行股票的股东。

（改组时发行股票认购无效及撤销限制）

第七十四条　民法第九十三条的但书和第九十四条第一款的规定，不适用于改组时发行股票的认购申请和分配以及第七十条中合同相关的意思表示等事项。

改组时发行股票的认购者，按照上条规定自成为股东之日起一年后或行使其股权后，不得以错误为由主张改组时发行股票的认购无效，或是以欺诈或强迫为由撤销对改组时发行股票的认购。

（非货币出资时，公司法的适用）

第七十五条　公司法第二百零七条、第二百一十二条（第一款第一项除外）、第二百一十三条（第一款第一项和第三项除外）、第八百六十八条第一款、第八百七十条第一款（仅限于第一项和第四项的内容）、第八百七十一条、第八百七十二条（仅限于第四项的内容）、第八百七十四条（仅限于第一项的内容）、第八百七十五条和第八百七十六条的规定适用于第六十七条第三项的事项已有规定的情况，该法第七篇第二章第二节的规定适用于，依照适用于本条的该法第二百一十二条（第一款第一项除外）的规定通过起诉要求支付的事项。在该情况下，该法第二百零七条第一款、第七款和第九款第二项至第五项，以及第二百一十二条第一款第二项和第二款中的"第一百九十九条第一款第三项"应替换为"技术研究组合法第六十七条第三项"，该法第二百零七条第四款、第六款和第九款第三项以及第二百一十三条第一款第二项中的"法务部令"应替换为"上级主管部令"，该法第二百零七条第十款第一项中的"董事，外聘会计，监事或是执行董事或经理"应替换为"技术研究组合法第六十一条第二款规定的实施改组的组合的理监事或参事及会计主任"，该法第二百一十二条第一款第二项中的"第二百零九条"应替换为"技术研究组合法第七十三条"，该法第八百四十七条第一款中的"持有股份的股东"应替换为"持有股份的股东（技术研究组合法第六十一条第二款规定的自改组生效日起未满六个月（如该时间大于章程中所规定的时间，则以规定为准。本款中下同）的，自六个月前起至该改组生效日之前，继续作为组合成员的，且自该改组生效日起继续作为持有股份的股东）"，该法第八百七十条第一款第四项中的"第一百九十九条第一款第三项或第二百三十六条第一款第三项"应替换为"技术研究组合法第六十七条第三项"，除此之外的必要技术性替代词，由政府行政命令予以规定。

（改组的生效日期的更改）

第七十六条　实施改组的组合，可更改生效日期。

上述情况下，实施改组的组合，需在变更前的生效日（如变更后的生效日期早于变更前的生效日期，则以该变更后的生效日期为准）的前一天之前，公布变更后的生效日期。

按照第一款的规定更改生效日期时，将变更后的生效日期作为生效日期的情况，适用于本款的规定。

（改组的批准）

第七十七条　改组，未经主管大臣批准，不能生效。

提交上述申请时，需向主管大臣提交记载有改组计划内容的书面文件及改组生效日期所属会计年度的事业计划及其他记载上级主管部令规定事项的书面文件。

主管大臣收到上述申请后，如认定该改组符合如下标准，则需予以批准。

一　实施改组的组合所实施的试验研究成果未受到不正当的破坏

二　第六十二条第七项的资本金及资本公积金的金额，按照第六十六条的规定准确计入

三　按照第六十五条第一款的规定，公平分配股份

四　通过改组，实施改组的组合中，未获得第六十二条第五项的股份配额的组合成员，其利益没有受到不正当的侵害的风险

五　上述各项内容以外，实施改组，不会影响改组后股份有限公司业务的健全运营

（改组的生效等）

第七十八条　实施改组的组合，于生效日和上条第一款规定的主管大臣批准之日中较晚的一日，成为股份有限公司。

实施改组的组合，于改组生效之日，按照第六十二条第一项和第二项事项的相关规定，视为该事项的相关章程已变更。

实施改组的组合的成员，于改组生效之日，按照第六十二条第六项事项的规定，成为该条第五项的股份的股东。

前三款规定，不适用于第六十四条规定的手续尚未结束或改组已中止的情形。

（改组手续详细等书面文件的保存及阅览等）

第七十九条　改组后股份有限公司，自改组生效之日起六个月内，需将第六十三条第一款规定的书面文件或电子记录以及记载或记录第六十四条规定的手续详细及其他的改组相关事项等上级主管部令规定事项的书面文件或电子记录，保存在其总部。

改组后股份有限公司的股东及债权人，可在该改组后股份有限公司的营业时间内，随时提出下列要求。但是，提出第二项或第四项要求时，需支付该改组后股份有限公司规定的费用。

一　要求阅览前款中规定的书面文件

二　要求交付前款中规定的书面文件的副本或抄本

三　对依照上级主管部令规定的方法表示的前款规定的电子记录中的记载事项，要求阅览

四　要求按照改组后股份有限公司的规定，以电子方式提供前款中规定的电子记录中的记载事项，或要求交付记载该事项的书面文件

（改组无效的诉讼）

第八十条　公司法第八百二十八条第一款（仅限于第六项的内容）和第二款（仅限于第六项的内容）、第八百三十四条（仅限于第六项的内容）、第八百三十五条第一款、第八百三十六条至第八百三十九条及第八百四十六条的规定（监查权限限定组合中，与监查员相关的部分除外）适用于改组无效的诉讼问题，该法第八百四十条的规定适用于第六十七条规定的改组时发行股票，在发行时改组的无效判决问题，该法第八百六十八条第一款、第八百七十一条正文、第八百七十二条（仅限于第二项的内容）、第八百七十三条正文、第八百七十五条至第八百七十七条及第八百七十八条第一款的规定适用于、本条中适用的第八百四十条第二款中的申请问题。

第二款　改组为合作公司

（改组）

第八十一条　组合可将自身改组为合作公司。

组合在实施上述改组（以下在本款中简称"改组"）时，需制订改组计划，并在股东大会决议中取得批准。

第五十一条的规定适用于前项决议。

按照第二款的规定召开股东大会时，需公开改组计划的概要及改组后合作公司（以下简称"改组后合作公司"）的章程。

（改组计划）

第八十二条　组合实施改组时，该组合需在改组计划中规定如下事项。

一　改组后合作公司的目的、公司名称及总部所在地

二　与改组后合作公司的职员有关的如下事项

①　该公司职员的姓名或名称及住址

②　该公司全部职员为有限责任职员

③　该职员的出资金额

三　除前两项内容外，改组后合作公司的章程中所规定的事项

四　改组后合作公司的注册资本金金额的相关事项

五　改组后，实施改组的组合成员的权利相关事项

六　改组的生效日期（以下本款中简称为"生效日"）

七　上述各项内容外，主管大臣的部令中所规定的事项

（改组后合作公司的职员出资金额）

第八十三条　上条第二项③的改组后合作公司的职员出资金额，应考虑该组合成员对实施改组的组合的事业，所负的责任及贡献程度后再做出规定。

（应计入资本金的金额等）

第八十四条　改组后合作公司的资产和负债的价格，以第八十七条中适用的第六十三条第一款规定的改组计划保存开始之日、实施改组的组合的资产和负债的价格为准。

应计入改组后合作公司资本金的金额，应为前款中所规定的资产价值扣除负债价值后的金额。

除前两款规定的内容外，改组时与计算相关的必要事项，在上级主管部令中予以规定。

（改组的批准）

第八十五条　改组，未经主管大臣批准，不能生效。

提交上述申请时，需向主管大臣提交记载有改组计划内容的书面文件及改组生效日期所属会计年度的事业计划及其他记载上级主管部令规定事项的文件。

主管大臣收到上述申请后，如认定该改组符合如下标准，则需予以批准。

一　实施改组的组合所实施的试验研究成果未受到不正当的破坏

二　第八十二条第四项中的注册资本金额，按照上条的规定准确计算

三　第八十二条第二项③的改组后合作公司职员的出资金额，按照第八十三条的规定合理制定

四　通过改组，实施改组的组合的成员，未成为改组后合作公司职员的，其利益未受到不正当的侵害

五　上述各项内容以外，实施改组，未影响改组后合作公司业务的健全运营

（改组的生效等）

第八十六条　实施改组的组合，于生效日和上条第一款规定的主管大臣批准之日中较晚的一日，成为合作公司。

实施改组的组合，于改组生效之日，根据第八十二条第一项至第三项事项的规定，视为该事项的相关章程已变更。

实施改组的组合成员，于改组生效之日，按照第八十二条第二项事项的规定，成为改组后合作公司的职员。

在下条中适用的第六十四条规定中的手续尚为结束或改组中止的情况下，前三款规定不适用。

（改组为股份有限公司的相关规定的适用）

第八十七条　第六十三条、第六十四条、第七十六条和第七十九条的规定适用于改组事项。在该情况下，第六十三条第二款第一项中的"第六十一条第二款"应替换为"第八十一条第二款"。

（改组无效的诉讼）

第八十八条　公司法第八百二十八条第一款（仅限于第六项的内容）和第二款（仅限于第六项的内容）、第八百三十四条（仅限于第六项的内容）、第八百三十五条第一款、第八百三十六条第二款和第三款、第八百三十七条至第八百三十九条及第八百四十六条的规定（监查权限限定组合中，与监事相关的部分除外）适用于改组无效的诉讼问题。在该情况下，必要的技术性替代词，根据政府行政命令予以规定。

第二节　合并

第一款　吸收合并

（吸收合并）

第八十九条　组合可实施吸收合并（指组合与其他组合合并，通过合并撤销的组

合，其所有权利和义务由合并后继续存在的组合继承。下同）。

组合实施上述吸收合并时，需签订吸收合并合同，并获得股东大会决议的批准。

第五十一条的规定适用于前项决议。

按照第二款的规定召开股东大会时，需公开吸收合并合同的概要。

（吸收合并合同）

第九十条 组合实施吸收合并时，需在吸收合并合同中规定下列事项。

一 吸收合并后继续存在的组合（以下简称"在吸收合并中继续存在的组合"）和因吸收合并而撤销的组合（以下简称"在吸收合并中被注销的组合"）的名称及主事务所所在地

二 吸收合并应发生效力的日期（以下本款中简称为"生效日"）

三 在吸收合并中继续存在的组合因合并变更章程的，其变更内容

四 上述事项以外，上级主管部令规定的事项

（在吸收合并中被注销的组合的吸收合并合同相关文件等的保存及阅览等）

第九十一条 在吸收合并中被注销的组合，自吸收合并合同开始保存之日起至吸收合并生效日之前，需将记载或记录吸收合并合同的内容及其他上级主管部令规定事项的书面文件或电子记录，保存在其主事务所内。

上述的"吸收合并合同开始保存之日"，是指下列日期中较早的一项。

一 第八十九条第二款的股东大会召开的十天前

二 下条第二款规定的公告日和该款中规定的催告日中，日期较早的一项

在吸收合并中被注销组合的成员及债权人，可在该在吸收合并中被注销组合的营业时间内，随时提出下列要求。但是，提出第二项或第四项要求时，需支付该在吸收合并中被注销的组合所规定的费用。

一 要求阅览第一款中规定的文件

二 要求交付第一款中规定的书面文件的副本或抄本

三 对依照上级主管部令规定的方法表示的第一款中的电子记录记载事项，要求阅览

四 要求按照在吸收合并中被注销的组合的规定，以电子方式提供第一款中规定的电子记录中的记载事项，或要求交付记载该事项的书面文件

（在吸收合并中被注销的组合债权人的异议）

第九十二条 在吸收合并中被注销组合的债权人，可就吸收合并问题向该吸收合并中被注销的组合提出异议。

在吸收合并中被注销的组合，需在官方报刊上公告下列事项，并分别向已知情的债权人发出催告。另外，第四项所规定的时间，不得少于一月。

一 吸收合并的概要

二 在吸收合并中继续存在的组合名称及主事务所的所在地

三 上级主管部令规定的、在吸收合并中被注销的组合及在吸收合并中继续存在的组合的结算文件的相关事项

四 债权人可在一定时间内提出异议

在吸收合并中被注销的组合除按照前款的规定，在政府公报上发布公告外，根据第十六条第五款的规定，采取该款第二项或第三项所规定的公告方式的，则不需按照前款的规定分别发布催告。

债权人在第二款第四项所规定的时间内没有提出异议的，则视为该债权人同意实施该吸收合并。

债权人在第二款第四项所规定的时间内提出异议的，在吸收合并中被注销的组合需赔偿该债权人，或向其提供相应的担保，或以使该债权人接受偿还为目的，向信托公司等托管相应的财产。但是，如实施该吸收合并不会给该债权人造成损害，则不受此规定限制。

（吸收合并的生效日期的变更）

第九十三条 在吸收合并中被注销的组合，同在吸收合并中继续存在的组合达成协议后，可变更生效日期。

上述情况下，在吸收合并中被注销的组合需在变更前的生效日（如变更后的生效日期早于变更前的生效日期，则以该变更后的生效日期为准）的前一天前，公布变更后的生效日期。

按照第一款的规定更改生效日期时，将变更后的生效日期视为生效日的，适用于本款的规定。

（在吸收合并中继续存在的组合的吸收合并及合同的相关书面文件等的保存及阅览等）

第九十四条 在吸收合并中继续存在的组合，自吸收合并合同开始保存之日起至吸收合并生效日后的六个月内，需将记载或记录吸收合并合同的内容及其他上级主管部令规定事项的书面文件或电子记录，保存在其主事务所内。

上述的"吸收合并合同开始保存之日"，是指下列日期中较早的一项。

一 第八十九条第二款的股东大会召开的十天前

二 下条第二款规定的公告日和该款中规定的催告日中，日期较早的一项

在吸收合并中继续存在的组合的成员及债权人，可在该吸收合并中继续存在的组合营业时间内，随时提出下列要求。但是，提出第二项或第四项要求时，需支付该吸收合并中继续存在的组合规定的费用。

一 要求阅览第一款中规定的文件

二 要求交付第一款中规定的文件的副本或抄本

三 对依照上级主管部令规定的方法表示的第一款中规定的电子记录记载事项，要求阅览

四 要求按照在吸收合并中继续存在的组合的规定，以电子方式提供第一款中规定的电子记录中的记载事项，或要求交付记载该事项的书面文件

（在吸收合并中继续存在的组合债权人的异议）

第九十五条 吸收合并中继续存在的组合债权人，可就吸收合并问题向该吸收合并

中继续存在的组合提出异议。

吸收合并中继续存在的组合，需在公报上公告下列事项，并分别向已知情的债权人发出催告。另外，第四项所规定的时间，不得少于一月。

一　吸收合并的概要

二　在吸收合并中被注销的组合名称及主事务所的所在地

三　上级主管部令规定的、吸收合并中继续存在的组合及吸收合并中被注销的组合的结算文件的相关事项

四　债权人可在一定时间内提出异议

吸收合并中继续存在的组合除按照前款的规定，在政府公报上发布公告外，根据第十六条第五款的规定，采取该款第二项或第三项所规定的公告方式的，则不需按照前款的规定分别发布催告。

债权人在第二款第四项所规定的时间内没有提出异议的，则视为该债权人同意实施该吸收合并。

债权人在第二款第四项所规定的时间内提出异议的，在吸收合并中继续存在的组合需赔偿该债权人，或向其提供相应的担保，或以使该债权人接受偿还为目的，向信托公司等信托相应的财产。但是，如实施该吸收合并不会给该债权人造成损害，则不受此规定限制。

（吸收合并的批准）

第九十六条　吸收合并，未经主管大臣批准，不能生效。

要获得上述批准，需向主管大臣提交记载吸收合并合同内容的书面文件和吸收合并后继续存在的组合章程及其试验研究的实施计划、吸收合并的生效日期所属会计年度的事业计划和收支预算以及其他记载上级主管部令规定事项的书面文件。

主管大臣收到上述申请后，如认定该吸收合并符合如下标准，则需予以批准。

一　在吸收合并中继续存在的组合具备第三条第一款各项所规定的条件

二　吸收合并手续及吸收合并中继续存在的组合章程、试验研究的实施计划及事业计划的内容合法

三　吸收合并中继续存在的组合具备开展事业所需的会计基础和技术能力

四　吸收合并中继续存在的组合计划进行的试验研究由组合成员共同开展，并可得到有效实施

（吸收合并的生效等）

第九十七条　在吸收合并中继续存在的组合，于生效日或上条第一款规定的主管大臣批准日中较晚的日期，继承吸收合并中被注销的组合的权利和义务（包括该吸收合并中被注销的组合就其进行的事业，基于主管大臣的批准及其他的处分所享有的权利和义务）。

吸收合并合同中，第九十条第三项记述的事项所规定的吸收合并中继续存在的组合，于吸收合并的生效日，依据该规定，视为已变更了该事项的相关章程。

（吸收合并手续的详细等文件的保存及阅览等）

第九十八条　吸收合并中继续存在的组合，自吸收合并生效之日起六个月内，需将记载或记录第九十二条和第九十五条规定的手续详细及其他的吸收合并相关事项等上级主管部令规定事项的书面文件或电子记录，保存在其主事务所。

吸收合并中继续存在的组合成员及债权人，可于该吸收合并中继续存在的组合营业时间内，随时提出下列要求。但是，提出第二项或第四项要求时，需支付吸收合并中继续存在的组合所规定的费用。

一　要求阅览前款中规定的文件

二　要求交付前款中规定的文件的副本或抄本

三　对于依照上级主管部令规定的方法表示的前款规定的电子记录中记载事项，要求阅览

四　要求按照吸收合并中继续存在的组合规定，以电子方式提供前款中规定的电子记录中的记载事项，或要求交付记载该事项的书面文件

（吸收合并无效的诉讼）

第九十九条　公司法第八百二十八条第一款（仅限于第七项的内容）和第二款（仅限于第七项的内容）、第八百三十四条（仅限于第七项的内容）、第八百三十五条第一款、第八百三十六条至第八百三十九条、第八百四十三条（第一款第二项至第四项及第二款的但书除外）和第八百四十六条的规定（监查权限限定组合中，与监事相关的部分除外）适用于吸收合并无效的诉讼问题。该法第八百六十八条第五款、第八百七十条第二款（仅限于第五项的内容）、第八百七十条、第八百七十一条正文、第八百七十二条（仅限于第五项的内容）、第八百七十二条、第八百七十三条正文、第八百七十五条和第八百七十六条的规定适用于，本条中适用的该法第八百四十三条第四款的申请问题。

第二款　新设合并

（新设合并）

第一百条　组合可进行新设合并（指两个以上的组合进行的合并，通过合并撤销的组合，其所有权利和义务由合并后设立的组合继承。下同）。

组合实施上述新设合并时，需签订新设合并合同，并获得股东大会决议的批准。

第五十一条的规定适用于上述决议。

按照第二款的规定召开股东大会时，需公开新设合并合同的概要和通过新设合并所设立的组合（以下简称"新设合并设立组合"）的章程。

（新设合并合同）

第一百零一条　组合新设合并时，需在新设合并合同中规定下列事项。

一　通过新设合并撤销的组合（以下简称"新设合并撤销组合"）的名称及主事务所的所在地

二　新设合并设立组合的事业、名称及主事务所的所在地

三　上述内容以外，新设合并设立组合的章程中的规定事项

四　前三项内容以外，上级主管部令规定的事项

（新设合并合同相关书面文件等的保存及阅览等）

第一百零二条　新设合并撤销组合，自新设合并合同开始保存之日起至新设合并设立组合成立日之前，需将记载或记录新设合并合同内容及其他上级主管部令规定事项的书面文件或电子记录，保存在其主事务所内。

上述的"新设合并合同开始保存之日"，是指下列时间中日期较早的一项。

一　第一百条第二款的股东大会召开的十天前

二　下条第二款规定的公告日和该款中规定的催告日中，日期较早的一项

新设合并撤销组合的成员及债权人，可在该新设合并撤销组合的营业时间内，随时提出下列要求。但是，提出第二项或第四项要求时，需支付该新设合并撤销组合规定的费用。

一　要求阅览第一款中规定的文件

二　要求交付第一款中规定的文件的副本或抄本

三　对于依照上级主管部令规定的方法表示的第一款中规定的电子记录中记载事项，要求阅览

四　要求按照新设合并撤销组合的规定，以电子方式提供第一款中规定的电子记录中的记载事项，或要求交付记载该事项的书面文件

（债权人的异议）

第一百零三条　新设合并撤销组合的债权人，可就新设合并问题向该新设合并撤销组合提出异议。

新设合并撤销组合，需在公报上公告下列事项，并分别向已知情的债权人发出催告。另外，第四项所规定的时间，不得少于一月。

一　新设合并的概要

二　其他新设合并撤销组合及新设合并设立组合的名称及主事务所的所在地

三　上级主管部令规定的、新设合并撤销组合的结算文件的相关事项

四　债权人可在一定时间内提出异议

新设合并撤销组合除按照前款的规定，在政府公报上发布公告外，还根据第十六条第五款的规定，采取该款第二项或第三项所规定的公告方式的，则不需按照前款的规定分别发布催告。

债权人在第二款第四项所规定的时间内没有提出异议的，则视为该债权人同意该新设合并。

债权人在第二款第四项所规定的时间内提出异议的，新设合并撤销组合需赔偿该债权人，或向其提供相应的担保，或以使该债权人接受偿还为目的，向信托公司等信托相应的财产。但是，如实施该新设合并不会给该债权人造成损害，则不受此规定限制。

（新设合并的批准）

第一百零四条　新设合并未经主管大臣批准，不能生效。

要获得上述批准，需向主管大臣提交记载新设合并合同内容的书面文件和新设合并设立组合的章程及其试验研究的实施计划、新设合并设立组合的设立日期所属会计年

度的事业计划和收支预算、理监事的姓名和住址，以及其他记载上级主管部令规定事项的文件。

主管大臣收到上述申请后，如认定该新设合并符合如下标准，则需予以批准。

一　新设合并设立组合具备第三条第一款各项所规定的条件

二　新设合并手续及新设合并设立组合的章程、试验研究的实施计划及事业计划的内容合法

三　新设合并设立组合具备开展事业所需的会计基础和技术能力

四　新设合并设立组合计划进行的试验研究由组合成员共同开展，并可得到有效实施

（新设合并的生效）

第一百零五条　新设合并设立组合，于其设立之日，继承新设合并撤销组合的权利和义务（包括该新设合并撤销组合就其进行的事业，基于主管大臣的批准及其他的处分所享有的权利和义务）

（新设合并设立组合设立的特别规定）

第一百零六条　第四章（第十四条除外）的规定，不适用于新设合并设立组合的设立

新设合并设立组合的章程，由新设合并撤销组合制定

（新设合并手续的详细等文件的保存及阅览等）

第一百零七条　新设合并设立组合，自其设立之日起六个月内，需将记载或记录第一百零三条规定的手续详细及其他的新设合并相关事项等上级主管部令规定事项的书面文件或电子记录，保存在其主事务所。

新设合并设立组合的成员及债权人，可于该新设合并设立组合的营业时间内，随时提出下列要求。但是，提出第二项或第四项要求时，需支付该新设合并设立组合规定的费用。

一　要求阅览前款中规定的文件

二　要求交付前款中规定的文件的副本或抄本

三　对于依照上级主管部令规定的方法表示的前款规定的电子记录中记载事项，要求阅览

四　要求按照新设合并设立组合的规定，以电子方式提供前款中规定的电子记录中记载事项，或要求交付记载该事项的书面文件

（新设合并无效的诉讼）

第一百零八条　公司法第八百二十八条第一款（仅限于第八项的内容）和第二款（仅限于第八项的内容）、第八百三十四条（仅限于第八项的内容）、第八百三十五条第一款、第八百三十六条至第八百三十九条、第八百四十三条（第一款第一项、第三项及第四项和第二款的但书除外）和第八百四十六条的规定（监查权限限定组合中，与监事相关的部分除外）适用于新设合并无效的诉讼问题，该法第八百六十八条第五款、第八百七十条第二款（仅限于第五项的内容）、第八百七十条、第八百七十一条正文、

第八百七十二条（仅限于第五项的内容）、第八百七十二条、第八百七十三条正文、第八百七十五条和第八百七十六条的规定适用于，本条中适用的该法第八百四十三条第四款的申请问题。

第三节　新设分立

第一款　组合设立时的新设分立

（新设分立）

第一百零九条　组合可让分立的新设组合继承与其事业相关的部分权利和义务。

组合实施前项分立（以下本款中简称为"新设分立"）时，需制订新设分立计划，并获得股东大会决议的批准。

第五十一条的规定适用于上述决议。

按照第二款的规定召开股东大会时，需公开新设分立计划的概要，以及新设分立的新设组合（以下简称"新设分立的新设组合"）的章程。

（新设分立计划）

第一百一十条　组合实施新设分立时，该组合需就新设分立计划规定下列事项。

一　新设分立的新设组合的事业、名称及主事务所的所在地

二　上述内容以外，新设分立的新设组合的章程规定事项

三　实施新设分立的组合成员，成为新设分立的新设组合的成员的，其姓名或名称

四　新设分立的新设组合通过新设分立，从实施新设分立的组合处继承的资产、债务、雇佣合同及其他的权利义务的相关事项

五　新设分立后，实施新设分立的组合成员的权利相关事项

六　上述各项以外，上级主管部令规定的事项

（新设分立计划的相关书面文件等的保存及阅览等）

第一百一十一条　实施新设分立的组合，自新设分立计划开始保存之日起至新设分立的新设组合成立日之前，需将记载或记录新设分立计划的内容及其他上级主管部令规定事项的书面文件或电子记录，保存在其主事务所内。

上述的"新设分立计划开始保存之日"，是指下列日期中较早的一项。

一　第一百零九条第二款的股东大会召开的十天前

二　下条第二款规定的公告日和该款中规定的催告日中，日期较早的一项

实施新设分立的组合的成员及债权人，可在该组合的营业时间内，随时提出下列要求。但是，提出第二项或第四项要求时，需支付该组合规定的费用。

一　要求阅览第一款中规定的文件

二　要求交付第一款中规定文件的副本或抄本

三　对于依照上级主管部令规定方法表示的第一款中规定的电子记录中记载事项，要求阅览

四　要求按照实施新设分立的组合规定，以电子方式提供第一款中规定的电子记录中记载事项，或要求交付记载该事项的书面文件

（债权人的异议）

第一百一十二条 实施新设分立的组合债权人，可就新设分立问题向该组合提出异议。

实施新设分立的组合，需在公报上公告下列事项，并分别向已知情的债权人发出催告。另外，第四项所规定的时间，不得少于一月。

一 实施新设分立的概要

二 新设分立的新设组合的名称及主事务所的所在地

三 上级主管部令规定的、实施新设分立的组合的结算文件相关事项

四 债权人可在一定时间内提出异议

不受前款规定的限制，实施新设分立的组合除按照该款的规定，在政府公报上发布公告外，还根据第十六条第五款的规定，采取该款第二项或第三项所规定的公告方式的，则不需按照前款的规定分别发布催告（采取非法手段造成债务的债权人除外）。

债权人在第二款第四项所规定的时间内没有提出异议的，则视为该债权人同意实施该新设分立。

债权人在第二款第四项所规定的时间内提出异议的，实施新设分立的组合需赔偿该债权人，或向其提供相应的担保，或以使该债权人接受偿还为目的，向信托公司等信托相应的财产。但是，如实施该新设分立不会给该债权人造成损害，则不受此规定限制。

（新设分立的批准）

第一百一十三条 新设分立，未经主管大臣批准，不能生效。

要获得上述批准，需向主管大臣提交记载新设分立计划内容的书面文件，记载新设分立的新设组合章程及其试验研究的实施计划、新设分立的新设组合的成立日期所属会计年度的事业计划和收支预算、理监事的姓名和住址以及其他上级主管部令规定事项的文件。

主管大臣收到上述申请后，如认定该新设分立符合如下标准，则需予以批准。

一 新设分立的新设组合具备第三条第一款各项所规定的条件

二 新设分立手续以及新设分立的新设组合的章程、试验研究的实施计划及事业计划的内容合法

三 新设分立的新设组合具备开展事业所需的会计基础和技术能力

四 新设分立的新设组合计划进行的试验研究由组合成员共同开展，并可得到有效实施

五 通过新设分立，实施新设分立的组合成员，未成为新设分立的新设组合的成员的，其利益不会受到不正当的侵害

六 上述各项内容以外，实施新设分立，不可能影响新设分立的新设组合业务的健全运营

（新设分立的生效等）

第一百一十四条 新设分立的新设组合于其设立之日，按照新设分立计划的规定，继承实施新设分立组合的权利和义务。

不受前款规定的限制，实施新设分立的组合债权人（仅限于第一百一十二条第二款规定必须实施分别催告的。下款中同）未收到该条第二款规定的分别催告的，即使该债权人按照新设分立计划，在新设分立后不得要求实施新设分立的组合履行债务，也可以该组合于新设分立的新设组合成立之日所有财产的价格为限度，要求该组合履行该债务。

不受第一款规定的限制，实施新设分立的组合的债权人未收到第一百一十二条第二款规定的分别催告的，即使该债权人按照新设分立计划，在新设分立后不得要求新设分立的新设组合履行债务，也可以该组合继承的财产的价格为限度，要求其履行该债务。

实施新设分立的组合成员，于新设分立的新设组合成立之日起，按照新设分立计划的规定，即成为该新设分立的新设组合的成员。

（新设分立的新设组合设立的特别规定）

第一百一十五条 第四章（第十四条除外）的规定，不适用于新设分立的新设组合的设立。

新设分立的新设组合的章程，由实施新设分立的组合制定。

（新设分立手续详细等文件的保存及阅览等）

第一百一十六条 新设分立的新设组合，自其设立之日起六个月内，需将第一百一十一条第一款规定的书面文件或电子记录，和记载或记录第一百一十二条规定的手续详细等其他上级主管部令规定的新设分立相关事项等的书面文件或电子记录，保存在其主事务所。

新设分立的新设组合的成员及债权人，可于该新设分立的新设组合的营业时间内，随时提出下列要求。但是，提出第二项或第四项要求时，需支付该新设分立的新设组合规定的费用。

一 要求阅览前款中规定的文件

二 要求交付前款中规定文件的副本或抄本

三 对于依照上级主管部令规定方法表示的前款规定的电子记录记载事项，要求阅览

四 要求按照新设分立的新设组合的规定，以电子方式提供前款中规定的电子记录中的记载事项，或要求交付记载该事项的书面文件

（新设分立无效的诉讼）

第一百一十七条 公司法第八百二十八条第一款（仅限于第十项的内容）和第二款（仅限于第十项的内容）、第八百三十四条（仅限于第十项的内容）、第八百三十五条至第八百三十九条、第八百四十三条第一款（仅限于第四项的内容）和第二款、第八百四十五条和第八百四十六条的规定（监查权限限定组合中，与监事相关的部分除外）适用于新设分立无效的诉讼问题。

第二款 设立股份有限公司时的新设分立

（新设分立）

第一百一十八条　组合可让新设分立的新设股份有限公司继承与其事业相关的部分权利和义务。

组合实施上述分立（以下本款中简称"新设分立"）时，需制订新设分立计划，并获得股东大会决议的批准。

第五十一条的规定适用于上述决议。

按照第二款的规定召开股东大会时，需公开新设分立计划的概要和新设分立的新设股份有限公司（以下简称"新设分立的新设股份有限公司"）的章程。

（新设分立计划）

第一百一十九条　组合实施新设分立时，该组合需就新设分立计划规定下列事项。

一　新设分立的新设股份有限公司的目的、公司名称、总部所在地及可发行股票总数

二　上述内容以外，新设分立的新设股份有限公司的章程中的规定事项

三　新设分立的新设股份有限公司成立时董事的姓名

四　下面分情况规定如下事项

①　新设分立的新设股份有限公司设置外聘会计的，新设分立的新设股份有限公司设立时的外聘会计姓名或者名称

②　新设分立的新设股份有限公司设置监事（包含章程中规定监事的监查范围限定为会计相关内容的股份有限公司）的，新设分立的新设股份有限公司设立时的监事姓名

③　新设分立的新设股份有限公司设置会计监查员的，新设分立的新设股份有限公司设立时的会计监查员姓名或者名称

五　新设分立的新设股份有限公司通过新设分立，从实施新设分立的组合处继承的资产、债务、雇佣合同及其他权利和义务的相关事项

六　新设分立的新设股份有限公司实施新设分立时，向实施新设分立的组合成员交付的该新设分立的新设股份有限公司的股份数量（新设分立的新设股份有限公司发行种类股的，其股份的种类及各种类的数目）或者该数量的计算方法

七　实施新设分立的组合向其组合成员分配上述股份的相关事项

八　新设分立的新设股份有限公司的资本金及资本公积金金额的相关事项

九　新设分立后，实施新设分立的组合成员的权利相关事项

十　上述各项内容外，上级主管部令规定的事项

（组合成员的股份分配）

第一百二十条　实施新设分立的组合成员，按照新设分立计划的规定，获得新设分立的新设股份有限公司的股份配额。

上述股份的分配，应考虑该组合成员对实施新设分立组合的事业，所负的责任及贡献程度后再做出规定。

公司法第二百三十四条第一款（各项内容除外）和第二款至第五款、第八百六十八条第一款、第八百六十九条、第八百七十一条、第八百七十四条（仅限于第四项的

内容）、第八百七十五条和第八百七十六条的规定适用于按照第一款的规定分配股份的情况。在该情况下，必要的技术性替代词，由政府行政命令予以规定。

（应计入资本金的金额等）

第一百二十一条 新设分立的新设股份公司的资产和负债的价格，以适用于第一百三十四条的第一百一十一条第一款规定的新设分立计划开始保存之日、实施新设分立的组合的资产和负债的价格为准。

新设分立的新设股份有限公司应计入资本金的金额，应为前款中所规定的资产价值扣除负债价值后的金额。但是，如该金额不超过二分之一，则可不计入资本金。

按照前款的规定，不计入资本金的部分，需计入资本公积金。

前三款规定的内容以外，新设分立时与计算相关的必要事项，由上级主管部令予以规定。

（新设分立的股份发行）

第一百二十二条 实施新设分立的组合，除按照第一百二十条第一款的规定分配股份外，新设分立时，还可发行新设分立的新设股份有限公司的股份。在该情况下，新设分立计划中，需规定下列事项。

一 按照本条规定发行的新设分立的新设股份有限公司的股份（以下在本款中简称"新设分立时发行股票"）的数量（新设分立的新设股份有限公司发行种类股的，新设分立时发行股票的种类和数量。本款中下同）

二 新设分立时发行股票的缴纳金额（指新设分立时发行股票、每股的缴纳金额或给付的非货币财产的金额。本款中下同）或其计算方法

三 非货币出资的，其宗旨及该财产的内容及价格

四 新设分立时发行股票和兑换价格的缴纳或者前项中财产的给付日期

五 增加的资本金及资本公积金的相关事项

（新设分立时发行股票的申请等）

第一百二十三条 实施新设分立的组合，需向新设分立时发行股票的认购申请者，通知下列事项。

一 新设分立的新设股份有限公司的公司名称

二 上条各项的规定事项

三 应缴纳金钱的，其缴纳场所

四 前三项规定的内容以外，上级主管部令规定的事项

新设分立时发行股票的认购申请者，需向实施新设分立的组合提交记载有下列事项的书面文件。

一 申请者的姓名或名称及住址

二 新设分立时发行股票的认购数量

上述申请者，可不提交该款所规定的书面文件，按照上级主管部令的规定，经由实施新设分立的组合同意，以电子方式提供该款规定的书面文件中的记载事项。在该情况下，视为该申请者已提交该款规定的书面文件。

实施新设分立的组合，变更第一款各项所规定的事项时，需即刻将该变更事项通知第二款中的申请者（以下本款中简称"申请者"）。

实施新设分立的组合向申请者发布的通知或催告，寄往第二款第一项规定的地址（该申请者向该组合另行告知接收通知或催告的场所或联系地址的，以该场所或联系地址为准）即可。

上述通知或催告，超过通知或催告的正常送达时间，即视为已送达。

（新设分立时发行股票的分配）

第一百二十四条　实施新设分立的组合，需从申请者中选定新设分立时发行股票的认购者，并规定向其发放的新设分立时发行股票的数量。在该情况下，该组合分配给该申请者的新设分立时发行股票的数量，可少于上条第二款第二项的数量。

实施新设分立的组合，需于第一百二十二条第四项规定的日期之前，通知申请者，该申请者所得的新设分立时发行股票的数量。

（新设分立时发行股票的申请及分配的特别规定）

第一百二十五条　如新设分立时发行股票的认购者，签订了认购所有股份的合同，则前两条规定不适用于该情形。

（新设分立时发行股票的认购）

第一百二十六条　下述人员获得以下各项所规定的新设分立时发行股票数量，则成为新设分立时发行股票的认购者。

一　申请者由实施新设分立的组合分配的新设分立时发行股票的数量

二　按照上条中的合同，新设分立时发行股票的总数的认购者 其认购的新设分立时发行股票数量

（新设分立时发行股票的认购者的出资义务的履行）

第一百二十七条　新设分立时发行股票的认购者（第一百二十二条第三项中给付财产（指下款中的"实物出资的财产"）的除外），需各自于该条第四项规定的日期，在第一百二十三条第一款第三项规定的缴纳场所，全额缴纳新设分立时发行股票的应付金额。

新设分立时发行股票的认购者（仅限于给付实物出资的人员），需于第一百二十二条第四项规定的日期，各自全额交付相当于新设分立时发行股票的缴纳金额的实物财产。

新设分立时发行股票的认购者，按照第一款的规定缴纳或者按照前款的规定交付（以下本条和下条中简称为"出资义务的履行"）的债务和对实施新设分立组合的债权不可相抵。

通过履行出资义务成为新设分立时发行股票的股东的，其权利转让，不得对抗新设分立的新设股份有限公司。

新设分立时发行股票的认购者，不履行出资义务的，即丧失了通过履行该出资义务成为新设分立时发行股票股东的权利。

（成为新设分立时发行股票股东的时间）

第一百二十八条 新设分立时发行股票的认购者，于新设分立的新设股份有限公司成立之日，即成为已履行出资义务的新设分立时发行股票的股东。

（新设分立时发行股票认购无效及撤销限制）

第一百二十九条 民法第九十三条的但书和第九十四条第二款的规定，不适用于新设分立时发行股票的认购申请和分配以及第一百二十五条中合同的意思表示事项。

新设分立时发行股票的认购者，按照上条规定自成为股东之日起一年后或行使其股权后，不得以错误为由主张新设分立时发行股票认购无效，或是以欺诈或强迫为由撤销新设分立时发行股票的认购。

（非货币出资公司法的适用）

第一百三十条 公司法第二百零七条、第二百一十二条（第一款第一项除外）、第二百一十三条（第一款第一项和第三项除外）、第八百六十八条第一款、第八百七十条第一款（仅限于第一项和第四项的内容）、第八百七十一条、第八百七十二条（仅限于第四项的内容）、第八百七十四条（仅限于第一项的内容）、第八百七十五条和第八百七十六条的规定适用于第一百二十二条第三项事项已有规定的情况下，该法第七篇第二章第二节的规定适用于，本条中适用的该法第二百一十二条（第一款第一项除外）规定的通过起诉要求支付的事项。在该情况下，该法第二百零七条第一款、第七款和第九款第二项至第五项，以及第二百一十二条第一款第二项和第二款中的"第一百九十九条第一款第三项"应替换为"技术研究组合法第一百二十二条第三项"，该法第二百零七条第四款、第六款和第九款第三项以及第二百一十三条第一款第二项中的"法务部令"应替换为"上级主管部令"，该法第二百零七条第十款第一项中的"董事，外聘会计，监事或是执行董事或经理"应替换为"技术研究组合法第一百一十八条第二款规定的实施新设分立组合的理监事或参事或会计主任"，该法第二百一十二条第一款第二项中的"第二百零九条"应替换为"技术研究组合法第一百二十八条"，该法第八百四十七条第一款中的"持有股份的股东"应替换为"持有股份的股东（技术研究组合法第一百一十八条第四款规定的自新设分立的新设股份有限公司成立之日起未满六个月（如该时间大于章程中所规定的时间，则以章程规定为准。本款中下同）的，自六个月前起至该新设分立的新设股份有限公司成立之日前，继续作为组合成员的，自该新设分立的新设股份有限公司成立之日起继续作为持有股份的股东）"，该法第八百七十条第一款第四项中的"第一百九十九条第一款第三项或第二百三十六条第一款第三项"应替换为"技术研究组合法第一百二十二条第三项"，除此之外的必要技术性替代词，在政府行政命令中予以规定。

（新设分立的批准）

第一百三十一条 新设分立，未经主管大臣批准，不能生效。

提交上述申请时，需向主管大臣提交记载新设分立计划内容的书面文件，和记载新设分立的新设股份有限公司成立日期所属会计年度的事业计划及其他上级主管部令规定事项的文件。

主管大臣收到上述申请后，如认定该新设分立符合如下标准，则需予以批准。

一　实施新设分立的组合所实施的试验研究成果未受到不正当的破坏

二　第一百一十九条第八项的资本金及资本公积金的金额，按照第一百二十一条的规定准确计入

三　按照第一百二十一条第一款的规定，公平分配股份

四　通过新设分立，实施新设分立的组合成员，未获得第一百一十九条第六项的股份配额的，其利益不会受到不正当的侵害

五　上述各项内容以外，实施新设分立，不会影响新设分立的新设股份有限公司业务的健全运营

（新设分立的生效等）

第一百三十二条　新设分立的新设股份有限公司于其成立之日，按照新设分立计划的规定，继承实施新设分立组合的权利和义务。

不受前款规定的限制，实施新设分立组合的债权人（仅限于第一百三十四条中适用的第一百一十二条第二款规定必须实施分别催告的。下款中同）未收到第一百三十四条中适用的第一百一十二条第二款规定的分别催告的，即使该债权人按照新设分立计划，在新设分立后不得要求实施新设分立的组合履行债务，也可以该组合于新设分立的新设股份有限公司成立之日所有财产的价格为限度，要求该组合履行该债务。

不受第一款规定的限制，实施新设分立的组合债权人未收到第一百三十四条中适用的第一百一十二条第二款规定的分别催告的，即使该债权人按照新设分立计划，在新设分立后不得要求新设分立的新设股份有限公司履行债务，也可以该新设分立的新设股份有限公司继承的财产价格为限度，要求其履行该债务。

实施新设分立组合的成员，于新设分立的新设股份有限公司成立之日起，即按照新设分立计划的规定，成为第一百一十九条第六项规定的股份股东。

（新设分立的新设股份有限公司设立的特别规定）

第一百三十三条　公司法第二篇第一章［第二十七条（第四项和第五项除外）、第二十九条、第三十一条、第三十九条、第六节和第四十九条除外］的规定，不适用于新设分立的新设股份有限公司的设立。

新设分立的新设股份有限公司的章程，由实施新设分立的组合制定。

（新设分立之设立组合适用的相关规定）

第一百三十四条　第一百一十一条、第一百一十二条和第一百一十六条的规定适用于新设分立事项。在该情况下，第一百一十一条第二款第一项中的"第一百零九条第二款"应替换为"第一百一十八条第二款"。

（新设分立无效的诉讼）

第一百三十五条　公司法第八百二十八条第一款（仅限于第十项的内容）和第二款（仅限于第十项的内容）、第八百三十四条（仅限于第十项的内容）、第八百三十五条至第八百三十九条、第八百四十三条第一款（仅限于第四项的内容）和第二款及第八百四十六条的规定（监查权限限定组合中，与监事相关的部分除外）适用于新设分立无效的诉讼问题，该法第八百四十条的规定，适用于第一百二十二条规定的新设分

立时发行股票，在发行时新设分立的无效判决问题，该法第八百六十八条第一款、第八百七十一条正文、第八百七十二条（仅限于第二项的内容）、第八百七十三条正文、第八百七十五条至第八百七十七条及第八百七十八条第一款的规定适用于，本条中适用的第八百四十条第二款的申请问题。

第三款 合作公司设立时的新设分立

（新设分立）

第一百三十六条 组合可让通过分立设立的合作公司继承与其事业相关的部分权利和义务。

组合实施上述分立（以下本款中简称为"新设分立"）时，需制订新设分立计划，并获得股东大会决议的批准。

第五十一条的规定适用于上述决议。

按照第二款的规定召开股东大会时，需公开新设分立计划的概要和新设分立的新设合作公司（以下简称为"新设分立的新设合作公司"）的章程。

（新设分立计划）

第一百三十七条 组合实施新设分立时，该组合需就新设分立计划规定下列事项。

一 新设分立的新设合作公司的目的、公司名称及总部所在地

二 新设分立的新设合作公司职员相关事项如下

① 该职员的姓名或名称及住址

② 该职员为有限责任职员

③ 该职员的出资金额

三 上述内容以外，新设分立的新设合作公司的章程中的规定事项

四 新设分立的新设合作公司通过新设分立，从实施新设分立的组合处继承的资产、债务、雇佣合同及其他权利和义务的相关事项

五 新设分立的新设合作公司资本金的金额相关事项

六 新设分立后，实施新设分立的组合的成员的权利相关事项

七 上述各项内容外，主管大臣的部令规定的事项

（新设分立的新设合作公司的职员的出资金额）

第一百三十八条 上条第二项③的新设分立的新设合作公司的职员的出资金额，应考虑该组合成员对实施新设分立组合的事业，所负的责任及贡献程度后再进行规定。

（应计入资本金的金额等）

第一百三十九条 新设分立的新设合作公司的资产和负债的价格，以适用于第一百四十三条的第一百一十一条第一款的新设分立计划开始保存之日、实施新设分立组合的资产和负债的价格为准。

新设分立的新设合作公司应计入资本金的金额，应为前款中所规定的资产价值扣除负债价值后的金额。

前两款规定的内容外，新设分立时与计算相关的必要事项，由上级主管部令予以规定。

（新设分立的批准）

第一百四十条　新设分立，未经主管大臣批准，不能生效。

提交上述申请时，需向主管大臣提交记载有新设分立计划内容的书面文件、记载新设分立的新设合作公司成立日期所属会计年度的事业计划及其他上级主管部令规定事项的文件。

主管大臣收到上述申请后，如认定该新设分立符合如下标准，则需予以批准

一　实施新设分立的组合所实施的试验研究成果未受到不正当的破坏

二　第一百三十七条第五项的资本金的金额，按照上条规定准确计入

三　第一百三十七条第二项②的新设分立的新设合作公司的职员出资金额，按照第一百三十八条的规定合理制定

四　通过新设分立，实施新设分立组合的成员，未成为新设分立的新设合作公司的职员的，其利益不可能受到不正当的侵害

五　上述各项内容以外，实施新设分立，不可能影响新设分立的新设合作公司业务的健全运营

（新设分立的生效等）

第一百四十一条　新设分立的新设合作公司于其设立之日，按照新设分立计划的规定，继承实施新设分立组合的权利和义务。

不受前款规定的限制，实施新设分立组合的债权人（仅限于第一百四十三条中适用的第一百一十二条第二款规定必须实施分别催告的。下款中同）未收到第一百四十三条中适用的第一百一十二条第二款规定的分别催告的，即使该债权人按照新设分立计划，在新设分立后不得要求实施新设分立的组合履行债务，也可以该组合于新设分立的新设合作公司成立之日所有财产的价格为限度，要求该组合履行该债务。

不受第一款规定的限制，实施新设分立组合的债权人未收到第一百四十三条中适用的第一百一十二条第二款规定的分别催告的，即使该债权人按照新设分立计划，在新设分立后不得要求新设分立的新设合作公司履行债务，也可以该新设分立的新设合作公司继承的财产的价格为限度，要求其履行该债务。

实施新设分立组合的成员，于新设分立的新设合作公司成立之日起，即按照新设分立计划的规定，成为该新设分立的新设合作公司的职员。

（新设分立的新设合作公司设立的特别规定）

第一百四十二条　公司法第五百七十五条和第五百七十八条的规定，不适用于新设分立的新设合作公司的设立。

新设分立的新设合作公司章程，由实施新设分立的组合制定。

（新设分立的新设组合适用的相关规定）

第一百四十三条　第一百一十一条、第一百一十二条、第一百一十六条和第一百一十七条的规定适用于新设分立事项。在该情况下，第一百一十一条第二款第一项中的"第一百零九条第二款"应替换为"第一百三十六条第二款"，第一百一十七条中的"第八百三十五条至第八百三十九条"应替换为"第八百三十五条、第八百三十六条第

二款及第三款、第八百三十七条至第八百三十九条"，"适用"应替换为"适用。在该情况下，必要的技术性替代词，由政府行政命令予以规定"。

第八章 登记

第一节 总则

第一百四十四条 根据本法的规定，需登记事项未进行登记的，不能对抗第三方。

第二节 在主事务所或总部所在地登记

（组合设立的登记）

第一百四十五条 组合设立的登记，需在获得第十三条第一款的批准之日起两周内、于其主事务所所在地进行。

上述登记中需包含下列事项。

一 事业

二 名称

三 事务所的所在地

四 规定了存续时间、解散事由的，其时间和事由

五 法人代表的姓名、住址及资格

六 公告方式

七 按照章程第十六条第五款的规定，以电子公告作为公告方式的，需登记下列事项

① 法务部令规定电子公告是向非特定的大多数人传达公告内容信息的必要手段

② 依据第十六条第六款中后半段的规定，章程中已规定的，以其规定为准

（变更登记）

第一百四十六条 上条第二款各项所述内容发生变更时，组合需于两周内，在其主事务所的所在地进行变更登记。

（其他登记处管辖范围内主事务所的迁移登记）

第一百四十七条 组合将其主事务所迁移至其他登记处的管辖范围内的，需于两周内在原登记处办理迁移登记，并在新登记处登记第一百四十五条第二款各项规定的事项。

（停职的临时处理等的登记）

第一百四十八条 停止代表理事实施职务的，或进行临时处理、选任其职务的代理人的，或更改该临时处理命令的，或撤销决定的，需于其主事务所所在地办理登记。

（参事登记）

第一百四十九条 组合选任参事的，需于两周内在其主事务所的所在地，登记参事的姓名、住址和参事所在的事务所。变更该登记事项或撤销参事的代理权时，同上。

（解散登记）

第一百五十条 按照第五十八条第一款第一项或第四项的规定解散组合，需于两周内在其主事务所的所在地办理解散登记。

（清算结束登记）

第一百五十一条　清算结束后，自适用于第六十条的公司法第五百零七条第三款规定的批准之日起两周内，在其主事务所的所在地办理清算结束的登记。

（改组登记）

第一百五十二条　组合实施第六十一条第二款中规定的改组或者第八十一条第二款规定的改组（以下本章中统称为"改组"）的，需自改组生效之日起两周内于其主事务所及总部所在地，已实施改组的组合办理解散登记，改组后股份有限公司按照公司法第九百一十一条的规定办理登记，改组后合作公司按照该法第九百一十四条的规定办理登记。

（吸收合并登记）

第一百五十三条　组合实施吸收合并的，自生效之日起两周内于其主事务所的所在地，在吸收合并中被注销的组合需办理解散登记，在吸收合并中继续存在的组合需办理变更登记。

（新设合并登记）

第一百五十四条　组合实施新设合并的，自下述各项中的最晚时间算起两周内，于其主事务所的所在地，新设合并撤销组合需办理解散登记，新设合并设立组合需办理设立登记。

一　第一百条第二款规定的股东大会决议之日

二　第一百零三条规定的手续结束之日

三　新设合并撤销组合协定的日期

四　第一百零四条第一款规定的获得批准之日

（新设分立登记）

第一百五十五条　组合按照第一百零九条第二款的规定实施新设分立，按照第一百一十八条第二款的规定实施新设分立，或按照第一百三十六条第二款的规定实施新设分立时，需区分下列情况，自下述各项中规定的时间起两周内，于其主事务所及总部所在地，实施上述新设分立的组合办理变更登记，新设分立的新设组合办理设立登记，新设分立的新设股份有限公司按照公司法第九百一十一条办理登记，新设分立的新设合作公司按照公司法第九百一十四条办理登记。

一　实施第一百零九条第二款规定的新设分立时为下列日期中较晚的一项

①　第一百零九条第二款规定的股东大会决议之日

②　第一百一十二条规定的手续结束之日

③　实施第一百零九条第二款规定的新设分立的组合制定的日期

④　第一百一十三条第一款规定的获得批准之日

二　实施第一百一十八条第二款规定的新设分立时为下列日期中较晚的一项

①　第一百一十八条第二款规定的股东大会决议之日

②　适用于第一百三十四条的第一百一十二条规定的手续结束之日

③　实施第一百一十八条第二款规定的新设分立的组合制定的日期

④ 第一百三十一条第一款规定的获得批准之日

三 实施第一百三十六条第二款规定的新设分立时为下列日期中较晚的一项

① 第一百三十六条第二款规定的股东大会决议之日

② 适用于第一百四十三条的第一百一十二条规定的手续结束之日

③ 第一百三十六条第二款规定的新设分立的组合制定的日期

④ 第一百四十条第一款规定的获得批准之日

第三节 在分事务所或分部所在地登记

（在分事务所或分部所在地登记）

第一百五十六条 下列情况（下列各项中规定的分事务所或分部，在主事务所或总部所在地的登记处的管辖范围内的除外）下，该分事务所或分部需在下述各项中规定的时间内，于分事务所或分部所在地办理登记。

一 组合设立时设置分事务所的（下述第二项和第三项除外）自主事务所于其所在地办理设立登记之日起两周内

二 新设合并设立组合于新设合并时设置分事务所的，自第一百五十四条各项规定中的最晚时间起三周内

三 新设分立的新设组合按照第一百零九条第二款的规定实施新设分立时，设置分事务所的自上条第一项规定的日期起三周内

四 新设分立的新设股份有限公司或者新设分立的新设合作公司按照第一百一十八条第二款或第一百三十六条第二款的规定，在新设分立时设置分部的自上条第二项或第三项规定的日期起三周内

五 组合成立后设置分事务所的自设置分事务所之日起三周内

在分事务所的所在地办理登记时，需登记下列事项。但是，在管辖分事务所的登记处管辖范围内新设置分事务所的，只需登记第三项事项。

一 名称

二 主事务所的所在地

三 分事务所（仅限于其所在地属于登记处的管辖范围内）的所在地

前款各项的所述事项发生变更时，需于三周内在该分事务所的所在地办理变更登记。

（在其他登记处管辖范围内的分事务所的迁移登记）

第一百五十七条 组合将其分事务所迁移至其他登记处管辖范围内的，需于三周内在原所在地（属于主事务所的所在地登记处的管辖范围内的除外）办理迁移登记，于四周内在新所在地（属于主事务所的所在地登记处的管辖范围内的除外。本条中下同）登记上条第二款各项中规定的事项。但是，新的分事务所迁移到管辖分事务所所在地的登记处的管辖范围内的，在新所在地登记该款第三项的规定事项即可。

（分事务所的变更登记等）

第一百五十八条 按照第一百五十一条至第一百五十五条的规定，需自其所规定的

日期起三周内在分事务所的所在地，办理规定的登记事项。但是，第一百五十三条和第一百五十五条中规定的变更登记，仅适用于第一百五十六条第二款各项的规定事项发生变更的情况下。

第四节　登记的委托

第一百五十九条　公司法第九百三十七条第一款（仅限于第一项的内容）的规定，适用于已做出判决、批准组合设立无效的诉讼的相关请求等情况。在该情况下，必要的技术性替代词将在政府行政命令中予以规定。

公司法第九百三十七条第一款（仅限于第一项的内容）的规定，适用于已做出判决、批准股东大会决议不存在或无效确认或撤销诉讼的相关请求等情况。在该情况下，必要的技术性替代词将在由政府行政命令中予以规定。

公司法第九百三十七条第三款（仅限于第一项的内容）和第四款的规定，适用于已做出判决、批准改组无效诉讼的相关请求等情况。在该情况下，必要的技术性替代词将在政府行政命令中予以规定。

公司法第九百三十七条第三款（仅限于第二项及第三项的内容）和第四款的规定，适用于已做出判决、批准吸收合并无效的诉讼或新设合并无效的诉讼相关请求等情况。在该情况下，必要的技术性替代词将在政府行政命令中予以规定。

公司法第九百三十七条第三款（仅限于第五项的内容）和第四款的规定，适用于已做出判决、批准第一百零九条第二款规定的新设分立、第一百一十八条第二款规定的新设分立，或第一百三十六条第二款规定的新设分立无效诉讼的相关请求等情况。在该情况下，必要的技术性替代词，由政府行政命令予以规定。

主管大臣按照第一百七十八条第二款的规定命令解散组合的，需即刻委托其办理解散登记。

第五节　登记手续等

（管辖登记处及登记簿）

第一百六十条　组合办理登记时，将管辖其事务所所在地的法务局或地方法务局，或其支局，或上述办事处等作为其管辖登记处。

各登记处备有技术研究组合登记簿。

（设立登记的申请）

第一百六十一条　办理组合设立登记的，由组合的代表提交申请。

如法令中无另行规定，设立登记的申请书中需附上章程及证明其具备代表资格的文件。

（变更登记的申请）

第一百六十二条　组合在新设及迁移事务所，或办理第一百四十五条第二款各项规定事项的变更登记时，其申请书中需附上新设及迁移事务所，或变更该款各项中规定事项的书面证明文件。

（申请解散的登记）

第一百六十三条　按照第一百五十条的规定办理组合解散登记的，其申请书中需附上解散事由的书面证明文件。

（申请清算结束的登记）

第一百六十四条　组合的清算结束登记申请书中，需附上清算人按照适用于第六十条的公司法第五百零七条第三款的规定批准结算报告的书面证明文件。

（申请吸收合并变更登记）

第一百六十五条　组合的吸收合并变更登记申请书中，除第一百四十五条第二款各项中规定事项的变更证明文件外，对于按照第九十二条第二款和第九十五条第二款的规定发布公告及催告（组合除按照第九十二条第三款和第九十五条第三款的规定在公报上发布公告外，依据第十六条第五款规定的章程，按照该款第二项或第三项规定的公告方式发布的公告）后债权人提出异议的，对该债权人予以赔偿，或向其提供相应的担保，或以使该债权人接受偿还为目的，向信托公司等信托相应的财产，或者实施该吸收合并后未侵害该债权人的，需提供相关书面证明文件以及在吸收合并中被注销组合（主事务所属于该登记处管辖范围的除外）的登记事项证明书。

（申请通过新设合并设立的登记）

第一百六十六条　组合的新设合并设立登记申请书中，除第一百六十一条第二款规定的文件外，对于债权人按照第一百零三条第二款的规定发布公告及催告（组合除按照该条第三款的规定在公报上发布公告外，依据第十六条第五款规定的章程，按照该款第二项或第三项规定的公告方式发布的公告）及提出异议的，对该债权人予以赔偿，或向其提供相应的担保，或以使该债权人接受偿还为目的，向信托公司等信托相应的财产，或者实施该新设合并后未侵害该债权人的，需提供相关书面证明文件以及新设合并撤销组合（主事务所属于该登记处管辖范围的除外）的登记事项证明书。

（新设分立成立公司的登记申请）

第一百六十七条　按照第一百零九条第二款的规定实施新设分立的，其设立登记的申请书中，除第一百六十一条第二款规定的书面文件外，对于债权人按照第一百一十二条第二款的规定发布公告及催告（组合除按照该条第三款的规定在公报上发布公告外，依据第十六条第五款，按照该款第二项或第三项规定的公告方式发布的公告）及提出异议的，对该债权人予以赔偿，或向其提供相应的担保，或以使该债权人接受偿还为目的，向信托公司等信托相应的财产，或者实施该新设分立后未侵害该债权人的，需提供相关证明文件。

（商业登记法的适用）

第一百六十八条　商业登记法（一九六三年法律第一百二十五项）第二条至第五条、第七条至第十五条、第十七条至第二十三条、第二十四条（第十六项除外）、第二十五条至第二十七条、第四十五条、第四十八条至第五十三条、第七十一条第一款和第三款、第七十九条、第八十二条至第八十四条、第八十七条、第八十八条、第一百三十二条至第一百四十八条的规定，适用于组合的登记事项。在该情况下，该法第四十八条第二款中的"公司法第九百三十条第二款各项"应替换为"技术研究组合法第一百五十六条第二款各项"，该法第五十条第一款、第五十二条第一款和第八十三条第一款中的"第二十四条各项"应替换为"技术研究组合法第一百六十八条中适用的第二十四条第一项至第十五项",该法第七十一条第三款的但书中的"公司法第四百七十八条第一款第一项"应替换为"技术研究组合法第五十九条",除此之外的必要技术性替代词,由政府行政命令予以规定。

(改组后股份有限公司的登记申请)

第一百六十九条 改组后股份有限公司的登记申请书中,除商业登记法第十八条、第十九条和第四十六条规定的书面文件外,还需附上下列文件。

一 改组计划书

二 章程

三 组合股东大会的会议记录

四 改组后股份有限公司的董事〔改组后股份有限公司设置监事(包含章程中规定监事的监查范围限定为会计相关内容的股份有限公司)的,其董事及监事〕同意就任的书面证明文件

五 改组后股份有限公司确定外聘会计或监查员的,商业登记法第五十四条第二款各项规定的文件

六 设置股东名册管理人的,与该人员签订合同的书面证明文件

七 资本金的金额按照第六十六条的规定计入的书面证明文件

八 债权人按照第六十四条第二款的规定发布公告及催告(组合除按照该条第三款的规定在公报上发布公告外,依据第十六条第五款规定的章程,按照该款第二项或第三项规定的公告方式发布的公告)及提出异议的,对该债权人予以赔偿,或向其提供相应的担保,或以使该债权人接受偿还为目的,向信托公司等信托相应的财产,或者实施该改组后未侵害该债权人的,需提供相关书面证明文件。

九 按照第六十七条的规定于改组时发行股票的,需要下列文件

① 股份认购申请的证明文件

② 货币出资的,已按照第七十二条第一款的规定完成缴纳的,其证明文件

③ 非货币出资的,需要下列文件

a. 选任为检查员的,记载检查员调查报告内容的书面文件及其附属文件

b. 第七十五条中适用的、公司法第二百零七条第九款第三项中规定的,有价证券的市场价格的证明文件

c. 第七十五条中适用的、公司法第二百零七条第九款第四项中规定的,记载有该项规定的证明的书面文件及其附属文件

d. 第七十五条中适用的、公司法第二百零七条第九款第五项中规定的,记载有该项规定的金钱债权事项的会计账簿

④ 发生与检查员的报告相关的审理案件时,其副本

商业登记法第七十六条和第七十八条规定,适用于第一百五十二条中的公司法第九百一十一条的登记事项。

(新设分立的新设股份有限公司的登记申请)

第一百七十条 新设分立的新设股份公司的登记申请书中，除商业登记法第十八条和第十九条规定的文件外，还需要附上下列文件。

一 新设分立计划书

二 章程

三 组合股东大会的会议记录

四 新设分立的新设股份有限公司成立时，董事［新设分立的新设股份有限公司设置监事（包含章程中规定监事的监查范围限定为会计相关内容的股份有限公司）的，其董事及监事］同意就任的书面证明文件

五 新设分立的新设股份有限公司确定外聘会计或监查员的，商业登记法第五十四条第二款各项规定的文件

六 设置股东名册管理人的，与该人员签订合同的证明文件

七 资本金的金额按照第一百二十一条的规定计入的证明文件

八 组合的登记事项证明书。但组合的主事务所属于该登记处管辖范围的除外

九 债权人按照第一百三十四条中适用的、第一百一十二条第二款的规定发布公告及催告（除按照第一百三十四条中适用的、第一百一十二条第三款的规定在公报上发布公告外，依据第十六条第五款，按照该款第二项或第三项规定的公告方式发布的公告）及提出异议的，对该债权人予以赔偿，或向其提供相应的担保，或以使该债权人接受偿还为目的，向信托公司等信托相应的财产，或者实施该新设分立后未侵害该债权人的，需提供相关证明文件

十 按照第一百二十二条的规定于新设分立时发行股票的，需要下列文件

① 股份认购申请的证明文件

② 货币出资的，已按照第一百二十七条第一款的规定完成缴纳的，其证明文件

③ 非货币出资的，需要下列文件

a. 选任为检查员的，记载检查员的调查报告内容的文件及其附属文件

b. 第一百三十条中适用的、公司法第二百零七条第九款第三项中规定的，有价证券市场价格的证明文件

c. 第一百三十条中适用的、公司法第二百零七条第九款第四项中规定的，记载有该项规定的证明的书面文件及其附属文件

d. 第一百三十条中适用的、公司法第二百零七条第九款第五项中规定的，记载有该项规定的金钱债权事项的会计账簿

④ 发生与检查员的报告相关的审理案件时，其副本

商业登记法第八十四条第一款、第八十七条第二款及第八十八条的规定，适用于第一百五十五条中的公司法第九百一十一条的登记事项。在该情况下，必要的技术性替代词，由政府行政命令予以规定。

（改组后合作公司的登记申请）

第一百七十一条 改组后合作公司的登记申请书中，除商业登记法第十八条和第十九条规定的文件及适用于该法第一百一十八条的、该法第九十三条规定的文件外，还

需附上下列文件。

一　改组计划书

二　章程

三　组合股东大会的会议记录

四　资本金的金额按照第八十四条的规定计入的证明文件

五　债权人按照第八十七条中适用的、第六十四条第二款的规定发布公告及催告（除按照第八十七条中适用的、第六十四条第三款的规定在公报上发布公告外，依据第十六条第五款章程规定，按照该款第二项或第三项规定的公告方式发布的公告）及提出异议的，对该债权人予以赔偿，或向其提供相应的担保，或以使该债权人接受偿还为目的，向信托公司等信托相应的财产，或者实施该改组后未侵害该债权人的，需提供相关证明文件

六　法人成为改组后合作公司的代表职员的，需要下列文件

①　该法人的登记事项证明书。但是，该法人的总部或主事务所属于该登记处的管辖范围的除外。

②　选任该职员职务的履行者的相关书面文件

③　该职员职务的履行者同意就任的书面证明文件

七　法人成为改组后合作公司的业务实施人员（前项中规定的职员除外）的，前项①规定的文件。但前项①的但书中已有规定的除外

商业登记法第七十六条和第七十八条规定，适用于第一百五十二条的公司法第九百一十四条的登记事项。

（新设分立的新设合作公司的登记申请）

第一百七十二条　新设分立的新设合作公司的登记申请书中，除商业登记法第十八条和第十九条规定的文件外，还需附上下列文件。

一　新设分立计划书

二　章程

三　组合股东大会的会议记录

四　资本金的金额按照第一百三十九条的规定计入的书面证明文件

五　组合的登记事项证明书。但主事务所属于该登记处管辖范围的除外

六　债权人按照第一百四十三条中适用的、第一百一十二条第二款的规定发布公告及催告（除按照第一百四十三条中适用的、第一百一十二条第三款的规定在公报上发布公告外，依据第十六条第五款规定的章程，按照该款第二项或第三项规定的公告方式发布的公告）及提出异议的，对该债权人予以赔偿，或向其提供相应的担保，或以使该债权人接受偿还为目的，向信托公司等信托相应的财产，或者实施该新设分立后未侵害该债权人的，需提供相关证明文件

七　新设分立的新设合作公司的代表职员是法人的，需要下列文件

①　该法人的登记事项证明书。但该法人的总部或主事务所位于该登记处的管辖范围的情况除外

② 选任该职员职务履行者的相关文件

③ 该职员职务的履行者同意就任的证明文件

八 新设分立的新设合作公司的业务实施人员（前项中规定的职员除外）为法人时，前项①规定的文件。但前项①的但书中已有规定的除外

商业登记法第八十四条第一款、第八十七条第二款及第八十八条的规定，适用于第一百五十五条中的公司法第九百一十四条的登记事项。在该情况下，必要的技术性替代词，由政府行政命令予以规定。

第九章 其他条款

（异议的提出）

第一百七十三条 组合成员认为组合的业务或会计违反了法令，或主管大臣基于法令下达的处分、章程及规章的，或认为组合的运营明显不当的，可连同其事由，以书面形式报告主管大臣。

主管大臣收到上述文件后，需依照本法的规定采取必要措施。

（申请检查）

第一百七十四条 组合成员，获得超过总数十分之一的成员同意后，可以怀疑该组合的业务或会计违反了法令、主管大臣基于法令下达的处分、章程及规章为由，请求主管大臣进行检查。

接到上述请求后，主管大臣需对该组合的业务及会计状况进行检查。

（事业报告书等的提出）

第一百七十五条 组合需于每个会计年度、例行股东大会的结束之日起两周内，向主管大臣提交记载事业报告书、财产目录、资产负债表、损益表、盈余分配方案或损失处理方案的书面文件。

上述文件的记载事项及其他必要事项，由上级主管部令规定。

（报告的征收）

第一百七十六条 为了妥善处理与组合相关的行政事项，主管大臣可以每年一次为限，向组合征收关于其组合成员、理监事、雇员、事业的实施情况及其他组合的一般情况的报告。

主管大臣如怀疑组合的业务或会计违反了法令、主管大臣基于法令下达的处分、章程及规章，或怀疑组合的运营明显不当的，可向组合征收关于其业务或会计的必要报告。

（检查等）

第一百七十七条 主管大臣如怀疑组合的业务或会计违反了法令、主管大臣基于法令下达的处分、章程及规章，或怀疑组合的运营明显不当的，可检查组合的业务或会计状况。

按照前款规定实施检查的人员，需携带身份证明文件，有关人员提出要求时，必须予以出示。

第一款中规定的检查权限，不得解释为以犯罪搜查为目的。

（违反法令的处分）

第一百七十八条　主管大臣，可照第一百七十六条第二款的规定征收报告，或按照第一百七十四条第二款及第一百七十七条第一款的规定实施检查时，如认定组合的业务或会计违反了法令、主管大臣基于法令下达的处分、章程及规章，或怀疑组合的运营明显不当的，可命令该组合在规定期间内采取必要措施。

主管大臣认定组合违反了上述命令，或组合无正当理由、自成立之日起一年内未开始事业，或停止其事业持续一年以上的，可命令该组合解散。

组合代表缺省或失踪的，主管大臣可依照前款的规定不予以通知，在公报上刊登该事项。

上述情况下，该命令于公报刊登之日起二十日后生效。

（主管大臣等）

第一百七十九条　本法中的主管大臣，是指直接利用组合的试验研究成果的事业的管理部长。

本法中的上级主管部令，是指主管大臣发出的命令。

第十章　处罚条款

第一百八十条　不实施第一百七十六条第二款规定的报告，或进行虚假报告，或拒绝、妨碍或逃避第一百七十四条第二款及第一百七十七条第一款规定的检查的，处以三十万日元以下的罚款。

第一百八十一条　组合的理事违反第一百七十八条第一款规定的命令的，处以三十万日元以下的罚款。

第一百八十二条　违反第十六条第八款中适用的、公司法第九百五十五条第一款的规定，未对与该款规定的调查记录簿等和电子公告调查相关的法务部令的规定事项进行记载或记录，或进行虚假记载或记录，或未保存调查记录簿等，处以三十万日元以下的罚款。

第一百八十三条　法人代表、法人或自然人的代理人、雇员及其他员工，从事与其法人或自然人的业务有关的第一百八十条或上条所述的违法行为的，除处罚行为人外，该法人或自然人也要分别受到处罚。

（危害公司财产罪）

第一百八十四条　实施第六十一条第二款规定的改组或第一百一十八条第二款规定的新设分立时，应成为组合的理监事或股份有限公司的董事、外聘会计（外聘会计主体是法人的，履行其职务的职员）、监事或执行董事的，就股份的认购、缴纳或非货币财产的支付及第六十七条第三项和第一百二十二条第三项的事项，向主管大臣、法院或股东大会进行虚伪陈述，或隐瞒事实的，处以三年以下有期徒刑或三百万日元以下的罚款，或同时处以三年以下有期徒刑及三百万日元以下的罚款。

（使用虚假文件罪）

第一百八十五条 实施第六十一条第二款规定的改组或第一百一十八条第二款规定的新设分立时，组合的理监事按照第六十七条或第一百二十二条的规定招募股份的认购者之际，对记载改组后股份有限公司或新设分立的新设股份有限公司的事业及其他事项相关说明的资料，或该招募广告及其他与该招募相关的文件等重要事项进行虚假记载并使用，或以电子方式制作上述文件时，在该电磁记录中对重要事项进行虚假记录，并用于招募业务的，处以五年以下有期徒刑或五百万日元以下的罚款，或同时处以五年以下有期徒刑和五百万日元以下的罚款。

（串通罪）

第一百八十六条 实施第六十一条第二款规定的改组或第一百一十八条第二款规定的新设分立时，组合的理监事按照第六十七条或第一百二十二条的规定，为达到虚假认缴股份的目的，在招募过程中互相串通的，处以五年以下有期徒刑或五百万日元以下的罚款，或同时处以五年以下有期徒刑和五百万日元以下的罚款。其相关人员，处罚同上。

（罚款）

第一百八十七条 符合下列任意一项的，处以一百万日元以下的罚款。

一 违反了第十六条第八款中适用的、公司法第九百四十六条第三款的规定，不进行报告或虚假报告的

二 无正当理由的情况下，拒绝第十六条第八款中适用的、公司法第九百五十一条第二款各项或第九百五十五条第二款各项的要求的

第一百八十八条 下列情况下，对组合的理监事、改组后股份有限公司或者新设分立的新设股份有限公司的董事或执行董事（包括公司法第三百四十六条第二款1的情况下，应履行其职务的或者该法第九百一十七条中代理其职务的人员在内）或改组后合作公司或者新设分立的新设合作公司的业务实施人员（包括该条中代理其职务的人员在内），处以一百万日元以下的罚款。

一 违反第六十一条第二款至第四款、第八十一条第二款至第四款、第一百一十八条第二款至第四款及第一百三十六条第二款至第四款的规定，办理第六十一条第二款及第八十一条第二款规定的改组或第一百一十八条第二款及第一百三十六条第二款规定的新设分立的手续时

二 违反第六十三条（包括适用于第八十七条的情况）、第七十九条（包括适用于第八十七条的情况）、第一百三十四条中适用的第一百一十一条及第一百一十六条和第一百四十三条中适用的第一百一十一条、第一百一十六条的规定，未保存文件或电子记录，未在文件或电磁记录中记载或记录应记载或者记录的事项，或进行虚假记载或记录，或在无正当理由的情况下，拒绝将文件或电子记录中记载或记录的事项，对按照上级主管部令规定方法表示的内容进行阅览、复印或交付文件的副本或抄本，以电子方式提供电子记录中记载的事项或交付记载该事项的书面文件的

三 违反第六十四条第二款及第五款的规定（包括这些规定适用于第八十七条的情况）或第一百三十四条及第一百四十三条中适用的第一百二十二条第二款及第五款

的规定，实施第六十一条第二款及第八十一条第二款中规定的改组或第一百一十八条第二款及第一百三十六条第二款规定的新设分立的

四　未及时办理第一百五十二条或第一百五十五条（仅限于第一百一十八条第二款或第一百三十六条第二款规定的新设分立部分的内容）规定的登记事项的

第一百八十九条　下列情况下，对组合设立时的组合成员、理监事或清算人，应处以二十万日元以下的罚款。

一　组合的事业在本法规定的范围外的

二　未及时按照本法的规定办理登记〔第一百五十二条或第一百五十五条（仅限于第一百一十八条第二款或第一百三十六条第二款规定的新设分立部分）的规定除外〕的

三　违反第七条、第十九条、第三十八条（包括适用于第六十条的情况）第九十一条、第九十四条、第九十八条、第一百零二条、第一百零七条、第一百一十一条或第一百一十六条的规定，未保存文件或电子记录，未在文件或电磁记录中记载或记录应记载或记录的事项，或进行虚假记载或记录，或在无正当理由的情况下，拒绝将文件或电子记录中记载或记录的事项，按照上级主管部令规定方法表示的内容分予以阅览、复印或交付文件的副本或抄本，以电子方式提供电子记录中记载的事项或交付记载该事项的书面文件的

四　违反第十二条第二款、第四十条第五款或第六款、第四十三条第五款或第六款的规定的

五　违反第十六条第八款中适用的、公司法第九百四十条的规定，且未要求按照该款规定调查的

六　违反第二十一条第五款规定，未选任符合该款规定的人员为监事的

七　违反第二十一条第六款规定的

八　违反第二十二条或第五十八条第二款的规定的

九　按照适用于第二十七条第三款中适用的公司法第三百四十三条第二款的规定提出要求的，未将该请求的相关事项作为股东大会的目的，或未在股东大会上提出与该请求相关的议案的

十　按照在第二十七条第三款中适用的公司法第三百八十一条第二款或第三百八十四条的规定、在第二十七条第五款中适用的公司法第三百八十九条第五款（涉及子公司的除外）的规定或者在第六十条中适用的公司法第三百八十一条第二款、第三百八十四条或第四百九十二条第一款的规定实施调查时，妨碍调查的

十一　违反在第二十七条第五款中适用的公司法第三百八十九条第四款的规定、第三十条第五款或第六款的规定（包括这些规定中适用的第六十条的情况）或第三十九条第三款或第五十四条第四款的规定，无正当理由的情况下，拒绝将文件或电子记录中记载或记录的事项，按照上级主管部令规定方法表示的内容予以阅览或复印的

十二　违反第三十条第一款（包括第六十条中适用的情况），或在第五十四条第一款的规定或第六十条中适用的公司法第四百九十二条第一款的规定，未制作会议记录、

财产目录或资产负债表，或者未在文件或电磁记录中记载或记录应记载或记录的事项，或进行虚假记载或记录的

十三　违反第三十二条（包括适用于第六十条的情况）规定的

十四　未及时按照第三十三条第一款（包括适用于第六十条的情况）或第三十四条第六款（包括适用于第六十条的情况）的规定公开的

十五　违反第三十三条第三款（包括适用于第六十条的情况）的规定，未向理事会报告，或虚假报告的

十六　违反第四十四条规定的

十七　违反第六十条中适用的公司法第四百八十四条第一款的规定，未及时办理破产手续开始的申请的

十八　违反第六十条中适用的公司法第四百九十九条第一款的规定，未及时发布公告，或发布不正当公告的

十九　为延迟结束清算，未按照第六十条中适用的公司法第四百九十九条第一款的规定制定期限的

二十　违反第六十条中适用的公司法第五百条第一款的规定，清偿债务的

二十一　违反第六十条中适用的公司法第五百零二条的规定，分配组合的财产的

二十二　违反第八十九条第二款至第四款、第一百条第二款至第四款，或第一百零九条第二款至第四款的规定，实施吸收合并、新设合并或该条第二款规定的新设分立手续的

二十三　违反第九十五条第二款及第五款、第一百零三条第二款及第五款或第一百一十二条第二款及第五款的规定，实施吸收合并、新设合并或第一百零九条第二款规定的新设分立的

二十四　违反第一百七十五条第一款的规定，不提交文件，或提交虚假文件的

二十五　未按照第一百七十六条第一款的规定进行报告，或虚假报告的

第一百九十条　违反第四条第二款规定的，应处以十万日元以下的罚款。

第一百九十一条　下列情况下，组合的理监事，应被处以十万日元以下的罚款。

一　违反第十八条第二款或第二十条规定的

二　违反第五十七条规定的

附则抄

（实施日期）

一　本法自公布之日起三个月内，政府行政命令规定之日起施行

附则（一九六三年七月九日法律第一百二十六项）抄

本法于商业登记法实施之日（一九六四年四月一日）起施行。

附则（一九八〇年六月九日法律第七十九项）抄

（实施日期）

第一条　本法自公布之日起三个月内，政府行政命令规定之日起施行。

附则（一九八四年五月十六日法律第三十一项）抄

（实施日期）

第一条　本法自公布之日起三个月内，政府行政命令规定之日起施行。

附则（一九八九年十二月二十二日法律第九十一项）抄

（实施日期）

第一条　本法自公布之日起三个月内，政府行政命令规定之日起施行。

附则（一九九三年十一月十二日法律第八十九项）抄

（实施日期）

第一条　本法自行政程序法（一九九三年法律第八十八项）实施之日起施行。

（关于问询等不利处分的过渡措施）

第二条　本法实施前，审议会及其他的合议制机构依法就行政程序法第十三条规定的听证或申辩机会的给予手续及其他的意见陈述的相应手续的实施情况，提出问询及其他要求时，与该问询及其他要求相关的不利处分的手续，不受本法修改后的相关法律规定的约束，按照原规定实施。

（处罚条款的过渡措施）

第十三条　本法实施前发生的行为所适用的处罚条款，按照原规定实施。

（整理听证规定时的过渡措施）

第十四条　本法实施前按照法律的规定举行的听证、问询或听证会（不利处分的相关内容除外）或与此相关的手续，按照本法修改后有关法律的相应规定实施。

（由政府行政命令规定）

第十五条　除附则的第二条至上条的规定外，与本法实施相关的必要过渡措施，由政府行政命令予以规定。

附则（一九九四年十一月十一日法律第九十七项）抄

（实施日期）

第一条　本法自公布之日起施行。

（处罚条款的过渡措施）

第二十条　本法（附则第一条各项有所规定的，以其规定为准）实施前发生的行为，及依据附则第二条、第四条、第七条第二款、第八条、第十一条、第十二条第二款、第十三条、第十五条第四款的规定仍按原规定实施的情况下，于第一条、第四条、第八条、第九条、第十三条、第二十七条、第二十八条、第三十条的规定实施后发生的行为适用的处罚条款，按照原规定实施。

（政府行政命令的委任）

第二十一条　除附则第二条至上条规定外，与本法实施相关的必要过渡措施（包括处罚条款的过渡措施在内），由政府行政命令予以规定。

附则（一九九五年十二月二十日法律第一百三十七项）抄

（实施日期）

第一条　本法自公布之日起一年内，于政府行政命令规定之日起施行。

附则（一九九九年十二月二十二日法律第一百六十项）抄

（实施日期）

第一条 本法（第二条及第三条除外）于二○○一年一月六日起施行。

附则（二○○五年三月三十一日法律第二十一项）抄

（实施日期）

第一条 本法自二○○五年四月一日起实施。

（其他过渡措施的政府行政命令的委任）

第八十九条 除该附则的规定外，本法实施相关的必要过渡措施，由政府行政命令予以规定。

附则（二○○五年七月二十六日法律第八十七项）抄

本法于公司法实施之日起施行。

附则（二○○六年六月二日法律第五十项）

本法自一般社团、财团法人法实施之日起施行。

附则（二○○六年六月十五日法律第七十五项）抄

（实施日期）

第一条 本法自二○○七年四月一日起实施。

（矿工业技术研究组合法修订的过渡措施）

第四十二条 本法实施时，按照第五条的规定，修订后的矿工业技术研究组合法（以下简称为"新矿工业组合法"）的第十六条中适用的新协同组合法第三十五条第六款的规定，在实施之日后结束的首个会计年度的结算相关的例行股东大会结束之前，对于现存的矿工业技术研究组合不适用。

第四十三条 对于本法实施时现存的矿工业技术研究组合的理监事，在实施之日后结束的首个会计年度的结算相关的例行股东大会结束之前，其在任者的任期，于本法实施后仍按照原规定实施。

第四十四条 对于本法实施时现存的矿工业技术研究组合，新矿工业组合法第十六条中适用的新协同组合法第三十六条的规定，自实施之日后结束的首个会计年度的结算相关的例行股东大会结束之时起适用，在该例行股东大会结束之前按照原规定实施。

第四十五条 对于本法实施时现存的矿工业技术研究组合，新矿工业组合法第十六条中适用的新协同组合法第三十六条第一款的规定，自实施之日后结束的首个会计年度的结算相关的例行股东大会结束之时起适用，在该例行股东大会结束之前按照原规定实施。

第四十六条 按照第五条的规定，修订前的矿工业技术研究组合法（以下简称"旧矿工业组合法"）规定的、理监事在实施日之前所做的行为导致的损害赔偿责任，按照原规定实施。

（处分等的效力）

第五十三条 按照旧协同组合法，旧进出口法，旧出口水产业法，旧团体法，旧矿工业组合法或旧商店街组合法的规定所作的处分、手续及其他的行为，可按照新协同组合法，新进出口法，新出口水产业法，新团体法，新矿工业组合法或新商店街组合法的相应规定实施。

（处罚条款的过渡措施）

第五十四条　本法实施前发生的行为，以及依照本附则的规定仍按原规定实施的情况下、处罚条例适用于本法实施后发生的行为的，按照原规定实施。

（政府行政命令的委任）

第五十五条　除附则第二条至第五十二条及上条的规定外，与本法实施相关的必要过渡措施，由政府行政命令予以规定。

（研究）

第五十六条　政府可于本法实施五年后，就本法的实施状况进行研究，确认有必要时，依据研究结果采取必要措施。

附则（二〇〇九年四月三十日法律第二十九项）抄

（实施日期）

第一条　本法自公布之日起三个月内，于政府行政命令规定之日起施行。但是，下列规定，于各自规定之日起施行。

一　第一条中产业活力再生特别措施法第二十四条后追加的一条修正规定和下条及附则第十三条的规定为公布之日

（旧研究组合的存续）

第六条　按照第二条的规定，修订前的矿工业技术研究组合法（以下简称为"旧研究组合法"）的第二条规定的矿工业技术研究组合（以下简称为"旧研究组合"），于本法实施时仍存在的，可依据第二条的规定，视为修订后的技术研究组合法（以下简称为"新研究组合法"）第二条第一款规定的技术研究组合。

（设立中的旧研究组合的过渡措施）

第七条　在实施日前发布成立股东大会公告，需通过该成立股东大会的决议方能设立的旧研究组合，按照原规定实施。但是，设立登记的登记事项，按照新研究组合法的规定实施。

按照前款规定设立的旧研究组合，视为新研究组合法第二条第一款规定的技术研究组合。

（理事会会议记录的阅览或复印的过渡措施）

第八条　旧研究组合的债权人于实施日前，按照旧研究组合法第十六条中适用的中小企业等协同组合法（一九四九年法律第一百八十一项）第三十六条第五款的规定提出要求的，按照原规定实施。

（合并的过渡措施）

第九条　实施日前股东大会召开的手续已开始的，需要通过该股东大会的决议方能实施的旧研究组合的吸收合并及新设合并问题，按照原规定实施。但是，吸收合并及新设合并的登记事项，按照新研究组合法的规定实施。

（登记的过渡措施）

第十条 本法实施时，保存在登记处的、替换关键词后适用于旧研究组合法第十六条的、中小企业等协同组合法第九十七条第二款规定的矿工业技术研究组合登记簿，变更为新研究组合法第一百六十条第二款规定的技术研究组合登记簿。

（处分、手续等的过渡措施）

第十一条 本法实施前，按照旧研究组合法的规定实施的处分、手续及其他行为，如新研究组合法的规定中有相应规定，且本附则中无另行规定的，则按照新研究组合法的相应规定实施。

（处罚条款适用的过渡措施）

第十二条 本法实施前发生的行为，以及依照附则第三条第二款和第五款、第七条第一款、第八条和第九条的规定仍按原规定实施的情况下，本法实施后发生的行为的处罚条款，适用原规定。

（其他过渡措施的政府行政命令的委任）

第十三条 除本附则的规定外，本法实施所必需的过渡措施，由政府行政命令予以规定。

（重新评估）

第十四条 自本法实施后至二〇一六年三月三十一日之前，政府应就新特别措施法第二章和第五章第二节所规定的实施状况进行研究，依据其结果采取必要措施。

自本法实施后至二〇一六年三月三十一日之前，政府应就国内外经济形势的变化和新特别措施法（第二章和第五章第二节的规定除外）的实施状况进行研究，依据其结果予以重新评估，且不排除将其废止的可能。

本法实施后五年内，根据新研究组合法以及第三条的规定，政府应就修订后的产业技术力强化法的实施状况进行研究，确认有必要时，应当根据研究结果采取必要措施。

附则（二〇一一年五月二十五日法律第五十三项）

本法自新非讼事件手续法实施之日起施行。

附则（二〇一一年六月二十四日法律第七十四项）抄

（实施日期）

第一条 本法自公布之日起二十天后施行。